学校健康教育实践与理论

顾　问　廖文科　季成叶

主　编　张　芯　余小鸣

编　委　（按姓氏笔画排序）

王书梅　齐建国　朱广荣　余小鸣

张　芯　杨土保　袁　冰

北京大学医学出版社

XUEXIAO JIANKANG JIAOYU SHIJIAN YU LILUN

图书在版编目（CIP）数据

学校健康教育实践与理论/张芯，余小鸣主编. —北京：北京大学医学出版社，2011.4

ISBN 978-7-5659-0127-0

Ⅰ. ①学… Ⅱ. ①张…②余… Ⅲ. ①中小学—健康教育—研究 Ⅳ. ①G479

中国版本图书馆 CIP 数据核字（2011）第 028385 号

学校健康教育实践与理论

主　　编：张　芯　余小鸣

出版发行：北京大学医学出版社（电话：010-82802230）

地　　址：（100191）北京市海淀区学院路 38 号　北京大学医学部院内

网　　址：http://www.pumpress.com.cn

E - mail：booksale@bjmu.edu.cn

印　　刷：北京东方圣雅印刷有限公司

经　　销：新华书店

责任编辑：蔡　涓　**责任校对**：金彤文　**责任印制**：张京生

开　　本：787mm×1092mm　1/16　**印张**：12.25　**字数**：319 千字

版　　次：2011 年 9 月第 1 版　2013 年 5 月第 2 次印刷

书　　号：ISBN 978-7-5659-0127-0

定　　价：39.00 元

序

健康是人全面发展的基础，是社会发展的资源，也是社会发展的目的。健康素质是公民素质的重要组成部分，公民健康素质水平是一个国家进步的标志，也是衡量社会可持续发展的一个重要要素。健康教育作为促进公民健康最为有效的公共卫生策略早已成为各国的共识。儿童青少年健康是公民健康的基础，公民健康素养的提高，基础在学校。儿童青少年正处于生长发育和行为塑造的关键阶段，在此时期形成的卫生习惯和生活方式，对儿童青少年的健康成长、健康生活方式和行为的建立都具有深远的影响，通过学校健康教育向儿童青少年传授健康知识和技能，对促进儿童青少年健康意识与公共卫生意识的提高，促进学生自觉地采纳和保持有益于健康的行为和生活方式，减少或消除影响健康的危险因素，为一生的健康奠定坚实的基础具有十分重要的意义。

我国政府历来十分关注儿童青少年的健康，重视发挥学校对学生健康促进的责任和作用。自20世纪70年代，特别是改革开放以来，国际上一些先进的健康教育理念不断被引进，同时，有步骤、大力度地推进健康教育在学校的开展也逐步成为我国学校卫生工作的一项重要内容。1990年4月经国务院批准，《学校卫生工作条例》正式发布、实施。作为迄今为止我国最重要的学校卫生工作法规，第一次在我国教育行政法规中引入健康教育的理念，明确规定“对学生进行健康教育，培养学生良好的卫生习惯”是学校卫生工作的主要任务。为推动学校健康教育健康发展，促进健康教育内容的科学、规范，根据《学校卫生工作条例》的规定，教育部先后制定了一系列指导学校健康教育开展的政策文件。这些年来，在国家法规政策的指导下，我国学校健康教育已经走上一个多元化、全面发展的进程。随着对生物、心理、社会三维健康观念的认识理解，素质教育的全面推进，“学校教育要树立健康第一的指导思想”的理念更加深入人心，学校健康教育的模式、内容、教学形式等日趋发展，逐步形成了以学生健康为中心、全面提高学生健康素养、健全各种健康生活方式、多角度的综合健康促进并重的学校健康教育发展策略。这一策略在学校范围的广泛实施，提升了学生的健康素质，促进了学生体质健康水平，有效遏制了学生常见病和各种传染病的发生，学校健康教育的成效及其深远的意义日益显现。同时，在该领域中的不断探索和实践，也为学校卫生工作积累了许多宝贵经验。

为总结我国学校健康教育发展历程，梳理发展过程中存在的问题与经验，为形成进一步推进具有我国特色的学校健康教育发展策略提供科学依据，2004

年，学校健康教育领域有关专家、学者成立课题组开展了全国教育科学规划教育部重点课题“基础教育课程改革中健康教育实施效果评价及对策研究”的研究工作。课题组在深入调查研究、回顾分析我国学校健康教育的政策与实践发展进程以及国外一些发达国家的经验做法的基础上，撰写了课题报告，提出了我国学校健康教育发展的政策建议，为国家教育行政部门研究制定《中小学健康教育指导纲要》奠定了坚实基础。

本书是该课题研究成果之一。本书提供的详实的研究成果以及丰富的实践经验和理论探索，将有助于教育、卫生等领域的管理者、研究者以及从事学校健康教育的基层工作者全面了解我国学校健康教育发展历程，包括学校健康教育的政策与管理、学校健康教育的实践探索与成就以及学校健康教育发展理论等，从而更加重视学校健康教育和健康促进工作，并努力使学校成为促进良好教育和健康的最佳场所，让我们的学校儿童青少年能够真正拥有健康的心态和行为、健康的人生和未来。

教育部体育卫生与艺术教育司副司长

2010 年 11 月 18 日

目　录

1　中国学校健康教育发展概述 ……………………………………………… 1

1.1　学校健康教育的政策与管理 ……………………………………… 3

1.2　学校健康教育的实践探索 ………………………………………… 15

1.3　学校健康教育取得的成就 ………………………………………… 24

2　中小学健康教育模式及效果 …………………………………………… 30

2.1　我国学校健康教育面临的挑战 …………………………………… 31

2.2　学校健康教育实施效果评价研究的意义及内容 ………………… 32

2.3　对学生健康知识、态度、行为的评价分析 ……………………… 34

2.4　对健康教育课程标准与教材的分析 ……………………………… 77

2.5　对学校健康教育效果综合评价指标体系的探讨 ………………… 82

2.6　对发展我国学校健康教育的思考与建议 ………………………… 91

3　学校健康教育理论基础简介 …………………………………………… 96

3.1　个体层面理论 ……………………………………………………… 98

3.2　群体层面理论 ……………………………………………………… 111

3.3　机构层面理论 ……………………………………………………… 119

3.4　社区层面理论 ……………………………………………………… 123

3.5　社会与政府层面理论 ……………………………………………… 128

4　美国、澳大利亚、日本及中国台湾学校健康教育的现况与比较 ……… 131

4.1　美国学校健康教育现况 …………………………………………… 132

4.2　澳大利亚学校健康教育现况 ……………………………………… 140

4.3　日本学校健康教育现况 …………………………………………… 153

4.4　中国台湾学校健康教育现况 ……………………………………… 169

附录

中小学健康教育指导纲要 …………………………………………………… 178

参考文献 ……………………………………………………………………… 184

后记 …………………………………………………………………………… 190

1 中国学校健康教育发展概述

1.1 学校健康教育的政策与管理

1.1.1 我国学校健康教育相关政策

1.1.2 学校健康教育的行政管理与业务指导体系

1.2 学校健康教育的实践探索

1.2.1 健康教育的内容架构与原则

1.2.2 健康教育实施模式的探索与发展

1.2.3 健康教育课程设置与课时安排

1.3 学校健康教育取得的成就

1.3.1 学生健康水平获得整体改善与提高

1.3.2 学校健康教育资源不断得到发展

1.3.3 学校健康教育实践与科学研究能力普遍提高

学校健康教育是公众健康教育的一个重要的组成部分，也是学校素质教育的重要内容。学校健康教育围绕在校学习的儿童青少年，以教育为中心，以保护和促进其全面健康为终极目的，有效地帮助儿童青少年从小发展各种认知能力和行为技能，理智地选择健康的生活方式，更好地应对未来的健康挑战，为成年期以至终身的健康奠定基础。因此，学校健康教育早已被认定是促进儿童青少年形成健康观念，增进健康，进而促进全民健康的一项有效的公共卫生预防策略。

中国共产党的十六大报告《全面建设小康社会，开创中国特色社会主义事业新局面》中把健康素质与思想道德素质、科学文化素质同时并列为中国公民必备的三大素质，指出提高全民族健康素质是建设我国小康社会的目标之一。党的十七大报告《高举中国社会主义伟大旗帜，为夺取全面建设小康社会新胜利而奋斗》中又进一步指出：健康是人全面发展的基础，关系千家万户幸福。健康作为人全面发展的基础，作为国民素质的重要体现，既是经济发展和社会进步的根本目标，也是实现经济社会发展的基本条件。

健康是人的基本权力，是社会发展的资源，也是社会发展的目的。无论是人类的自身发展、自我价值的实现，还是社会发展及其对其成果的享有，都必须以健康为前提。公民健康素质的水平是一个国家进步的标志，也是衡量社会发展的一个核心要素。良好的国民健康为社会经济建设与发展提供了重要保证；也是物质与精神文明丰富的重要体现。追求健康即是对社会文明进步的追求，也是每一个社会公民的权利。1995 年，世界卫生组织西太区在其《健康新地平线》文件中明确提出，健康促进和健康保护是迎接 21 世纪挑战的两个核心概念。卫生干预必须以人为中心，以健康为中心。必须将侧重点从疾病本身转移到解决导致疾病的各种危险因素上，转移到如何保持良好的健康状态上。21 世纪是一个追求生命质量和健康的世纪，是人类健康观念迅速更新、健康手段更加科学的健康世纪，而促进和保护健康也正是在这一世纪每个公民与社会的责任和义务。

近年来，我国政府明确提出构建和谐社会，坚持可持续发展。这是一项具有根本性和全局性的发展观和战略构想。社会的和谐发展既重视人类生活质量的改善，同时又强调最低限度地减少资源的损耗和破坏。无可质疑，公民健康素质与社会的可持续发展相辅相成，互为促进。只有构成社会基本元素的个体、家庭获得和保持健康，社会可持续发展才具有可能。构建和谐社会、促进社会的可持续发展正是对人类生存、健康发展的促进。多种研究已经证实，健康的损失是对各种资源的一种最大消耗，疾病可以导致贫困。有研究表明，在 2005 年，我国因吸烟导致的直接经济损失估算为 1665.60 亿元，占当年国民生产总值的 0.91%，间接经济损失为 861.11 亿～1205.01 亿元人民币，占当年国民生产总值的 0.47%～0.66%，总经济损失近 3000 亿元人民币，约占当年国民生产总值的 1.5%。在 2005 年 9 月 5 日的中国-欧盟可持续发展分论坛上，中国卫生部副部长王陇德表示，2003 年中国因疾病所致的经济负担达到了 1.2 万亿元，其增长速度高于国民生产总值的增长速度。由此更加提示国民健康素质对整个社会发展的意义。

健康素养是指个体具有获取、理解和处理基本的健康信息和服务，并运用这些信息和服务做出正确判断和决定、维持和促进健康的能力。它的提出顺应了三维健康理念的内涵。未来社会经济的发展，取决于全人口中具备健康素养、良好教育和赋有经济生产能力人口的比例。重视提高健康素质是社会和谐发展的关键要素。2007 年《中国国家人口发展战略研究报告》指出，提高人口健康素质，必须从提高出生人口素质、提高全民健康素养、建立以预防为主的公共卫生体系三方面着手。人口综合素质的提高无疑必须以教育为主导。早在 1997 年，《中共中央、国务院关于卫生改革与发展的决定》中提出："健康教育是公民素质教育的重要内容，要十分重视健康教育，提高广大人民群众的健康意识和自我保健能力"。

儿童青少年是祖国的未来、民族的希望，改善国民健康素质必须从儿童青少年抓起，儿童青少年健康素养的形成也将是国家公民素质的基础。教育与健康相辅相成，学校教育系统提供了一个促进儿童青少年获得教育和健康素养的一个平台。学生身心健康是教育成功的保障，而学校的基础教育又使学生学习掌握了基本的阅读、认知能力，从而使学生在提高个人健康素养、减少健康危险行为方面有了保证。因此，开展学校健康教育不仅是保障学生身心健康发育的需要，也是教育发展的需要。

目前，我国在校学生人数众多。据 2008 年全国教育事业发展统计公报，2008 年全国各类学校（主要包括大学、中学、小学、民办高等教育学校、特殊教育）共有 394 549 所，其中小学 30.09 万所，初中学校 5.79 万所（其中职业初中 0.02 万所），高中阶段教育（包括普通高中、成人高中、中等职业学校）共有学校 30 806 所，普通高等学校和成人高等学校 2663 所，民办高校 640 所（含独立学院 322 所）。在校学生总人数达到 23 504.9 万人，占全国总人口的 18.08％，其中小学生 10 331.51 万人，初中生在校生 5584.97 万人，高中在校生 2476.28 万人，普通高等教育本专科在校生 2021.02 万人。

绝大多数的在校学生处于生长发育时期，是身心发育迅速但尚未完全成熟的社会人群。对于这些儿童青少年来说，学校是他们接受教育、形成技能的重要场所。同时也是一个发展健康意识和健康行为的重要场所。实际上，学校健康教育可以说是一种最赋潜力的健康教育方式，它有着其他形式健康教育无法比拟的优势，在学校开展健康教育也具有极其巨大的意义。

学校健康教育可以使受教育者终身受益 学校健康教育的目标人群是在校学习的儿童青少年。这一阶段的人群正值行为和价值观念形成的时期，可塑性强，接受能力强，具备通过教育建立健康行为、改变不良行为的可能性，有利于健康教育产生最佳的效应。前世界卫生组织总干事中岛宏博士在第 14 届世界健康教育大会开幕式上曾经指出："儿童青少年是一个非常重要而又最具可塑性的人群，他们形成了一个最大又最易受影响的人群。" 因此，众多的中外学者一致认为儿童青少年是开展健康教育最佳的目标人群，不少文献的回顾也证实，从学校开始的健康教育，对人的一生可以带来影响。随着对生物医学模式向生物、心理、社会医学模式转变的认识，学校健康教育对于人们行为和生活方式的影响，对于人类健康的作用已日益得到普遍的重视。儿童青少年如果能够在学生时代就形成健康的生活方式，将会对他们的一生产生深远的影响。

学校具备健康教育实践的综合要素，有益于健康教育在学校的实施 健康教育与其他教育一样，需要有完善的教育资源支持。在学校开展健康教育，其早已具备的完整而系统的教育体系、教育手段、教育人力资源，使健康教育的目标、内容能够与其他教育相结合，使健康教育能够发挥最大作用，取得良好的效果。因此，无可质疑，学校是进行健康教育效果最好、时机最佳的理想场所，学校是促进学生健康水平的重要资源。

学校健康教育的效果可以扩展、延伸到家庭和社会 学生通过学校健康教育获得了健康的知识和技能，可以被带回到家庭，向父母及其家人传递，促进家庭成员健康知识水平的提高和行为的改变，进而影响社区、社会，更大范围地促进人群形成良好健康的行为方式，提高生命质量。早在第 14 届世界卫生大会上，许多健康教育专家就指出，学生是未来的居民、未来的母亲、未来各阶层的领导者和决策者。由此，提醒人们要重视学校健康教育的深远社会效应。从长远的观点来看，学生对于健康问题的认识、态度和习惯，可以对整个国家和民族的健康水平产生影响。因此，学校是否开展健康教育以及开展健康教育的质量如何，将对全民健康素养的提高有着决定性的作用和意义。

1.1 学校健康教育的政策与管理

1.1.1 我国学校健康教育相关政策

我国政府历来关注儿童青少年的成长，重视学校卫生与健康教育。新中国成立以后，国家先后就学校卫生与健康教育的发展颁布了一系列的政策文件。按照时间划分，大致可以将其分为四个发展阶段，即起步形成、恢复与重建、快速发展、调整和多元化发展：

起步形成阶段（1949—1978 年）

1949 年新中国成立，百废待兴。然而，在新颁布的《中华人民共和国宪法》中便已设定了专门条款就儿童的健康和教育给予了明确的规定，指出："国家培养青年、少年、儿童在品德、智力、体质等方面全面发展。"为发展学校卫生和健康教育事业奠定了法律基础。

1950 年 6 月，针对学生营养不足，学习、社会活动过重，健康状况不良的实际情况，毛泽东主席作出了"健康第一，学习第二"的指示。

1951 年 3 月，国务院总理周恩来亲自主持制定了《政务院关于改善各级学生健康状况的决定》。针对当时的国情及学校教育和体育卫生工作中存在的问题，作出调整学生日常学习及生活时间、减轻课业学习和社团活动的负担、改进学校卫生工作、注意体育娱乐活动、改善学生伙食管理办法以及学校经费要适当照顾保健工作的需要等六条决定。在其中第三条"改进学校卫生工作"决定中特别提出：学校要有计划的对学生进行卫生教育，使其养成良好的卫生习惯，要注意传染病的预防等。由此从 20 世纪 50 年代开始，各地中、小学校便逐步开始了以培养儿童青少年良好卫生习惯、预防传染病为重点内容的卫生宣传工作。

1960 年 5 月，在中共中央、国务院颁发的《关于保证学生、教师身体健康和劳逸结合问题的指示》中明确指出：青少年学生正处在长身体、长知识的时期，不仅要关心他们的学习和工作，而且必须时刻关心他们的身体健康，使他们真正做到身体好、学习好、工作好。同年 12 月，针对不少城市大、中学校师生，由于营养较差，劳逸结合不好，有不少人患水肿等疾病的情况，中共中央、国务院又发出了《关于保证学生、教师身体健康的紧急通知》，强调必须采取积极措施，加强学校卫生、保健工作，保护学生和教师的身体健康。提出了加强师生疾病的治疗和预防工作、办好学校伙食工作、合理安排劳逸结合等七项要求。

1963 年 3 月，教育部印发了《全日制中学暂行工作条例（草案）》、《全日制小学暂行工作条例（草案）》。两个《暂行工作条例（草案）》均对学校卫生工作予以明确规定，分别在体育卫生与生活管理相关章节中指出：中小学阶段是学生身心发育成长的重要时期，必须加强体育卫生工作；要经常对学生进行卫生常识教育，使他们养成卫生习惯；要努力改善环境卫生，加强疾病防治工作；有条件的学校还应建立定期检查体格的制度；要特别注意保护学生的视力；要指定女教师管理女生的生活，对女生进行妇女卫生常识教育；要加强安全教育，要定期进行安全检查，采取必要的措施，预防食物中毒、煤气中毒、溺水等体育活动中的伤害事故等。

1964 年 8 月，国务院批转的教育部、国家体委、卫生部《关于中小学学生健康状况和改进学校体育、卫生工作的报告》中进一步明确提出：要认真贯彻预防为主的工作方针，搞好学校卫生；要加强教师和学生的卫生教育；师范院（校）课程内要增添学校卫生知识的内容；中、小学要通过晨（午）间卫生检查和有关课程讲授必要的生理卫生常识；根据不同季节、不同年级、不同性别定期地组织一些卫生讲座和卫生活动；要和家长密切配合，培养学生良好的卫生习惯；学校应该把学生的卫生习惯作为操行成绩的一个方面；要充实和提高卫生人员队伍等。

1949—1966 年期间，教育部、卫生部等部委按照党中央和国务院要求，还印发了一系列具体指导学校卫生工作开展的文件。这些政策文件颁发和实施对加强学校卫生保健工作，完善学校卫生工作制度，开展卫生宣传教育起到了重要作用。

1966—1976 年"文化大革命"，十年浩劫，使学校卫生工作遭到严重破坏，学校卫生人员大量流失，学校卫生设施受到毁损，在学校中为学生提供卫生保障与卫生教育等工作也被迫处于停滞状态。

恢复重建阶段（1979—1990 年）

1978 年 12 月，中国共产党第十一届三中全会召开，作出了把党和国家的工作重点转移到社会主义现代化建设上来和实行改革开放的战略决策。在党的第十一届三中全会精神指引下，学校卫生工作开始恢复与重建。

1979 年 5 月，教育部、国家体委、卫生部、共青团中央联合在江苏省扬州市召开了"全国学校体育、卫生工作经验交流会议"，即学校体育卫生界熟知的"扬州会议"。会议研究了我国学校体育卫生工作拨乱反正、恢复发展的几个重大问题，确立了学校体育卫生在整个教育中的重要地位。会议明确要求各级教育行政部门要提高对学校体育卫生工作的认识，加强学校体育卫生工作领导，建立健全学校体育卫生工作机构，不断完善学校体育卫生规章制度，重视体育卫生师资队伍建设。其中对卫生宣传教育提出的明确要求是：各级学校都要注意普及卫生知识，使学生养成良好的讲卫生习惯；要向学生进行吸烟危害健康的教育，在大、中、小学都要禁止学生吸烟。"扬州会议"的召开，为加快学校卫生工作的恢复与重建奠定了基础。

1979 年 12 月，继"扬州会议"后，教育部、卫生部联合颁布了《中、小学卫生工作暂行规定（草案）》。1980 年 8 月，颁布了《高等学校卫生工作暂行规定（草案）》。两个《暂行规定（草案）》明确了学校卫生工作的主要任务是贯彻预防为主的方针，提高学生的健康水平，培养学生良好卫生习惯，改进学校环境，加强防病措施，矫治学生常见疾病，使学生得到健康的发育成长。两个《暂行规定（草案）》对学校卫生宣传教育、疾病预防以及教学卫生、环境与生活卫生等提出了具体要求，对学校卫生的组织管理、人员配备与队伍建设等进行了规定。《中、小学卫生工作暂行规定（草案）》提出的卫生教育要求是：要上好生理卫生课，加强青春期教育；要积极开展卫生宣传教育，教育学生养成"五要""六不"的个人卫生习惯。

1984 年 3 月，教育部、卫生部、国家计生委联合印发了《关于改进和加强中学生理卫生知识教育的通知》，在强调开展生理卫生知识教育重要性的同时，对改进和加强生理卫生课的教学提出了 4 条意见。

1986 年 6 月，时任国家教育委员会副主任的邹时炎同志召开了中小学卫生教育问题座谈会。会后，印发了《国家教委转发〈关于开展中小学卫生教育问题座谈会纪要〉的通知》。该《座谈会纪要》指出：开展中小学卫生教育，培养学生良好的卫生习惯，是提高教育质量，促进学生健康成长，培养德、智、体全面发展的合格人才的重要措施，是加强精神文明建设的一项重要内容，也是九年义务教育的基本任务之一，必须采取综合治理措施，努力把这项工作做好。根据当时中小学开设课程门类已经不少，不宜再增加学生负担的实际情况，《座谈会纪要》要求，可以采取与有关课程相互渗透的办法开展卫生教育：如在小学自然课中增加卫生教育的内容与比重；中学从初一起开设生理卫生课，并在该课中增加卫生教育的内容与比重；体育课中也可增加有关方面的卫生教育内容；还可在晨检、午检、周会活动及课外活动中有计划、有目的地进行卫生教育。同时，还强调师范院校应在生理和教育学课程中增加卫生教育的内容，使未来的教师懂得一定的卫生教育常识，以便参加工作后能承担起对学生进行卫生教育的任务。《座谈会纪要》特别要求各级教育行政部门、全体教育工作者，尤其是中小学教师要关心中小学生的身心健康，把对中小学生进行卫生教育、培养学生良好的卫生习惯，做为自己的职责，并积极配合有关部门，共同做好学生的卫生教育工作。

在国家改革开放政策的大背景下，特别是 1979 年召开的对学校体育卫生工作具有“里程碑”意义的“扬州会议”，促进了学校卫生工作的恢复与重建，国家更为重视学校卫生与卫生教育工作，先后出台的一些列政策文件，极大地推动了学校卫生与卫生教育发展。但我们从文件规定以及教学内容安排上，可以看出无论是起步阶段还是恢复重建阶段，对健康教育的认识和定位，还停留在卫生宣传教育层面。教育内容还比较局限（以个人卫生习惯养成、预防疾病为主），教育形式以渗透为主，教学时间没有明确。

快速发展阶段（1990—2000 年）

随着改革开放的深入，国家社会经济的发展，素质教育的全面推进，“健康第一”理念逐步深入人心，把健康作为学生全面发展的基础也越来越为人们所认识和接受。一方面，国际上一些先进的健康理念如三维健康观等不断被引进，“健康教育”的概念逐步替代了“卫生教育”。一方面，在认真总结自“扬州会议”后，各地贯彻《中、小学卫生工作暂行规定（草案）》、《高等学校卫生工作暂行规定（草案）》实践经验的基础上，国家教育委员会、卫生部等共同制定了《学校卫生工作条例》，第一次明确规定“对学生进行健康教育，培养学生良好的卫生习惯”是学校卫生工作的主要任务。

1990 年 5 月 28 日，经国务院批准，国家教育委员会与卫生部共同颁布了《学校卫生工作条例》。这是新中国建立以来，国家制定的关于学校卫生工作最全面的行政法规，也是迄今为止我国最重要的学校卫生工作法规。《条例》共六章四十一条，围绕学校卫生工作要求、学校卫生工作管理、学校卫生工作监督、奖励与处罚等内容予以明确规定，其中规定的学校卫生工作四项主要任务是：（1）监测学生健康状况。（2）对学生进行健康教育，培养学生良好的卫生习惯。（3）改善学校卫生环境和教学卫生条件。（4）加强对传染病、学生常见病的预防和治疗。学校健康教育作为学校卫生工作的主要任务之一，首次被明确纳入了国家的行政法规中。《条例》的第十三条进一步规定：“学校应当把健康教育纳入教学计划。普通中小学必须开设健康教育课，普通高等学校、中等专业学校、技工学校、农业中学、职业中学应当开设健康教育选修课或者讲座”。由此明确确立了健康教育在整个学校卫生工作中的地位，同时也反映出国家对学校健康教育在促进学生健康方面的重要作用给予了高度重视。

1992年，全国爱国卫生运动委员会、国家教育委员会和卫生部联合颁布了《中小学生健康教育基本要求》，结合我国国情提出了中、小学健康教育的目标、要求、适用范围与基本内容。明确中小学校健康教育的目标为：(1) 增进儿童青少年的卫生知识，明了健康的价值和意义，提高儿童青少年自我保健、预防疾病的意识。(2) 使儿童青少年逐步建立、形成有益于健康的行为，自觉选择健康的生活方式，从而促进身心健康，改善生活质量。规定健康教育的内容按照小学和中学两个学段划分，主要涉及人体生理发育、青春期生理卫生、个人卫生习惯、合理营养、环境卫生、体育锻炼、心理卫生、常见病预防、安全与意外伤害预防等方面。

随后，1993年国家教育委员会又颁布了《大学生健康教育基本要求（试行)》。根据大学生现有的实际情况和国家的要求，明确大学生健康教育目标为：(1) 增进大学生的卫生知识，使其进一步了解健康的价值和意义，增强维护自身健康的责任感和自觉性，提高自我保健和预防疾病的能力。(2) 帮助大学生自觉选择健康的行为和生活方式，消除或减少危险因素的影响，从而促进身心健康，改善生活质量。规定健康教育的内容包括：对健康的认识；大学生身心发展和疾病特征；心理卫生；学习卫生和起居卫生；饮食与营养；运动卫生；行为环境与健康；性心理与卫生；传染病和常见病防治；急症自救与互救及用药知识等。

1993年，中共中央、国务院发布的《中国教育改革与发展纲要》明确要求：进一步加强和改善学校体育卫生工作，动员全社会各方面和家长关心学生的体质和健康。各级政府要积极创造条件，切实解决师资、经费、体育场地、设施问题，逐步做到按教学计划上好体育与健康教育课。《纲要》是指导我国教育改革和发展的纲领文件，它为学校卫生与健康教育工作的改革与发展指明了方向。

1994年，国家教育委员会根据国家实行的新工时制（每周五天工作日），对全日制小学、初级中学课程（教学）计划进行调整，印发了《实行新工时制对全日制小学、初级中学课程（教学）计划进行调整的意见》，在调减了语文、数学、自然、社会、地理、生物、历史、外语、音乐、体育等学科类课程的课时的基础上，对健康教育作出重要规定：为了促进学生身心全面发展，开展健康教育，在活动类课程“科技文体活动”中每周要有0.5课时用于健康教育。这是第一次在中小学课程（教学）计划安排的指导性文件中对健康教育课时作出的明确安排。这一规定使学校健康教育有了时间保证，使健康教育得以真正纳入了全日制小学、初中的课程计划中，极大地促进了九年义务教育阶段学校健康教育的发展。

为科学地评价学校健康教育的开展效果，1995年国家教育委员会印发了《学校健康教育评价方案（试行)》，从教学基础、教学过程、教学效果三个方面为各级教育行政部门和学校评价健康教育开展效果，提供了科学的量化标准。评价的主要对象为九年义务教育阶段的普通中小学和县级以上（含县级）各级教育行政部门。评价方式以学校及各地教育行政部门自评为主，学校、各地教育行政部门之间互评及上级部门抽查为辅。评价指标包括健康教育开课率、教学计划、教材与教具、教案、师资培训、健康知识知晓率、卫生习惯养成情况、采光照明与黑板、饮水与洗漱设施、厕所卫生等20项具体指标。《评价方案》下发后，国家教育委员会曾多次召开会议，对学校健康教育评价工作进行部署与督促，各地教育行政部门和学校纷纷开展自评、互评和抽查，极大地促进了对学校健康教育的重视。1997年10月，国家教育委员会组织五个检查组对北京等13省市学校的健康教育情况进行了抽查。

1998年，为进一步贯彻落实《学校卫生工作条例》，促进中小学和中等职业学校卫生与健康教育工作的开展，国家教育委员会印发了《普通中小学和中等职业学校落实〈学校卫生工作条例〉检查评估细则》，将健康教育实施情况作为检查评估的重要指标纳入其中，并从健康教育课时安排、教学计划制订、教材与教案要求、授课质量评判以及健康教育教师资质等方面确定了健康教育实施的评估指标与评估方法。学校健康教育实施评估指标占在整个学校卫生工作指标的比重达到41.6%。由此充分反映出，我国政府在学校卫生管理工作中对开展学校健康教育的重视。

2000年，国家技术质量监督局正式颁布《中小学生健康教育规范（GB/T18206—2000)》，从国家技术规范管理的角度，确定了中小学生健康教育内容框架。确定的小学生健康教育内容框架主要包括：食物与营养、个人卫生、心理卫生、环境与健康、体育锻炼与健康、伤害预防与安全、疾病预防等七个方面。确定的中学生健康教育内容框架主要包括：人类的生长发育、青春期卫生、心理卫生、食物与营养、环境和学校生活卫生、体育锻炼与健康、物质滥用和常见疾病的预防等八个方面。

自1990年至2000年前后，为推动学校卫生和健康教育更为规范和有序地发展，我国政府先后颁布了《学校卫生工作条例》等一系列相关法规和政策，标志着我国学校卫生与健康教育工作步入了规范化、制度化管理的新时期。这个时期的健康教育定位更加明确，教育内容趋于规范和系统，实施途径由渗透走向单一，课时有了保障（独立设课、0.5课时/周），教学评估得到重视。因此，很多学者评价这个时期是学校健康教育发展的“黄金期”。

调整和多元化发展阶段（2000年— ）

1999年6月，中共中央、国务院召开了第三次全国教育工作会议，对深化教育改革，全面推进素质教育，促进各级各类教育发展，实施科教兴国战略作出全面部署，印发了《中共中央国务院关于深化教育改革全面推进素质教育的决定》。《决定》明确提出：“健康体魄是青少年为祖国和人民服务的基本前提，是中华民族旺盛生命力的体现。学校教育要树立健康第一的指导思想”；要“调整和改革课程体系、结构、内容，建立新的基础教育课程体系”。2001年9月，根据《国务院关于基础教育改革与发展的决定》和经国务院同意的《基础教育课程改革纲要（试行）》的要求，教育部正式启动了新一轮的基础教育课程改革的实验工作，其目的在于通过课程改革，培养学生具有良好的思想品德，具有创新精神和实践能力，具有健康的身体和心理素质。按照《教育部关于印发〈义务教育课程设置实验方案〉的通知》要求，九年义务教育课程设置，应根据德智体美等方面全面发展的要求，均衡设置课程，应加强课程的综合性，加强学科渗透，改变课程过于强调学科本位的现象，应加强课程的选择性等原则予以设置。根据此原则，健康教育课程不再单独设置，而是整合在中、小学相应的课程中，比如小学的思想品德与社会课、科学课、体育课；中学的思想品德与社会课、科学课、生物课、体育与健康课。由此，学校健康教育的发展开始走向多元化。客观地讲，此次基础教育改革的指导思想反映了中国基础教育对“健康第一”原则的认同，总体分析九年义务教育阶段的各门课程标准规定的内容后，可以发现原有的健康教育内容被分别渗透或融合在学校多门其他相关学科课程中。

2003 年 4 月，在九年义务教育新课程标准制定完成之后，《普通高中课程标准（试行）》也获批准通过。按照新的高中课程标准，体育课被指定作为向高中学生开展健康教育的主要载体课程，在高中阶段的 3 年期间，健康教育内容被列为体育课程规定的七大系列之一，要求作为必修内容，提供 18 个学时。

另外，为加强传染病防控宣传教育，加强学生心理健康教育和安全教育，教育部先后印发了《中学生预防艾滋病专题教育大纲》《学校预防控制血吸虫病健康教育基本要求》、《中小学生心理健康教育指导纲要》、《大学生心理教育指导纲要》和《中小学生安全教育纲要》等一系列开展专题教育的政策文件，从不同角度指导并推进学校健康教育，促进学生身心健康全面发展。

2007 年 5 月，党中央、国务院专门针对促进青少年健康，印发了《中共中央国务院关于加强青少年体育增强青少年体质的意见》，明确指出“广大青少年身心健康、体魄强健、意志坚强、充满活力，是一个民族旺盛生命力的体现，是社会文明进步的标志，是国家综合实力的重要方面”，要“积极开展疾病预防、科学营养、卫生安全、禁毒控烟等儿童青少年健康教育，并保证必要的健康教育时间。”

2008 年，依据《中共中央国务院关于深化教育改革全面推进素质教育的决定》和《中共中央国务院关于加强青少年体育增强青少年体质的意见》，针对目前青少年健康存在的突出问题以及新时期对学校健康教育的需求，教育部在对原有《中小学生健康教育基本要求》进行修订的基础上，正式颁布了《中小学生健康教育指导纲要》。《指导纲要》遵循学校健康教育实施的基本理念，即健康知识传授与健康技能传授并重、健康知识与健康信念、健康行为形成相统一，循序渐进，适时适度，以提高学生健康知识水平-树立健康信念及态度-采纳或形成健康行为，即达到知（识）-信（念）-行（为）统一的健康教育目标作为基本原则，明确提出了中国学校健康教育指导思想、目标、基本原则、基本内容、实施途径及保障措施。《指导纲要》不仅有助于实现学校健康教育的目标，同时还将成为促进全民健康素质发展的基础（表 1-1）。

可以说，《学校卫生工作条例》等一系列重大的学校卫生工作法规、政策和标准的颁布，为学校健康教育实施提供了坚实的政策依据。《中小学生健康教育基本要求》、《大学生健康教育基本要求》以及 2008 年新的《中小学健康教育指导纲要》等一系列指导学校健康教育开展的国家级教学指导文件的颁布，使我国学校健康教育工作更加科学化、规范化。

表 1-1 我国学校健康教育相关政策一览（自 1990 年始）

名称	发布时间	文号	发布部门	主要内容	意义
《学校卫生工作条例》	1990 年	国家教育委员会令第 10 号 卫生部令第 1 号［1990］	国家教育委员会和卫生部	第二条：学校卫生工作的主要任务是：①监测学生健康状况；②对学生进行健康教育，培养学生良好的卫生习惯；③改善学校卫生环境和教学卫生条件；④加强对传染病、学生常见病的预防和治疗。 第十三条：学校应当把健康教育纳入教学计划。	首次明确了学校健康教育在整个学校卫生工作中的地位。
《中小学生健康教育基本要求》	1992 年	卫监发［1992］49 号	国家教育委员会和卫生部	根据不同年龄阶段的特点，分别制定了小学生健康教育大纲和中学生健康教育大纲。	规范了我国中小学健康教育的目标、要求和基本内容。
《实行新工时制对全日制小学、初级中学课程（教学）计划进行调整的意见》	1994 年	教基［1994］14 号	国家教育委员会	规定了在活动类课程的“科技文体活动”中，每周安排 0.5 课时用于健康教育。	明确了学校健康教育在中小学课程教学计划中的课时保障。
《学校健康教育评价方案（试行）》	1995 年	教体厅［1995］7 号	国家教育委员会办公厅	建立了涵盖课时、教材与教具、教学计划、教案、授课质量、开课率、书面考核、实际操作等 20 项指标的评价体系。根据中小学生健康教育基本要求，小学有 42 项评价内容，中学有 19 项评价内容。	为学校健康教育提供了科学、全面、可行、量化的和规范化的评价标准。
《全国学生常见病综合防治中期考评方案》	1996 年	卫监发［1996］第 69 号	卫生部/国家教育委员会	规定健康教育是常见病综合防治的重要措施之一并可通过 6 项评价指标评价：①把健康教育纳入学校教学计划的学校数。②拥有健康教育专（兼）职教师的学校数。	学校健康教育与其他防治措施并重，相辅相成，整体推动了学生常见病的综合防治工作。

（续表）

名称	发布时间	文号	发布部门	主要内容	意义
				③健康教育开课率。④学生健康教育课本拥有率。⑤学生健康知识知晓率。⑥学生健康行为形成率。	
《普通中小学和中等职业学校落实〈学校卫生工作条例〉检查评估细则》	1998年	教体［1998］2号	国家教育委员会	将健康教育实施情况作为检查评估学校落实《学校卫生工作条例》的重要指标。检查评估指标包括课时安排、教学计划制定、教材与教案要求、授课质量的评判以及健康教育教师资质等，占整个学校卫生工作指标的比重达到41.6%。	进一步体现了我国政府对学校健康教育的重视。
《关于加强中小学心理健康教育的若干意见》	1999年	教基［1999］13号	教育部	规定了开展心理健康教育的基本原则、主要任务和实施途径、师资队伍和条件保障、组织领导及需要注意的问题。	加强并规范了学校心理健康教育
《国家标准：中小学生健康教育规范（试行）》	2000年	GB/T18206—2000	国家技术质量监督局	分小学、中学两个学段规定了学校健康教育的内容框架。	进一步发展了《中小学健康教育基本要求》的内容，使学校健康教育的实施、评价有据可循。
《全国学生常见病综合防治终期考评方案》	2000年	卫疾控发［2000］414号	卫生部	明确提出“开展健康教育学校的覆盖率”是评价全国学生常见病综合防治措施的落实情况的五项指标之一。	推动了学生常见病防治工作向更深层次发展。
《关于印发〈义务教育课程设置实验方案〉的通知》	2001年	教基［2001］28号	教育部	规定九年义务教育阶段，健康教育不再作为一门课程单独设置，而是渗透在相应学科中，如体育课、科学课等。	将学校健康教育与其他多种课程予以整合反映了中国基础教育改革对“健康第一”原则的认同。

（续表）

名称	发布时间	文号	发布部门	主要内容	意义
《中小学心理健康教育指导纲要》	2002年	教基［2002］14号	教育部	提出了中小学心理健康教育的指导思想和基本原则，目标与任务，途径与方法；规定了小学、初中、高中心理健康教育内容。	进一步指导和规范了中小学心理健康教育工作。
《中学生预防艾滋病专题教育大纲》	2003年	教基厅［2003］3号	教育部	规定了中学预防艾滋病专题教育课教学的总目标、分目标、课时、教学内容、教学活动建议、实施建议等。课时安排：预防艾滋病教育在初一到高中二年级进行，按平均每学年2课时安排教学内容。专题教育课时从地方课时和班团队活动时间中安排。	体现了我国政府对防控艾滋病工作的高度重视。为学校规范开展预防艾滋病教育提供了依据。
《国务院办公厅转发教育部、卫生部关于加强学校卫生防疫与食品卫生安全工作意见》	2003年	国办发［2003］69号	国务院办公厅	提出要加强安全、卫生教育，将公共卫生和食品卫生安全教育贯穿在日常教育之中，结合季节性、突发性传染病及食物中毒的预防，安排必要的课时进行相应的健康教育。	对做好学校卫生防疫与食品卫生安全工作，保障学生身体健康和生命安全意义重大。
《国务院办公厅关于转发教育部中小学公共安全教育指导纲要的通知》	2007年	国办发［2007］9号	国务院办公厅	规定了公共安全教育的主要内容包括：预防和应对社会安全、公共卫生、意外伤害、网络、信息安全、自然灾害以及影响学生安全的其他事故或事件六个模块。	为加强中小学公共安全教育，培养中小学生的公共安全意识，提高中小学生面临突发安全事件自救自护的应变能力提供了规范和依据。
《中共中央 国务院关于加强青少年体育增强青少年体质的意见》	2007年	中发［2007］7号	中共中央、国务院	明确要求学校要积极开展疾病预防、科学营养、卫生安全、禁毒控烟等儿童青少年健康教育，并保证必要的健康教育时间。	是新中国成立以来最高规格的关于加强青少年体育增强青少年体质的文件，强调要进一步加强学校卫生工作，为学校卫生事业发展指明了方向

（续表）

名称	发布时间	文号	发布部门	主要内容	意义
《中小学健康教育指导纲要》	2008年	教体艺[2008]12号	教育部	明确规定了学校健康教育目标、基本原则、基本内容、实施途径及保障机制。基本内容包括5个方面：健康行为与生活方式、疾病预防、心理健康、生长发育与青春期保健、安全应急与避险。	是当前及今后一个时期指导学校健康教育开展的国家级教学指南
《中小学学生近视眼防控工作方案》	2008年	教体艺[2008]7号	教育部	规定了“防近”健康教育的形式和内容，要求将集中的视力保护教育与经常性“防近”宣传教育有机结合。	促使学校“防近”教育经常化、制度化。切实加强学生视力保护工作
《关于进一步加强学校控烟工作的意见》	2010年	教体艺厅[2010]5号	教育部办公厅和卫生部办公厅	要求学校将控烟宣传教育纳入学校健康教育计划，通过课堂教学、讲座等多种形式向师生传授烟草危害、不尝试吸烟、劝阻他人吸烟、拒绝吸二手烟等控烟核心知识和技能。	履行《烟草控制框架公约》，落实《中华人民共和国未成年人保护法》有关要求，使青少年远离烟草危害。

1.1.2 学校健康教育的行政管理与业务指导体系

20世纪50年代初起，我国从中央到地方逐步建立了与学校健康教育有关的行政管理和业务指导机构。1978年以后，这些机构进一步健全和完善。目前，我国学校卫生与健康教育工作网络基本形成。

我国学校健康教育的行政管理与业务指导体系由教育、卫生部门共同建立。两个部门相互配合，共同管理与指导学校卫生与健康教育工作。教育部门负责管理和实施学校卫生与健康教育，卫生部门负责监督与指导学校卫生与健康教育。

学校卫生与健康教育行政管理　20世纪70年代中期，经国务院批准，教育部设立了体育司，主管大、中、小学的体育、学生军事体育以及卫生工作等。1987年，为适应对学生进行卫生与健康教育的需要，教育部体育司更名为体育卫生司（1993年更名为体育卫生与艺术教育司），增设卫生与健康教育处，专门负责学校卫生与健康教育方面的相关政策制定、宏观管理并指导工作开展。各级教育行政部门对应设立体卫艺工作管理机构，配备专人主管或兼管学校卫生与健康教育工作。目前，全国31个省（自治区，直辖市）教育行政部门均设置了体卫艺处，配有专人分管学校卫生与健康教育工作；地、市、县教育行政部门也设置了体卫科（股）或配备了专职或兼职的卫生管理干部，负责管理学校卫生与健康教育工作。

学校卫生与健康教育工作网络　教育系统主要由中小学卫生保健机构，高等学校校医院或卫生科、中小学校卫生室以及中国教育学会体育卫生专业委员会、中国高教学会保健医学分会等共同组成学校卫生与健康教育工作网络。20世纪70年代末期，辽宁省沈阳市根据教育部、国家体委、卫生部《关于加强学校体育、卫生工作的通知》精神，结合沈阳市的实际，创造性的提出：要集中人力、物力、财力，在每个区、县建立一个教育系统的学校卫生保健专业机构，从组织上确保中小学卫生保健工作能够落到实处。自1979年开始，沈阳市每个区、县（市）相继建立了中小学卫生保健所，开创了我国特色的中小学卫生保健事业发展途径。1995年9月，国家教育委员会正式发布《中小学卫生保健机构工作规程》，明确规定了中小学卫生保健机构的7项工作任务，其中之一就是帮助学校开展健康教育，普及卫生保健知识，提高学生的卫生素养和自我保健能力。同时，对中小学卫生保健机构管理、设置以及人员编制进行了规定，使中小学卫生保健机构的工作纳入法制化、规范化、制度化管理轨道，做到有章可循、有法可依。在教育部的推动下，全国许多省市纷纷建立了中小学生卫生保健所，据不完全统计，至2009年6月，全国已有北京市、天津市、重庆市、广东省、黑龙江省、河南省、江苏省、陕西省、山西省、福建省、云南省、河北省、江西省、海南省、广西壮族自治区、内蒙古自治区、新疆维吾尔族自治区、湖北省、湖南省、贵州省、甘肃省等21个省、直辖市、自治区建立了中小学生卫生保健机构149所。1998年4月教育部印发了《高等学校医疗保健机构工作规程》，明确了高校医疗保健机构的主要任务和基本职责，其中之一是协助学校教务部门开设大学生健康教育课程（选修课或必修课）或定期举办健康教育讲座，增强学生自我保健能力，促进学生建立健康的生活方式和良好的卫生习惯。目前，绝大多数高等学校设立了校医院或卫生科（医务室），并按照要求，开展形式多样的健康教育。按照《学校卫生工作条例》要求，许多中小学校设立了卫生室，规模较大的学校配备了专职校医、规模较小的学校配备了兼职保健教师。1986年，中国教育学会体育研究会成立；1991年中国教育学会体育研究会成立了学校卫生保健专业委员会；2008年，为适应基础教育学校体育卫生工作发展需要，经中国教育学会批准，中国教育学会体育研究会更名为中国教育学会体育卫生分会。1989年10月，中国高等教育学会保健医学分会正式成立。目前，教育系统已经自上而下地形成了一个相对完善的学校卫生与健康教育行政管理与工作网络（图1-1）。

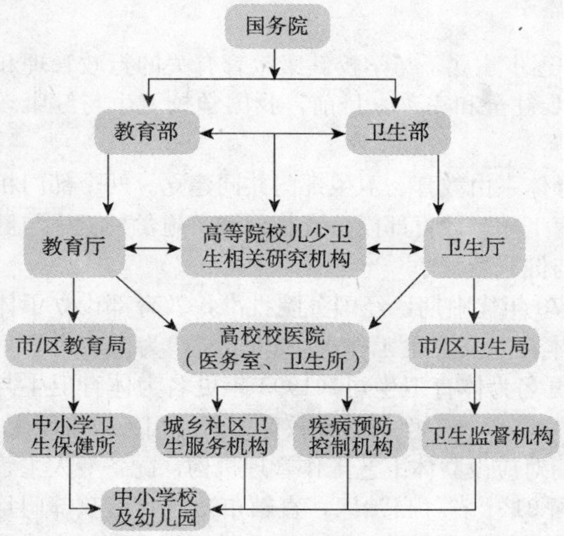

图1-1　学校卫生与健康教育行政管理与业务指导网络

学校卫生与健康教育监督与业务指导。卫生部门自上而下，建立了监督和指导学校卫生与健康教育工作的机构。卫生部疾病预防控制局、食品安全综合协调与卫生监督局、妇幼保健与社区卫生司等相关司局均设有相关的处室，各省（市、县）卫生行政部门部门，也设有相应的机构或科室，负责监督管理学校健康教育、传染病与常见病防控、学校生活与教学环境卫生等。各级疾病预防控制部门、卫生监督部门以及城乡社区卫生服务机构具体负责对上述工作的业务指导。在城乡社区卫生服务中，中小学的健康教育工作成为重要的任务之一。而学校健康教育开展水平也成为检查考评全国卫生工作的一项重要指标。如 1991 年 3 月印发的《国家卫生城市检查考核标准实施细则》，把中小学健康教育课开课率明确作为国家卫生城市的考核标准之一。由此可以看出学校健康教育在国家卫生体系中所占的地位。另外，1995 年 7 月教育部颁布了《学校健康教育评价方案》，该《评价方案》的主要内容，也被相应地列入了爱国卫生检查的范围，通过政府行为进一步推动了学校健康教育的广泛开展。

1.2 学校健康教育的实践探索

自上个世纪 90 年代以来，在国家一系列法规、政策文件支持下，我国学校健康教育得到蓬勃发展。全国各级各类学校纷纷以开设健康教育课或其他不同形式，向在校学生进行健康教育。

1.2.1 健康教育的内容架构与原则

学校健康教育的内容，通常要依据学校健康教育的目的、目标以及受教育者的年龄、特点和存在的主要健康问题、以及社会文化背景等多种因素确定。因此，不同时期的健康教育内容有所不同。

学校健康教育目的是培养学生自觉维护个人健康的意识，增进学生维护健康的知识和各种技能，如交流技能、决策技能，帮助学生形成良好的个人卫生习惯行为，以及有益于健康的生活方式。依据学校健康教育的目标，通常可以把学校健康教育所涉及的内容大致划分为如下的几个方面：

■ **传播与健康有关的知识信息**：使受教育者了解自身机体的正常功能以及危害健康的各种因素，从而能自愿地做出各种有益于健康的选择。

■ **发展有助于促进健康的责任感和意识**：使受教育者明确个人对自己、他人以及家庭、社会健康的作用角色与责任。

■ **确立有益于健康的行为和技能**：使受教育者通过有关的教育和训练，养成良好的个人卫生习惯和健康的生活方式，发展心理社会适应能力，增进抵御疾病以及促进健康的能力。

不同时期，影响青少年健康的问题不尽相同，健康教育内容也会随之作出调整。20 世纪 50～60 年代，我国学校健康教育以卫生常识教育，培养儿童良好的个人卫生习惯为重点，各地制作了大量预防近视、保护牙齿和防止病从口入等方面的科普宣传材料。20 世纪 70 年代，增加了营养知识以及常见疾病预防的教育。20 世纪 80 年代的学校健康教育除在课堂内讲授卫生知识外，还开展课外的咨询、家访和服务，并增加了心理健康教育和青春期卫生教育。20 世纪 90 年代以后，则更为关注营养、环境保护及提高个人健康技能等方面的教育。近年来，又加大了传染病预防、食品安全、控烟、预防艾滋病和预防毒品等内容的教育。丰富的健康教育内容，对学生增长健康知识、树立健康信念和养成健康生活方式发挥了积极作用。

我国学校健康教育内容真正步入规范化指导应是以 1992 年国家教育委员会等部委颁布

的《中小学生健康教育基本要求》为标志。在此之前，国家对学校健康教育的内容要求只有大的原则，没有非常明确而又细化的内容，各地只能围绕健康教育目标和内容上的基本原则，开展相关教育。1992 年，为了推动我国中小学校健康教育发展，提高健康教育效果，国家教育委员会等部委联合颁布了《中小学生健康教育基本要求》，第一次明确规定了中、小学健康教育的内容。健康教育内容主要包括人体生理发育（人体的主要解剖生理知识）、青春期生理卫生、个人卫生习惯、合理营养、环境卫生、体育锻炼、心理卫生、常见病预防以及安全与意外伤害预防等方面。中小学健康教育内容设定有所区别。

2000 年，为进一步改进和发展了中小学健康教育基本要求和内容，国家技术质量监督局从国家技术规范管理的角度，颁布了国家标准《中、小学生健康教育规范（GB/T18206—2000)》。该标准制定以国家教育委员会等部委印发的《中小学生健康教育基本要求》为参照基础，提出的目标适用人群的学段划分与其保持一致，但总体内容框架有所调整，取消了人体的主要解剖生理知识。小学生健康教育内容框架主要包括 7 个方面：食物与营养、个人卫生、心理卫生、环境与健康、体育锻炼与健康、伤害预防与安全、疾病预防。中学生健康教育的内容框架主要包括：人类的生长发育、青春期卫生、心理卫生、食物与营养、环境和学校生活卫生、体育锻炼与健康、物质滥用和常见疾病预防。基本保证了在推动中小学校实施健康教育工作上的一致性和连续性。

1992 年的《中小学生健康教育基本要求》及 2000 年《中、小学生健康教育规范（GB/T18206—2000)》，使中小学健康教育的内容更加系统、规范（表 1-2）。

表 1-2 《中小学生健康教育基本要求》与国家标准《中、小学生健康教育规范》主要内容比较

	《中小学生健康教育基本要求》1992 年	国家标准《中、小学生健康教育规范》2000 年
小学阶段	第一部分：人体的主要解剖生理知识△	第一部分：食物与营养
	第二部分：个人卫生习惯与健康	第二部分：个人卫生
	第三部分：合理营养与健康	第三部分：心理卫生
	第四部分：环境卫生与健康	第四部分：环境与健康
	第五部分：体育运动与健康	第五部分：体育锻炼与健康
	第六部分：常见疾病的预防（含常见地方病）	第六部分：伤害预防与安全
	第七部分：安全与意外事故伤害的预防	第七部分：疾病的预防
	第八部分：心理卫生	
中学阶段	第一部分：人体的解剖生理知识△	第一部分：人类的生长发育▲
	第二部分：青春期生理卫生	第二部分：青春期卫生
	第三部分：个人卫生习惯与健康△	第三部分：心理卫生
	第四部分：合理营养与健康	第四部分：食物与营养
	第五部分：学校生活卫生（含教学卫生与环境卫生）	第五部分：环境和学校生活卫生
	第六部分：常见疾病的预防	第六部分：体育锻炼与健康
	第七部分：心理卫生	第七部分：物质滥用和常见疾病的预防
	第八部分：体育锻炼与健康	

说明：△为在 1992 年《中小学生健康教育基本要求》存在，在 2000 年国家标准《中、小学生健康教育规范》被取消。▲为2000 年国家标准《中、小学生健康教育规范》中新增的内容。

随着时代的发展，为更好适应和应对各种新的健康问题，2008 年教育部围绕促进学生身心健康和提高全民族健康素质的目标，对学校健康教育内容再次进行调整，使之更加体现与时俱进。2008 年 12 月印发的《中小学健康教育指导纲要》，根据青少年生长发育的不同阶段，把健康教育的内容设定划分为五个领域，即健康行为与生活方式、疾病预防、心理健康、生长发育与青春期保健、安全应激与避险。又将五个领域的内容合理有序地分配到小学低年级、小学中年级、小学高年级、初中年级、高中年级五个不同的水平，分别称为水平一（小学 1～2 年级）、水平二（小学 3～4 年级）、水平三（小学 5～6 年级）、水平四（初中 7～9年级）、水平五（高中 10～12 年级）。这五个不同的水平互相衔接，完成学校健康教育的总体目标。《指导纲要》规定的健康教育内容的呈现，打破了以往健康教育内容过于注重学科化、体系化的设置，而是以儿童青少年主要面对的健康问题，采用核心知识点的形式进行设置。整个《指导纲要》围绕 5 个领域共提出了 159 个核心知识点。这些内容设置充分尊重学生的身心发育特点和认知能力，循序渐进，适时适度，不仅涉及知识、信念，还涉及健康生活方式与技能。充分体现了健康知识传授与健康技能传授并重、健康知识与健康信念、健康行为形成相统一的健康教育理念（表 1－3，表 1－4）。

表 1－3　《中小学健康教育指导纲要》基本内容知识点分类表

领域	项目数（%）	水平				
		水平 1	水平 2	水平 3	水平 4	水平 5
健康行为与生活方式	54（34.0）	19	10	13	10	2
疾病预防	38（23.9）	1	6	7	18	6
心理健康	13（8.2）	1	0	1	5	6
生长发育与青春期保健	19（11.9）	1	2	7	5	4
安全与避险	35（22.0）	10	7	7	10	1
合计	159（100.0）	32	25	35	48	19

表 1－4　《中小学健康教育指导纲要》基本内容分类表

领域	总计（%）	各领域内容的核心知识点		
		知识与理念	生活方式与行为	基本技能
健康行为习惯与生活方式	53（33.3）	21	23	9
疾病预防	36（22.6）	32	1	3
心理健康	13（8.2）	4	3	6
生长发育与青春期保健	20（12.6）	13	4	3
安全与避险	37（23.3）	1	17	19
合计	159（100.0）	71	48	40

综观分析我国中小学健康教育的内容，应该讲，目前这些与学生健康相关的教育内容的设置，比较好的体现了如下的原则：

1. 根据国家对全民健康素质发展的整体需要，发展与其相一致的学校健康教育内容。以 1992 年国家教育委员会等部委印发的《中小学生健康教育基本要求》为例，作为我国第一部学校健康教育指南，其内容的设置是在结合当时我国的社会要求和社会条件的基础上而发展提出的。随着社会的发展，人们对健康的需求及认识也在不断发展，因此，为学生提供的健康教育内容也应与社会发展、学校整体教育要求相适应，不断予以更新、完善。2008 年教育部重新修定颁布的《中小学健康教育指导纲要》正是体现了适应新时代的发展要求。

2. 以儿童青少年的生长发育状况、心理发育水平为基础，适时适度，制定与其年龄、理解接受程度等特点相符合的内容。不同年龄阶段，儿童青少年身心发育特点与认知能力不同，健康教育内容的侧重点也应有所不同。小学阶段是行为习惯养成的关键时期，加之这一时期的儿童求知欲高、可塑性强，对于健康教育的内容易于接受，因此，小学阶段健康教育内容重点应包括：认识了解自己身体、良好的行为和生活习惯的养成、儿童常见病及意外伤害的预防知识及技能等。初、高中阶段的青少年大多已进入青春期，理解能力也较小学生强，因此，中学阶段健康教育内容重点应包括：青春期生长发育与生殖健康、运动与健身、心理健康、营养与食品安全、疾病防治、急救和互救、拒绝烟草与远离毒品等知识和技能。

3. 考虑地域、生活习俗的差异，不同地区学校针对当地主要影响学生健康的疾病、相关因素确定健康教育的内容。我国疆域辽阔，不同地区所面临的健康问题和影响因素不尽相同，因此学校开展健康教育还要考虑区域因素。比如在我国南方血吸虫病高发的一些省份，就要考虑结合学校健康教育在学生中开展预防血吸虫病的教育；而在一些碘缺乏的地区，如何食用含碘盐以预防碘缺乏病就应成为学校健康教育的一个内容。

4. 根据各学校学生健康的实际需求，确定发展有关的健康教育内容。各个学校在工作中都会面临不同的学生健康问题，比如某一时期某一种传染病流行，或学生体检中发现的某种潜在的健康隐患，这些都可以成为学校发展自身健康教育内容的依据。另外，学校还可以通过调查，了解学生最为迫切的健康需求，提出制定本校健康教育的重点内容。

5. 以培养和提高学生健康素养为目的，将健康教育知识传递与技能发展有机结合。健康素养是关系个人未来健康的基础。它实际上是一种能力，是指个人获得、处理和理解各种基本健康信息和服务，并运用这些信息和服务做出正确的判断和决定，以维持并促进自身的健康的能力。因此，学校健康教育内容的设定不仅要考虑传递有关的健康知识、信息，同时还要重视培养学生的健康技能、心理社会适应能力以及运用健康信息与服务的能力，要重视促进学生把健康知识转化为健康态度、健康行为，以避免造成健康知识、健康态度与健康行为养成之间出现脱节。2008 年新修订的《中小学健康教育指导纲要》就充分体现了这种知识传授与技能培养、行为养成的良好结合。

6. 综合多样，注重科学性与趣味性相结合。健康教育的综合多样性，主要指针对行为改变的特点和各种影响行为改变的因素、途径，灵活地采用多种教育方式。卫生习惯的形成需要反复训练，反复提高，但不是简单的重复。健康教育应该是由浅入深，由易到难，由具体到抽象的螺旋式上升过程，后阶段的教育是建立在前阶段的基础上，但又比前阶段有所提高。同时注意贵在坚持，才能巩固获得的知识和保持持久的健康行为效果。科学性与趣味性结合是指健康教育的内容既要求实事求是，科学可靠，不夸大，同时，还要结合儿童青少年的特点，增加内容的趣味性，只有这样才能促进他们的理解与接受，才能促进知识转化为行动。

另外，随着人们对健康的需求的日益加深，以及健康教育领域理论研究和实践积累的逐步完善，当前，学校健康教育内容也逐步向新的方向转变，其特点主要体现在以下几个方面：

1. 从配合防治单一疾病转向多种健康主题同时开展；从提高某些特殊问题的知识或技能水平，转向于提高综合健康素质。

2. 从关心个体行为习惯，转向注意社会、经济、环境等多方面因素对健康的影响。

3. 从关注儿童青少年期常见病防治转向常见病防治与成年期慢性病预防并重。

1.2.2 健康教育实施模式的探索与发展

世界卫生组织在一些学校卫生文件中，建议学校开展健康教育可以采用以下方法：

● 独立课程：将健康教育单独设置为一门特定课程。

● 单一“载体”课程：将健康教育合并进入现有的一门相关课程中，例如：生物、公民教育/社会学研究，或宗教。

● 交叉课程融入：将健康教育相关内容渗透在现有学校的多门课程中。

根据对大量文献的广泛回顾，许多专家认定一个对行为改变有效的健康教育课程应该具有以下 9 个特点：

1. 课程内容设置应集中于一些特定的行为目的，并具有明确的、针对该行为的、持续强化的信息。

2. 行为目的、教学方法和教学材料适合于学生的年龄、发育经历以及文化。

3. 具有理论依据，特别是以社会学习理论如：社会认知理论、社会影响理论、社会保护学说、认知行为理论，或者合理行为理论为基础。

4. 课程要持续足够长的时间，一般应该达到 14 个小时或者更长时间。

5. 运用多种学习方法，如鼓励受教育者参与，为受教育者提供个性化信息服务等。

6. 提供基本和准确的知识。

7. 包含各种技能学习活动，如处理生活中各种压力，处理各种人际关系等活动。

8. 提供交流、协商和拒绝技能的示范和练习。

9. 由值得信任的、接受过培训的教师对学生进行教育。

我国在相当一段时间里（从 20 世纪 90 年代初期至 2000 年），在小学、初中九年义务教育阶段，健康教育的开展方式主要是以开设独立健康教育课程为主，同时辅以不同形式的健康教育活动；在高中阶段，健康教育多采用讲座以及各种形式的健康教育活动；在大学阶段，健康教育则以选修课、讲座为主，同时提供一些其他形式的健康教育活动。

随着健康教育的不断发展，我国学校健康教育实施方式逐步趋向多元化发展。2000 年国家标准局颁布的国家标准《中、小学生健康教育规范（GB/T18206—2000）》中已明确提出，中小学“健康教育可采用正式课程或多种形式向学生传授，鼓励健康教育与学校其他课程教育相结合、相互渗透”。2008 年教育部颁布的《中小学健康教育指导纲要》也明确提出

“学校要通过学科教学和班会、团会、校会、升旗仪式、专题讲座、墙报、板报等多种宣传教育形式开展健康教育”。目前，我国学校健康教育开展主要有以下一些形式：

1. 独立设置健康教育课程　开设健康教育课，通过正规的课堂教学进行健康教育是健康知识和技能传授与普及最为常用，也最有保证的一种形式。传统的健康教育方法主要是由教师进行讲解和演示，学生听讲。然而近年来参与式的健康教育方法，如小组讨论、角色扮演、案例分析、同伴教育、开展游戏和活动等逐渐发展起来，许多中小学开始对这些方法进行尝试和创新。在课堂进行的健康教育教学过程中，学生不再仅停留在被动听讲，而是成为教育活动的主动参与者。由此不断引发学生的思考和兴趣，明显地提高了对健康教育的学习效果。

2. 学科渗透，开展健康教育　除了开设独立的健康教育课之外，健康教育课堂教学还可采取渗透教学的方法，即把健康教育融入学校多门学科的教学过程之中。比如将心理健康与语文教学相结合，在数学课程的教学示例中结合常见病防治的统计分析与计算，环境保护知识渗透进入地理课程的学习等。特别是体育课，已经逐步成为与健康教育结合的主要载体课程。

为推动中小学健康教育和体育教学改革，自 1989 年 9 月起，国家教育委员会在天津市和广东省湛江市选择 8 所学校开始了九年义务教育阶段“体育与健康教育相结合”的改革试验。1993—1994 年间，“体育与健康教育相结合”改革试验扩大到天津市所有小学、湛江市所有小学与初中。这项改革试验，把小学（3～6 年级）、初中（1～2 年级）的体育课与健康教育课的内容结合起来，将体育课作为开展健康教育的载体课程，按不同年龄阶段生长发育的特点和需要，合理安排教学内容、进度，力求使体育与健康教育、理论与实践紧密联系，相互配合。从几年的试验情况看，效果良好、可行，受到广大学生、教师、家长和学校的欢迎。为做好“体育与健康教育相结合”试验工作，提高教学质量，国家教育委员会体卫艺司专门组织该门试验课程的教材编委会，统一编写了一套供学生使用的试验课本，从小学三年级至初中二年级，每学年各一册。1992 年，全国中小学教材审定委员会体育学科审查委员会审查通过了《体育与健康教育教学大纲》（初审稿供试验用），1995 年这套《体育与健康教育》课本获得了最后的审查通过，并在试验地区使用推广。由此，在全国中小学中开创了一条体育与健康教育结合的教学之路。

3. 多种形式的健康教育活动　形式多样的健康教育活动是课堂教育的重要补充和延伸。通过亲身参与健康活动，能够促使学生把课堂教育的内容与实践活动有机地结合起来，加深印象，强化学习效果。根据学生年龄段，可组织不同的健康教育活动。目前，多种形式的学校健康教育活动已经成为我国开展学校健康教育的常见形式。

大量的文献回顾发现，在我国多种形式的学校健康教育活动主要有：卫生专题广播、健康教育宣传栏与宣传墙报、健康知识宣传手册、健康知识竞赛、健康演讲比赛、健康绘画比赛、健康征文比赛、组织学生志愿者参加社区卫生服务活动、健康咨询等。这些丰富多彩的活动形式寓教于乐，受到学生欢迎和好评。

4. 专题教育　专题教育通常是由学校主办，围绕学生中普遍存在的健康问题，邀请一名或多名专家进行专题授课讲座，以达到预防某种疾病、减少或消除该病的致病危险因素尤其是行为危险因素，降低发病率而进行的健康教育。近年来，我国在各级各类中小学、大学都引入了以某一专题为主题内容的讲座，比如预防艾滋病、控烟、远离毒品、以及环境保护等专题教育等。这类教育方式的优点是针对性强，主讲人专业水平高，提供的知识较系统，较深入，有助于加深学生对某些直接危害健康问题的理解、并开拓学生思路、激发他们积极的学习动机和热情。

5. 其他　许多地区与学校还重视现代信息技术在学校健康教育中的应用，发挥现代信息技术的作用，开展网络教学。教育部曾先后多次通过现代互联网络，开展预防艾滋病教育、近视眼防控教育、营养与食品安全教育，使学校健康教育开展形式更为丰富多彩，取得了良好的效果。同时，不少学校不仅注重为学生提供健康教育，还将健康教育扩展到学生的家庭。通过家长会、给家长的一封信等方式，把学校健康教育的目的、意义、内容和方法广泛告知家长，取得家长的配合，创造强化学校健康教育效果的家庭环境，如学校讲授吸烟有害健康的内容时，告知有吸烟习惯的家长应主动做到不在孩子面前吸烟，学校讲授膳食与营养知识时，家长应主动教育孩子不要偏食和挑食等。

实际上，我国在学校健康教育的实践中，不断结合现有国情，探索和创新出许多符合我国国情且行之有效的学校健康教育模式，总结出了大量的学校健康教育经验，如其他学科课程与健康教育相结合、学校教育与家庭教育相结合、专职教师教学与班主任教学相结合、系统健康教育与专题健康教育相结合、课堂教学与课外教育活动相结合、平日活动和重大卫生日活动相结合等。

1.2.3 健康教育课程设置与课时安排

开课率是衡量学校健康教育水平的一项重要指标。对于课时的要求，1990 年国务院批准颁布的《学校卫生工作条例》第十三条明确规定：学校应当把健康教育纳入教学计划，普通中小学必须开展健康教育课，普通高等学校、中等专业学校、技工学校、农业中学、职业学校应当开设健康教育选修课或者讲座。1992 年，国家教育委员会等部委联合颁布的《中小学生健康教育基本要求》明确要求“全日制 6 年制小学 1～6 年级或 5 年制小学 1～5 年级和普通中学初一至初三年级开展健康教育课。在已经具备师资等条件的省、地、市，各级中小学校每周至少一学时的健康教育课；尚无条件者，鼓励由不定期的健康教育讲座逐步过渡到定期的健康教育课”。1994 年，教育部印发的《实行新工时制对全日制小学、初级中学课程（教学）计划进行调整的意见》又一次明确重申在中、小学活动类课程的“科技文体活动”中，每两周安排 1 课时用于健康教育。2007 年，《中共中央国务院关于加强青少年体育增强青少年体质的意见》明确要求“积极开展疾病预防、科学营养、卫生安全、禁毒控烟等儿童青少年健康教育，并保证必要的健康教育时间”。2008 年，教育部颁布的《中小学健康教育指导纲要》明确规定“通过学科教学和班会、团会、校会、升旗仪式、专题讲座、墙报、板报等多种宣传教育形式开展健康教育。学科教学每学期应安排 6～7 课时，主要载体课程为《体育与健康》”。

事实上，我国从 20 世纪 70 年代以后，许多省市，如广东、福建、北京和四川等地就相继在中小学开设了“健康教育课”。80 年代中期，学校健康教育在一些省市得到了广泛开展，辽宁和湖南两省，小学健康教育开课率均在 60％以上，北京、天津、上海等城市也由点到面逐步开设了小学健康教育课程。另据一些不完全的统计，截至到 1992 年 8 月，健康教育课已在广东、黑龙江、辽宁等 11 个省市全面铺开，其中深圳、沈阳、大连三个城市的开课率均达 90%以上。山东、吉林、内蒙古等 8 个省（区）的某些地（市）、县开课率也已达到 50%以上。有相当多的学校做到了有课时、有课本、有专职或兼职教师、有定期考核制度。

1997 年 10 月，教育部对北京、天津、山东、山西、内蒙古、辽宁、吉林、黑龙江、上海、江苏、浙江、河南、湖北等 13 个省、自治区、直辖市的 52 所中小学校健康教育工作进行了抽查。抽查结果显示，52 所中小学中均按要求落实或基本落实健康教育课时、教材和教学计划。学校健康教育教材拥有率为 100%；健康教育开课率达 100%，其中 96%的学校能按每周 0.5 课时的要求，开足健康教育课；92%的学校能落实健康教育计划；健康教育专（兼）职教师配备率为 100%。据此结果初步估计，全国绝大多数省已在一定范围内开设了健康教育课，健康教育活动的覆盖率在大城市达到 90%，农村为 50%。

另外，通过文献检索也反映出我国自上世纪 90 年代以来一些省市学校健康教育开课情况（表 1-5）。

表 1-5 全国部分省市健康教育课时安排及开课情况一览

省份	课时安排及开课情况
上海市	2006 年，上海市开课率达 99.93%，主要形式是广播及健康教育课。
浙江省	20 世纪 90 年代中期，被原国家教育委员会列为教材改革试点省，体育与卫生课合并，改为体育保健课，作为正规课程列入教学计划，每周 1 次，开课率接近 100%。
福建省	2000 年，全省中小学健康教育课开课率达 100%。
江西省	2003 年，全省小学健康教育开课率达 80%。
河南省	1993 年，洛阳市区作为试点，全部中小学开设健康教育课。 1999 年，全省城市中小学校健康教育开课率达到 95%以上。
湖北省	1993 年，增城市全市 318 所学校全面开设健康教育课。 至 1999 年，孝感市中小学校健康教育开课率达 100%。
广东省	2002 年，全省各级中小学校健康教育开课率平均达 96%以上，并做到了有课本、教案、课时、教具、评价等“五有”。 2005 年，汕头市大部分学校开设《体育与健康》课，另有 36.57%的小学和 15.25%的中学开设《卫生与健康》课。
贵州省	1995 年，贵州省教委下文规定全省中学从初一至初三年级正式开设健康教育课，2 周上一节健康教育课，并规定要进行效果评价。
宁夏回族自治区	1990 年，自治区卫生宣传教育所会同自治区教委普教处，首先在吴忠市、平罗县、中卫县和银川市新城区的全部小学，隆德县的 6 所中心小学开设健康教育试点课，有 10.6 万名小学生接受了健康教育。 1999 年底全区所有小学和绝大部分初级中学均开设了健康教育课。
辽宁省	2003 年，大连市中小学健康教育开课率达 90.0%。

2001年按照《国务院关于基础教育改革与发展的决定》和经国务院同意的《基础教育课程改革纲要（试行）》的要求，教育部正式开始了国家级基础教育课程改革的实验工作，依照相关文件规定，健康教育不再作为独立设置的课程。因此，全国大部分实验区学校取消了独立设置的健康教育课，而是以体育课作为健康教育的载体课程，转为开设“体育与健康”课。

随着人们健康意识的提高，特别是经历了2003年“非典事件”以后，各地对健康教育的重要性有了进一步认识。学校健康教育发展也在经历了一个低谷阶段后，再次被重视，不少省市重新明确了学校健康教育的课程设置和课时安排。如北京市教育委员会在2004年颁发的《关于印发〈北京市实施教育部“义务教育课程设置实验方案”的课程计划（试行）京教基[2004] 13号〉的通知》中规定，中小学校体育课和健康教育课时占九年课时总计的10%～11%。辽宁省教育厅在其2006年颁布的《学校公共卫生教育课程指导纲要》和《关于进一步加强大学生健康教育工作的意见》（辽教发[2006] 025号）中，对辽宁省学校健康教育的课时提出了要求，规定学校必须保证健康教育课时，其中小学阶段要保证40课时，初中为30课时，高中为20课时，普通高校16～36课时。重庆市教育委员会也在2007年印发的《重庆市中小学生健康教育指导纲要（试行）》中明确规定：中小学健康教育课按每两周一课时在体育课时中统筹安排，原则上健康教育课安排在下雨天或高温天气等不适宜户外体育教学的课时中。

2008年12月教育部颁布的《中小学健康教育指导纲要》也特别提出了健康教育“学科教学每学期应安排6～7课时，主要载体课程为“体育与健康”。

健康促进学校（Health-promoting School）在中国的开展

1986年，第一届国际健康促进大会在加拿大首都渥太华举行，在其通过的“渥太华宣言”中首次提出了健康促进的概念。由于健康促进强调创造一种促进健康的整体环境，要求信息传播、社区参与、行政立法等多重干预，要求个体、家庭、卫生和非卫生机构的全社会努力，以期共同达到生活环境的改善，消除危及健康的各种不良因素。因此，倡导发展更为综合立体、多维模式的健康促进活动逐渐成为加强健康教育功能的一种趋势。建立“健康促进学校”（Health-promoting School）是全球健康促进活动的一个重要方面。可以说，健康促进学校的提出也正是源自对学校应兼备促进学生健康职能及作用的认同，是“健康促进”理念在学校卫生领域的具体体现。随着全球对健康促进和发展健康促进学校理念的认同，1995年“健康促进学校”的理念被正式引入中国。经过10多年来的努力，北京、上海、浙江等省市在世界卫生组织的资助，在各级政府的参与支持下，先后开展了健康促进学校的各种项目的实施和推广，纷纷建立了不少与世界卫生组织倡导原则相符合的健康促进学校。以北京为例，2007年全市的17个区县已有362所学校被评选为“北京市健康促进学校”。回顾这些实践研究表明，结合中国自身的社会文化、学校卫生状况，发展具有中国特色的健康促进学校工作模式，不仅可以促进学校贯彻落实《学校卫生工作条例》，促进学校在教育教学中切实树立“健康第一”的指导思想，而且对全面推进素质教育，建立完善促进学生健康的各项政策和规章制度，改善学校的物质环境和加强学生常见疾病预防，改善和提高师生健康水平起到了积极作用。

1.3 学校健康教育取得的成就

1.3.1 学生健康水平获得整体改善与提高

儿童青少年健康素质是国民健康素质的基础。广大青少年身心健康、体魄强健、意志坚强、充满活力，是一个民族旺盛生命力的体现，是社会文明进步的标志，是国家综合实力的重要方面。儿童青少年生长发育和健康水平提高不仅体现了整体国民体质健康水平的增强，也是衡量国家健康状况改善的客观依据。国外研究表明，学校健康教育课程对学生的健康状况会产生积极的影响，健康教育与其他预防措施联合使用还会取得良好的防治疾病效果。如：Bounlay 等在孟加拉等国对在校儿童以及学龄前儿童中开展健康教育以及药物防治肠道寄生虫的研究结果表明，将健康教育内容编入课本纳入到学校正常的教学内容中，同时配合每年开展两次药物驱虫活动，一年后肠道蛔虫感染率可以从 60％下降到 20％，鞭虫感染率从 42％下降到 31％。健康教育和药物驱虫活动相结合的预防措施在大大降低肠道寄生虫感染率的同时，也将防治工作成本控制在了一个较低的水平。

在“预防为主”卫生工作方针的指导下，我国学校广泛开展了针对学生常见病、碘缺乏病、艾滋病等传染病的防控健康教育。为有效降低学生贫血、龋齿与牙周疾病、营养不良、沙眼、近视眼、肠道蠕虫感染等六种学生常见疾病发病率，改善学生的健康水平。1992 年 6 月，卫生部、国家教育委员会、全国爱委会成立“全国学生常见病防治领导小组”和相应的“专家指导小组”，随后联合下发《全国学生常见病综合防治方案》，提出了开展上述六种学生常见疾病的综合防治要求，明确了至 2000 年我国学生常见病防治工作的目标及为实现这一目标需采取的策略和措施，它不仅包括根据当地学生常见病患病情况进行有选择地集体用药，改善学生营养，改善学校卫生环境等措施，同时，还大力倡导开展以培养学生良好卫生习惯和保健意识为内容的学校健康教育。为加强脊髓灰质炎、碘缺乏病的防治，自 1993 年起，国家教育委员会多次印发有关文件，要求各级教育行政部门充分认识脊髓灰质炎、碘缺乏病对儿童青少年健康的危害性，强调要根据学校特点，利用健康教育课、讲座、广播、黑板报等多种形式宣传脊髓灰质炎、碘缺乏病的危害，普及防治知识，增强学生自我保健意识和能力。鉴于艾滋病在全球迅速发展蔓延的严重态势，我国政府对艾滋病的防治工作予以高度重视，先后颁布了一系列法规与政策文件，提出了我国预防与控制艾滋病的总目标、防治策略以及各部门工作目标，其中也包括学校预防艾滋病教育的工作目标和要求。按照国家统一部署和要求，教育部结合我国学校特点和实际，从工作层面和教学层面制定印发了开展学校预防艾滋病教育的政策文件。工作层面所提出的一系列要求与国家防控艾滋病的部署和要求相一致，教学层面的要求则是结合我国学校教育教学特点和实际而制定的。工作层面要求主要体现在《关于贯彻落实〈中国遏制与防治艾滋病行动计划〉（2001—2005）的意见》和《关于贯彻落实〈国务院关于切实加强艾滋病防治工作的通知〉的意见》中。教学层面要求主要体现在《学校预防艾滋病健康教育基本要求》（教体艺［2002］5 号）和《中学生预防艾滋病专题教育大纲》（教基厅［2003］3 号）两个指导学校预防艾滋病教育开展的教学性文件中。

在学校卫生与健康教育政策的推动下，我国学生的体质健康状况得到相当程度的改善。

2005 年教育部“全国学生体质与健康调研结果公告”显示，1985—2005 年的 20 年来，我国城乡大中小学生形态发育水平持续提高，并表现出生长速度加快、生长水平提高、青春期发育提前等现象，尤其是城市男女生，身高生长长期趋势的增长方式已表现为成年身高的增长。同时，学生营养状况继续改善。我国城乡学生中低体重及营养不良检出率进一步下降，营养状况继续得到改善，重度营养不良基本消灭。学生几种常见疾病的患病率继续下降，一是城乡学生中低血红蛋白检出率持续下降；二是学生人群中蛔虫感染率继续下降；三是龋齿患病率继续下降。

认知理论指出，一个人对健康的态度可以影响其对知识的掌握与相关行为的建立。越来越多的研究也证明，人类的健康以及许多疾病发生发展与个体不良的行为方式密切相关，要求以生物-心理-社会医学模式来认识、研究、处理人类的健康与疾病。因此，通过学校开展健康教育无疑将有助于学生在身体、心理和社会适应的全面发育，促使学生从生理上、心理上明确自己在社会及人群中的位置，增强自我保健意识，增强社会责任感，提高对健康知识的实际应用能力，进而促进健康和生活质量的提高。因此，学生体质健康水平的改善与提高，一方面与整体国民生活水平的普遍提高、卫生条件的综合改善有关，但很大程度上也得益于多年开展的健康教育，尤其是与学校开展的健康教育，采取的加强营养、疾病预防等卫生干预措施等直接相关。

1.3.2 学校健康教育资源不断得到发展

学校健康教育资源涉及师资培养、教材与教具研发等多个方面。

学校健康教育师资队伍建设不断得到发展。目前，在我国中小学担任健康教育课的教师主要是校医、保健教师、班主任、生物教师和体育教师等。大学的健康教育课程大部分由高校卫生技术人员担任。20 世纪 80 年代以来，为了保证学校健康教育课的教学质量，全国各地开展了不同形式、不同层次的健康教育师资培训工作。例如：聘请国外健康教育专家来华讲学，传播国外学校健康教育的知识和经验；举办全国性的培训班，由国内高等医学院校和健康教育专业机构的专家讲课等。2002 年，教育部为加强学校卫生人员队伍建设，使其适应新时期对学校卫生与健康教育工作的要求，在北京大学儿童青少年卫生研究所、上海复旦大学公共卫生学院、中南大学公共卫生学院分别建立了“教育部学校卫生人员培训基地”。之后，三个培训基地，每年均分层次、分地区地举办专门的培训班，对各地教育行政部门主管学校卫生工作的管理干部、学校骨干教师等进行相关的培训。各省（自治区、直辖市）也加大了学校卫生与健康教育师资队伍的培训力度，很多地方还建立了本省学校卫生人员培训基地，举办各种类型培训班，极大地提升了学校卫生和健康教育师资水平，极大地推动了我国学校健康教育的发展。

学校健康教育教材得到不断发展。20 世纪 90 年代以后，在国家教育委员会提出的“一纲多本”原则指导下，一些专业机构和专业人员依照国家颁布健康教育教学指南，如《中小学生健康教育基本要求》、《大学生健康教育基本要求（试行）》，结合学生生长发育过程中出现的健康问题，以及他们对健康知识的需求情况，以现代健康教育理论为指导，从生物医学、心理、社会三个角度，编写完成了全国性或地方性各类学校健康教育的课本、教师指导用书以及培训教材达上百种。仅 20 世纪 90 年代初期，在国家卫生部、爱委会的统一部署下，由北京医科大学等学校参与编写的医学院校健康教育专业教材就达10余种（表1-6）。相比教材发展而言，健康教育教具发展则比较滞后，一些学校因缺乏经费等原因，挂图、图片等辅助教具很少，在多数农村中小学几乎没有任何健康教育课教具。

表1-6 全国部分省市健康教育教材教具发展情况一览（1992—2005年）

	健康教育教材教具发展情况
北京市	1994年，北京教育局体育卫生处编写，北京教育出版社出版了小学《健康教育》，每个年级两册，共12册。 1996年，叶广俊等主编，人民教育出版社出版了《小学生健康教育读本》。 2000年，高等教育出版社出版了《互动式环境健康教育读本》及《互动式环境健康教育教学指南》（小学册，初中册，高中册）。 2002年，季成叶，余小鸣，马迎华，陈晶琦等主编，广西师范大学出版社出版了《性健康教育读本》（小学册，初中册，高中册，大学册）。 2004年，耿培新等编写，人民教育出版社出版了《体育与健康》。 2004年，余小鸣等编写，人民教育出版社出版了《普通高中课程标准实验教科书：体育与健康学生自读课本——健康教育》。
上海市	2001年，季浏主编，华东师范大学出版社出版了《体育与健康》，每个水平为1册，共4册。 2005年，王淑梅主编，上海科技大学出版社出版了《走向健康》，从小学一年级到初中三年级，共9册。
天津市	1996年，李晋裕主编，天津教育出版社出版了《体育与健康教育》教材，小学三年级到初中二年级，共6册。
浙江省*	20世纪90年代中期，浙江省编写了小学1～6年级《体育与保健》教材。 1999年，浙江省健康教育所组织编写了《学生生存发展能力丛书·健康教育读本》，浙江大学医学院组织编写了《青春期卫生读本》。
河南省*	1998年9月，河南省卫生防疫站学校卫生科、河南省健康教育研究所联合编著《实用学校健康教育与保健》。
广东省*	1992年，广州市健康教育所与市教委联合编写发行《小学健康教育》。 1994年，珠海市健康教育所从生命早期的健康教育人手，组织编写出版了一套《幼儿健康教育》读物。
贵州省*	1995年，贵州省首次编印《贵州省中学生健康教育》课本。

说明：带“*”的资料来源于《中国健康教育五十年》，其余的教材均为搜集到了具体的书籍。

1.3.3 学校健康教育实践与科学研究能力普遍提高

学校健康教育的科学研究工作始于20世纪50年代，专业人员结合工作实践曾进行部分专题研究。自20世纪70年代以来，随着国家一系列有关政策的制定颁布，学校健康教育的科研工作也逐步得到重视。1982年，经国家科委和卫生部批准，北京医科大学成立了北京儿童青少年卫生研究所。此后，全国先后在医学院校卫生系（公共卫生学院）建立了20余个儿少卫生教研室，进一步加强了包括学校健康教育在内的科研工作。

为有效培养学生的自我保健意识和能力，同时也为国家发展制定相关政策提供理论依据，众多的学校健康教育工作者，运用健康教育理论，开展了大量卓有成效的实证研究，如自行设计编制了针对学生健康问题与需求的研究工具与调查问卷，对学生的健康知识、健康态度、健康行为等方面进行了定量定性调查研究，对影响学生健康行为养成的相关因素进行了分析研究等。研究目标人群由中小学生扩大到师范、理工、医科大学等各级各类的学校学生；研究的地域从城市扩大到农村，以及边远的少数民族地区。

20世纪90年代以来，随着与各国际组织，如世界卫生组织、联合国儿童基金会等机构合作开展项目的增多，与世界各国以及港澳台地区学术交流的扩大，不少国外先进的健康教育理论被引入国内，使国内学者加强了在学校健康教育诊断、方案设计、评价模式等领域的研究。如健康教育传播策略和技巧的研究；青春期健康教育的最佳时机、优先内容和适宜方法的研究；童年期及青春期心理卫生研究；儿童期预防成人期心血管病的研究；预防艾滋病和性病健康教育适宜技术的研究；以及不同年龄阶段健康教育适宜教材的研究等。同时，对残疾儿童的健康教育和青春期心理卫生的研究也得到了重视。这些研究对促进学校健康教育发展，促进教学质量与教学效果提高等方面发挥了非常积极的作用。

为进一步了解我国近20年来学校健康教育的发展情况，通过检索CNKI《中国期刊全文专题数据库》，选择“中国期刊全文数据库，中国优秀硕士学位论文全文数据库，中国博士学位全文数据库，中国重要会议论文全文数据库”四个数据库，回顾复习1988年至2008年有关学校健康教育的文献，结果共检索到288篇，根据纳入和剔出标准进行筛选，共得到符合标准的文献98篇。根据第一作者所在单位，将入选的98篇文献进行分类，其结果显示：有24篇来各地中小学基层单位，撰写人为健康教育老师、校医、体育老师、德育老师等，内容主要包括学校健康教育的具体实施、存在的问题、对健康教育具体教学方法、实施策略、教育模式的探索等；7篇来自教育行政部门，撰写人为教育部及各地教育局的行政官员，主要从目前中小学健康教育的政策、管理和评价等方面进行论述；39篇来自教育、卫生、体育等方面的高校或科研机构，主要是通过与国外健康教育的比较研究，及设有对照的干预研究、文献回顾等对中小学学校健康教育内容、模式、评价、师资培养等内容进行探讨；26篇来自各地疾病预防控制中心（CDC）及中小学健康保健所，主要是对学校健康教育的开展情况及学生健康状况进行调查。这些文献在一定程度上充分反映和展示了我国学校健康教育的科学研究与实践成果（表1-7）。

表 1-7 部分学校健康教育研究回顾一览表（1988—2008 年）

研究类型	主要内容	参与单位	第一作者	发表年份
理论研究及综述	学校健康教育现况及发展趋势	北京大学儿童青少年卫生研究所	何景琳	1995
	学校健康教育的目标管理和评价工作	江苏省常州市教育委员会体卫艺处	张芙翠	2000
	学校体育与学校健康教育的比较研究	宿州师范专科学校体育系	李茹	2002
	论学校健康教育与体育课程改革	江西抚州师专体育系	郭苏芝	2002
	关于学校健康教育专业人才培养的研究	绍兴文理学院体育系	俞爱玲	2002
	学校健康教育的“环保工程”	北京体育大学	王朝军	2002
	学校健康教育在素质教育中的地位与作用	江西南昌教育学院	刘小青	2003
	应用模糊数学综合评价学校健康教育工作	江苏疾病预防控制中心	李永顺	2003
	加入 WTO 对中国学校健康教育的影响及对策	浙江湖州师范学院体育学院	喻坚	2004
	学校健康教育几种教学模式简介	重庆市第三卫生学校预防医学教研室	刘增伟	2004
	师范院校培养学校健康教育师资的思考	重庆渝西学院	秦荣廷	2004
	新时期高中学校健康教育模式初探	甘肃省天水市一中	胡小卉	2004
	学校健康教育的发展及挑战	北京大学儿童青少年卫生研究所	余小鸣	2005
	对生物学课程在学校健康教育中地位的反思	北京师范大学教育学院	刘海涛	2006
	我国学校健康教育存在的问题及对策研究	北京体育大学研究生院	孙臆茜	2007
现况调查	海拉尔地区学校健康教育现况调查及对策探讨	内蒙海拉尔市健康教育所	郑文	2000
	中国学校健康教育和学生营养工作现状及需求	教育部体卫艺司	廖文科	2002
	中小学校领导对学校健康教育的认识、态度和需求	中国疾病预防控制中心营养与食品安全所	胡小琪	2002
	教育行政部门领导对学校健康教育的认识、态度和需求	中国疾病预防控制中心营养与食品安全所	马冠生	2002
	中小学校健康教育课教师对学校健康教育的认识、态度和需求	首都医科大学附属北京口腔医院	张辉	2002
	淄博市学校健康教育现状调查与分析	山东省淄博市 CDC	姚秀芬	2003
	吉林省学校健康教育的做法和体会	吉林省健康教育所	刘杰	2004
	甘肃省学校健康教育及健康促进工作的现状及展望	甘肃省疾病预防控制中心	魏志真	2005
	汕头市城区学校健康教育课现状及对策	汕头市健康教育研究所	陈泽华	2005

（续表）

研究类型	主要内容	参与单位	第一作者	发表年份
现况调查	北京市农民工子弟学校健康教育的调查分析	中央民族大学民族学与社会学学院	马宏	2006
	上海市中小学健康教育课现状分析	上海师范大学教育科学学院	刘世宏	2006
	浙江省中小学体育教师对学校健康教育的认识	浙江教育学院体育系	谢佩娜	2006
	中小学校健康教育研究（1）：学生健康知识态度行为现况	北京大学儿童青少年卫生研究所	余小鸣	2007
	中小学校健康教育研究（2）：学生健康知信行相关影响因素	北京大学儿童青少年卫生研究所	余小鸣	2007
	中小学校健康教育研究（3）：学校健康教育需求	北京大学儿童青少年卫生研究所	余小鸣	2007
干预研究与实践探索	农村学校健康教育的有益探索	卫生部卫生监督司	张晋京	1991
	学校健康教育评价工作初探	重庆市沙坪区教育局	杨明芳	1998
	学校体育与学校健康教育的比较研究	宿州师范专科学校体育系	李茹	2002
	健康教育 MMCAI 课件的研制及在学校健康教育的作用	河北建筑科技学院体育部	李大永	2003
	应用 Child-to-Child 方法进行学生营养教育的效果评价	北京大学儿童青少年卫生研究所	余小鸣	2004
	同伴教育在学校健康教育中的运用	昆明市医学院儿少卫生教研室	韩云涛	2004
	生活技能为基础的学校预防艾滋病专题教育效果评价	北京大学儿童青少年卫生研究所	马迎华	2006
	血吸虫病流行区学校健康教育效果评价	首都师范大学教育科学院	王建平	2007
	生活技能教育与烟草控制教育	北京大学儿童青少年卫生研究所	马迎华	2008

（张芯　余小鸣　马亚婷　郭丽娜）

2　中小学健康教育模式及效果

2.1　我国学校健康教育面临的挑战
2.1.1　如何发挥学校健康教育对促进学生体质健康水平的作用
2.1.2　如何提高学校健康教育队伍的专业化水平
2.1.3　如何改善学校健康教育监测评价机制
2.1.4　如何提高社会对学校健康教育的认同
2.2　学校健康教育实施效果评价研究的意义及内容
2.2.1　开展学校健康教育实施效果评价研究的意义
2.2.2　学校健康教育实施效果评价研究的内容
2.2.3　学校健康教育实施效果评价研究的预期结果
2.3　对学生健康知识、态度、行为的评价分析
2.3.1　研究方法
2.3.2　研究对象的具体情况
2.3.3　学生健康知信行的现况
2.3.4　综合评价及影响因素分析
2.3.5　学校健康教育内容的需求及可行性分析
2.3.6　结论与建议
2.4　对健康教育课程标准与教材的分析
2.4.1　目标及方法
2.4.2　健康教育课程标准的分析情况
2.4.3　健康教育教材的分析情况
2.4.4　结论及建议
2.5　对学校健康教育效果综合评价指标体系的探讨
2.5.1　学校健康教育效果综合评价模型的确立
2.5.2　学校健康教育效果综合评价指标体系的权重确定
2.5.3　结论与建议
2.6　对发展我国学校健康教育的思考与建议
2.6.1　启示与思考
2.6.2　未来发展策略

2.1 我国学校健康教育面临的挑战

今天的学生，就是未来社会的主人和决策者。无论从社会发展或公共卫生的角度来看，学生的健康水平与整个社会、经济的发展息息相关，它不仅受益于国家整体经济状况的改善，人民生活水平的提高；也直接关系到国家未来的可持续发展和国民生活质量、综合素质的水平，是衡量国家国力强盛的一个重要标志。国际经验表明，学校健康教育与健康促进工作的发展，对青少年的健康促进有着积极推动作用。因此在当今社会发展与转型的过程中，如何适应现代社会的发展，以及学生健康的新需求，以全面培养拥有健康素质的人才为基点，依据中国的实际情况，充分发挥学校在健康教育和健康促进的作用，更好地改善和保护学生的健康，无疑是摆在我国学校健康教育面前的挑战。

2.1.1 如何发挥学校健康教育对促进学生体质健康水平的作用

近年来，我国学生发育水平和营养状况不断提高，然而，学生疾病谱也正在发生重大变化，学生中发生营养不良、感染性疾病明显减少，但肥胖、近视、龋齿等，却呈现上升的走势。另外，学生中的意外伤害、物质滥用以及心理卫生等问题也日益引起社会关注，其中意外伤害已成为危及学校儿童青少年的首位死因。

《中共中央国务院关于深化教育改革全面推进素质教育的决定》明确提出："健康体魄是青少年为祖国和人民服务的基本前提，是中华民族旺盛生命力的体现。学校教育要树立健康第一的指导思想"。《中共中央国务院关于加强青少年体育增强青少年体质的意见》也明确指出"广大儿童青少年身心健康、体魄强健、意志坚强、充满活力，是一个民族旺盛生命力的体现，是社会文明进步的标志，是国家综合实力的重要方面。"党的十六大报告把提高全民族健康素质列为建设我国小康社会的目标之一。党的十七大报告明确提出：健康是人全面发展的基础，关系千家万户幸福。增进全民健康素质必须从青少年抓起，必须以教育为主导。就个人和国家的发展而言，注重学校健康教育和健康促进，不仅有益于每个受教育的学生的健康全面发展，还将极大地促进我国全民素质的整体提高。因此，有必要尽快制定国家级的学校健康教育和健康促进的发展规划，从教育和卫生的整体发展上，从全面培养拥有健康素质的人才为基点，明确学校健康教育和健康促进在整个教育体制中的定位，从政策、法规、资金等方面给予支持和投入。

2.1.2 如何提高学校健康教育队伍的专业化水平

目前，在学校中支撑着健康教育课以及有关健康促进活动的人员，主要以各级学校的保健教师、校医、班主任为主。由于多方面的原因，如专业背景所限、知识老化、教学方法与手段缺乏、培训滞后等；加之在发展健康信息传播和教育的途径、适宜技术方面尚且存在许多不完善，如教师指导用书、教学参考书籍、直观可视性教具、音像制品比较缺乏等，使他们中很多人很难完全胜任健康教育教学工作。然而，随着我国学校健康教育进一步发展，特别是健康教育载体课程的推进，师资多元化将成为必然趋势，也就是说学校除了需要开展健康教育的专业人员，又要使承担相关载体课程的其他学科教师，如体育课、科学课等任课教师具备从事传播、教授健康教育的综合能力。因此，加大健康教育资源（包括人力资源、教学资源）建设，为学校提供不同层次培训，提高实施健康教育的专业人员以及其他相关学科教师从事传播、教授健康教育的综合能力，不断发展各类教学资源，使他们完全具备开展学校健康教育和健康促进工作的能力，将成为健康教育发展和推进，成为确保健康教育的可持续发展的关键。

2.1.3 如何改善学校健康教育监测评价机制

目前，我国在对学校健康教育和健康促进监测评价方面存在许多问题，如没有长期的、规范的监测网络，评价标准不够合理，评价方法和手段滞后等。教育部曾于 1995 年印发过《学校健康教育评价方案（试行）》，但由于基础教育课程与教材改革，健康教育内容发生变化等，一些指标，比如健康教育开课率，教材配备率等已明显不适用。再如，在健康教育效果评价上，如何客观反映知识掌握与健康意识树立、健康行为养成，如何兼顾城乡间、区域间、学校间的差异，如何通过评价工作调动学校开展工作的积极性等，也是影响学校健康教育工作的全面、深入和可持续发展的重要因素。为此，加强学校健康教育评价机制研究，发展符合我国国情和学校实际的健康教育评价标准和评价工具，改革和创新评价方法和手段，将是保障和推动学校健康教育发展的又一关键。

2.1.4 如何提高社会对学校健康教育的认同

由于我国多年的传统观念以及现有教育模式的影响，人们普遍忽视健康在个人和社会发展中的作用。社会和家庭都还未能真正树立起“健康第一”的观念，在参与对学校健康教育和健康促进的教育、传播等工作上缺乏主动意识和责任感。整个社会尚未形成一种自上而下或自下而上地发展健康教育的良好氛围。因此，应在满足学生以及学校所有成员健康、教育和发展需求的基础上，着手建立一些切实可行的政策措施，并通过多种途径，加强全社会健康教育，创建一个有利于学校健康教育发展的外部环境，将会对学校健康教育深入开展和可持续发展有着重要的促进作用。

2.2 学校健康教育实施效果评价研究的意义及内容

如前所述，由于缺乏对学校健康教育和健康促进效果的监测评价体系，缺乏完善的评估标准，使得学校健康教育因为缺乏有效的评价反馈，不能获得较好的发展。因此，开展学校健康教育实施效果评价研究，找出当前学校健康教育所要解决的具体问题，能够为制订学校健康教育政策、改善学校健康教育管理、完善学校健康教育课程，提供重要的参考价值。

2004—2005 年，为全面认识评价学校健康教育的效果，了解我国学校健康教育对学生健康的作用，在教育部体卫艺司部署下，北京大学儿童青少年卫生研究所、复旦大学公共卫生学院、中南大学公共卫生学院共同参与开展了“学校健康教育实施效果评价与对策研究”。

2.2.1 开展学校健康教育实施效果评价研究的意义

开展学校健康教育实施效果评价与对策研究，有助于全面认识我国现有中小学校健康教育的开展以及实施现况，为教育行政部门发展和完善我国学校健康教育的政策提供科学依据，以便切实落实学校教育要贯彻“健康第一”的指导思想，发挥学校在促进学生健康素质和体质健康水平的作用。

具体来说，包括以下两个方面：

第一，了解中小学学生获得健康知识、态度、技能、以及行为的现况水平，比较采用不同课程教育模式，包括分散授课和独立授课等健康教育教学模式，学校开展健康教育的教学内容、教学手段、师资、教学组织的实际情况，初步评价学校健康教育实施的可行性、有效性。

第二，通过分层分析，探讨中小学生健康教育实施效果的影响因素，为研究制定体现时代发展要求的、并促进学生健康发展的学校健康教育基本要求（框架），探索建立符合我国国情的、科学、有效并可操作的学校健康教育效果评价指标体系提供基础。

2.2.2 学校健康教育实施效果评价研究的内容

学校健康教育的核心是促使在校学习的儿童青少年采纳有益于健康的行为。是一种以教育为中心的过程，可以有效地帮助儿童青少年从小发展各种认知能力和行为技能，理智地选择健康的生活方式，更好地应对未来的健康挑战，为成年期以至终身的健康奠定基础。

本研究在全国 26 个省、自治区、直辖市选择包括采用分散授课和独立授课等两种以上健康教育教学模式的 39 个县市作为研究现场，分散式授课指将健康教育内容分散渗透到其他学科课程，独立授课指独立设置的健康教育课程，研究依照不同健康教育模式分层，分别从每个研究现场随机选择采用分散式授课或独立授课形式的中学和小学各两所，要求两类学校情况基本保持齐同，设定采用分散式授课者为模式 1 组，独立授课的学校为模式 2 组。进而对采用不同健康教育教学方式的两组的学生、教师、家长、教育部门主管人员以及相关人员，运用流行病学和社会学研究相结合的定性与定量研究的方法进行评价。

整个研究内容包括如下三个部分：

(1) 学校健康教育现有效果评价和需求分析

选择健康教育的受益对象以及传播对象，包括学生、教师、家长、健康教育决策者和管理者等不同人群，通过对学生在知识、态度、技能等层面的发展，以及对学生个体、学校、家庭、社会等产生的影响及效益等方面，综合评价现有健康教育的效果。改进和发展健康教育政策，形成现阶段我国学校健康教育的基本要求（框架）。

学生评价方面 主要采用问卷调查的形式，对采用不同健康教育教学模式的学生进行调查。调查内容主要涉及学生的健康知识知晓水平、态度和信念、基本健康技能、健康行为；相关课程中涉及健康的内容、课时；现有健康教育课程所采用的教材以及对教材的满意程度；涉及健康内容的教学方式以及满意程度；对教师教学的满意程度；学生对健康知识的需求以及对学校健康教育方式、内容的建议等。

教师和学校领导评价方面 采用重点人群讨论的形式，对不同类别学校相关教师和学校领导进行访谈。内容包括任课教师的构成；教师自身具备的健康知识能力；相关课程中健康教育内容的安排，课时保证；健康教育内容以及教材的针对性、适宜性；健康教育教学方式及可接受性；健康教育教学及要求；健康教育对学校的影响和效果；对学校开展健康教育的意见和建议。

决策者及家长评价方面 采用关键人物访谈法，对教育部门的主管领导及有关人员、部分学生家长进行访谈。内容包括：健康教育内容的实用性、适宜性；健康教育方式的可行性；健康教育对学生及家庭、社会产生的影响；对学校开展健康教育的建议。

（2）对涉及学校健康教育内容的各类教材进行分析

分析 2001 年制定的相关课程标准（试用）及涉及健康教育的各类课程教材主要有：小学思品与社会课、科学课、体育课；中学科学课、生物课、体育与健康课等。评价各门课程中所包含健康教育的内容、涉及内容深度，综合评价试点县教材的试用情况。同时，以此为基础，设计本效果评价研究的综合评价指标、研究工具（包括有关调查问卷和访谈提纲等）。

（3）探讨符合我国国情的学校健康教育评价指标体系

在对学校健康教育效果评价的基础上，通过文献资料分析优选法、Delphi 专家咨询法及综合评分法等方法，参照国内外相应的教育评价模式，提出符合我国现有国情的学校健康教育的综合评价指标体系，并对该评价体系进行检验。

2.2.3 学校健康教育实施效果评价研究的预期结果

——评估通过现有教学模式下学生获得健康知识、态度以及技能的水平；评估学生健康相关危险行为的发生以及健康生活方式的形成状况。

——掌握现有教学模式中，开展健康教育的教学内容、教学手段、师资、教学组织，评估现有教材的针对性、适宜性以及教学方法的可接受性。

——探讨影响学校健康教育效果的因素，了解学生、教师、家长对健康教育的实际需要以及与现有健康教育的差距；了解学校健康教育对社区、家庭所产生的积极影响。

——提出学校健康教育发展的新要求与相应对策，研究制定体现时代发展要求的、并促进学生健康发展的学校健康教育指导纲要，进一步加强我国学校健康教育。

——探索建立科学的、符合我国国情的、有效并可操作的学校健康教育效果评价指标体系。

2.3 对学生健康知识、态度、行为的评价分析

2.3.1 研究方法

研究采用定性与定量研究的方法，分别对被选取的省、市/县中小学校的学生、教师、家长、教育部门主管人员以及相关人员有关健康知识、态度、行为等指标进行评价。

2.3.2 研究对象的具体情况

本次研究实际调查 26 个省、自治区、直辖市，共包含 39 个市/县。调查学校 153 个，其中小学 77 所，中学 76 所，调查学校分布详见表 2-1。接受调查学生人数共计 8008 人，其中小学生 4011 人，男生 1964 人，女生 2038 人；中学生 3997 人，男生 1881 人，女生 2093 人，接受调查学生情况见表 2-2。另外，调查家长 8008 人，教师 771 人，其基本情况见表 2-3、表 2-4。

表 2-1 调查学校基本情况

分组	小学		中学		合计	
	学校数	构成（%）	学校数	构成（%）	学校数	构成（%）
分散授课组	51	66.2	51	67.1	102	66.7
单独授课组	26	33.8	25	32.9	51	33.3
合计	77		76		153	100.0

表 2-2 中小学生调查对象基本情况

分组	小学组		中学组		合计	
	人数	构成（%）	人数	构成（%）	人数	构成（%）
男生	1964	49.0	1881	47.0	3845	48.0
女生	2038	50.8	2093	52.4	4131	51.6
未填	9	0.2	23	0.6	32	0.4
合计	4011		3997		8008	100.0

表 2-3 教师调查对象基本情况

分组	分散授课组		单独授课组		合计	
	人数	构成（%）	人数	构成（%）	人数	构成（%）
男	161	32.7	88	31.7	249	32.3
女	325	65.9	186	66.9	511	66.3
未填	7	1.4	4	1.4	11	1.4
小学	243	49.3	144	51.8	387	50.2
中学	250	50.7	134	48.2	384	49.8
合计	493		278		771	100.0

表 2-4 家长调查对象基本情况

家长来源	分散授课组		单独授课组		合计	
	人数	构成（%）	人数	构成（%）	人数	构成（%）
小学	2402	48.7	1259	50.9	3661	49.4
中学	2527	51.3	1216	49.1	3743	50.6
合计	4929		2475		7404	100.0

2.3.3 学生健康知信行的现况

1. 学生的健康知识水平

健康知识主要指学生对于健康相关知识点的正确理解程度。在本研究中，小学生通过19个问题进行测量；中学生通过20个问题进行测量。

(1) 小学生的健康知识水平情况

就总体而言，绝大部分的问题正确应答率超过50%。两类学校学生正确应答率最高的前5位问题，依次是"儿童牙刷的选择"、"经常近距离长时间看电视的害处"、"坚持做眼保健操的好处"、"绿色蔬菜的主要营养成分"、"预防脊柱弯曲的主要方法"。分散授课学校的位次与总体一致，但单独授课学校则有所不同。而正确率最低的问题是"牛奶的主要营养作用"(分散授课组49.3%，单独授课组48.7%)。在有关口腔和眼睛保健、营养以及一些疾病预防等方面的问题，如"儿童应选择的牙刷"、"正确的刷牙方法"、"坚持做眼保健操的好处"、"沙眼的预防方法"、"绿色蔬菜中的主要营养成分"、"对人体健康最好的饮料"、"挑食和偏食的害处"、"饮用没有煮熟的豆浆会引起什么后果"、"小学生在夏天游泳时的注意事项"、"痢疾的主要预防办法"、"预防脊柱弯曲的主要办法"、"在什么情况下吸烟会有害健康"、"一个人健康的表现"、"经常参加户外活动的好处"及"预防感冒的主要方法"等项问题的回答中，两组学生的正确回答率差异有统计学意义，单独授课学校学生的正确回答率高于分散授课学校（表2-5、表2-6)。

表 2-5 小学生健康知识知晓率（分散授课组与单独授课组比较情况）

有关题目	合计		分散授课组			单独授课组			χ^2值
	人数	%	人数	%	位序	人数	%	位序	
儿童牙刷的选择	3999	96.3	2605	95.5	1	1394	97.8	1	14.404**
经常近距离长时间看电视的害处	3995	94.2	2601	94.2	2	1394	94.3	3	0.007
坚持做眼保健操的好处	3960	91.3	2592	89.5	3	1368	94.5	2	27.768**
绿色蔬菜的主要营养成分	3986	89.5	2592	88.8	4	1394	90.9	4	4.325*
预防脊柱弯曲的主要方法	3966	87.4	2595	86.2	5	1371	89.8	6	10.496**

（续表）

有关题目	合计		分散授课组			单独授课组			χ^2值
	人数	%	人数	%	位序	人数	%	位序	
预防感冒的主要方法	3974	87.3	2584	85.8	6	1390	89.9	5	13.621**
挑食偏食的害处	3959	85.6	2592	83.5	7	1367	89.4	7	24.920**
有害健康的吸烟情况	3995	81.3	2601	79.4	8	1394	84.9	8	17.639**
正确的刷牙方法	3983	76.2	2588	74.5	9	1395	79.5	10	12.515**
痢疾的主要预防办法	3983	76.2	2592	73.9	10	1391	80.5	9	21.743**
游泳时的注意事项	3989	73.9	2593	72.0	11	1396	77.4	11	13.893**
对人体健康最好的饮料	3984	67.5	2587	65.8	12	1397	70.6	12	9.332**
健康的定义	3995	66.7	2604	65.1	13	1391	69.5	13	7.854**
经常参加户外活动的好处	3972	65.4	2588	63.2	14	1384	69.5	13	15.786**
合理饮食	3981	63.1	2590	62.7	15	1391	63.9	16	0.532
沙眼的预防	3984	61.3	2590	59.6	16	1394	64.5	15	9.087**
睡眠时间	3994	58.8	2598	58.7	17	1396	59.1	18	0.060
饮用未煮熟的豆浆的后果	3998	55.5	2598	53.5	18	1400	59.3	17	12.484**
牛奶的主要营养作用	3989	49.1	2591	49.3	19	1398	48.7	19	0.136

注：* $P<0.05$；** $P<0.01$

表 2-6　小学生健康知识知晓率（男生与女生比较情况）

题目	合计		男生			女生			χ^2值
	人数	正确率	人数	正确率	排序	人数	正确率	排序	
儿童牙刷的选择	3990	96.3	1957	95.1	1	2033	97.5	1	16.14**
经常近距离长时间看电视的害处	3986	94.3	1954	93.4	2	2032	95.0	2	4.59*
坚持做眼保健操的好处	3951	91.3	1943	89.9	3	2008	92.6	3	8.82**
绿色蔬菜的主要营养成分	3978	89.5	1953	88.5	4	2025	90.6	4	4.63*
预防脊柱弯曲的主要方法	3958	87.4	1947	86.2	5	2011	88.6	6	7.71**
预防感冒的主要方法	3965	87.2	1942	85.7	6	2023	88.7	5	5.31*
挑食偏食的害处	3951	85.5	1947	85.3	7	2004	85.7	7	0.14

（续表）

题目	合计		男生			女生			χ^2值
	人数	正确率	人数	正确率	排序	人数	正确率	排序	
有害健康的吸烟情况	3987	81.3	1955	79.8	8	2032	82.7	8	5.44*
正确的刷牙方法	3975	76.3	1949	75.7	9	2026	76.9	10	7.42**
痢疾的主要预防办法	3974	76.2	1951	74.3	10	2023	78.0	9	0.82
游泳时的注意事项	3981	73.9	1950	71.4	11	2031	76.3	11	12.30**
对人体健康最好的饮料	3975	67.5	1951	66.2	12	2024	68.9	13	1.84
经常参加户外活动的好处	3964	99.1	1945	64.4	13	2019	66.4	14	17.37**
健康的定义	3986	66.7	1957	63.5	14	2029	69.7	12	3.31
合理饮食	3972	63.1	1948	61.6	15	2024	64.6	15	3.77*
沙眼的预防	3977	61.3	1949	58.4	16	2028	64.2	16	0.71
睡眠时间	3985	58.9	1955	59.6	17	2030	58.3	17	13.92**
饮用未煮熟的豆浆的后果	3989	55.5	1956	55.6	18	2033	55.4	18	0.01
牛奶的主要营养作用	3980	49.0	1955	52.1	19	2025	46.0	19	14.55**

注：* $P<0.05$；** $P<0.01$

对学生问卷的19项问题进行赋值（答对1题得1分，答错或不答为0分，共计19分，并以答对12题记为60分及格）。结果发现，单独授课组学生健康知识得分高于分散授课组，并且单独授课组学生健康知识得分的及格率高于分散授课组。女生健康知识得分均高于男生。见表2-7，表2-8。

表2-7　小学生健康教育知识得分（分散授课组和单独授课组比较情况）

项目	合计（4011人）	分散授课组（2609人）	单独授课组（1402人）	t值/χ^2值	P值
知识得分百分制（$\bar{x}\pm s$）	74.56±16.83	73.33±17.38	76.86±15.51	−6.574	0.000
得分在60分以上的比例（%）	80.6	78.2	85.0	26.597	0.000

表2-8　小学男女生健康知识得分比较（$\bar{x}\pm s$，百分制）

分组	男生		女生		t值	P值
	人数	得分	人数	得分		
分散授课组	1276	72.37±18.03	1330	74.27±16.70	−2.790	0.005
单独授课组	688	75.68±16.52	708	78.03±14.42	−2.831	0.005
合计	1964	73.53±17.58	2038	75.58±16.04	−3.846	0.000

总的看来，从各省小学生健康知识平均得分比较来看，省际间学生健康教育水平并不平衡，存在差异。而对分散授课组及单独授课组学生的健康知识得分进行综合评价结果显示，单独授课学校对健康知识的知晓率高于分散授课学校。

（2）中学生的健康知识水平情况

两组正确回答率最低的是“青春期青春痘的产生原因”（在分散授课组为10.2%，单独授课组为10.4%），正确回答率最高的是“选购食品的标准”（在分散授课组为97.2%，单独授课组为98.5%）。比较两类学校的应答情况，仅在有关“第二性征”、“合理饮食”、“中学生每天应保证的睡眠时间”、“选购食品的标准”等4项问题的回答中存在差异，并且单独授课组的正确回答率高于分散授课组，见表2－9、表2－10。

表2－9　中学生健康知识知晓率（分散授课组与单独授课组比较情况）

有关题目	合计		分散授课组			单独授课组			χ^2值
	人数	%	人数	%	位序	人数	%	位序	
选购食品的标准	3986	97.6	2679	97.2	1	1307	98.5	1	6.910**
随地吐痰易传播的疾病	3985	95.7	2679	95.4	2	1306	96.4	2	2.118
可传播艾滋病病病毒的行为	3972	93.5	2670	93.0	3	1302	94.5	4	3.119
肥胖对健康的影响	3978	93.0	2673	92.8	4	1305	93.3	5	0.411
合理饮食	3980	92.7	2674	91.7	5	1306	94.7	3	11.800**
吸烟对健康的危害	3987	89.3	2680	88.7	7	1307	90.6	6	3.306
关于毒品的有关认识	3976	89.0	2673	88.9	6	1303	89.3	8	0.120
健康的定义	3983	88.5	2679	87.9	8	1304	89.7	7	2.961
心理健康的表现	3956	87.5	2659	87.3	9	1297	88.0	9	0.414
关于艾滋病的有关认识	3962	86.4	2664	86.3	10	1298	86.6	10	0.065
男女青春期的比较	3942	85.1	2650	84.4	12	1292	86.4	11	2.632
经常进行体育锻炼的好处	3981	84.9	2676	84.6	11	1305	85.4	12	0.521
青少年过度节食的害处	3937	69.5	2640	70.2	13	1297	67.9	15	2.172
甲型肝炎的主要传播途径	3986	69.4	2678	69.5	14	1308	69.3	14	0.009
对人体健康最好的饮料	3973	68.6	2671	67.7	15	1302	70.5	13	3.225
第二性征	3934	52.8	2640	51.5	16	1294	55.5	16	5.497*
牛奶的主要营养作用	3977	48.4	2673	48.2	17	1304	48.6	17	0.055
中学生的睡眠时间	3968	33.7	2661	32.4	18	1307	36.3	18	6.237*
采用分餐制的好处	3953	28.3	2663	29.0	19	1290	26.7	19	2.234
青春期青春痘的产生原因	3974	10.3	2671	10.2	20	1303	10.4	20	0.061

注：* $P<0.05$；** $P<0.01$

表 2-10 中学生健康知识知晓率（男生与女生比较情况）

题目	合计		男生			女生			χ^2值
	人数	正确率	人数	正确率	排序	人数	正确率	排序	
选购食品的标准	3986	97.6	1876	97.1	1	2088	98.1	1	3.96*
随地吐痰易传播的疾病	3985	95.7	1874	95.3	2	2089	96.1	2	1.83
可传播艾滋病病病毒的行为	3972	93.5	1868	92.8	3	2082	94.1	3	2.81
肥胖对健康的影响	3978	93.0	1871	92.0	4	2085	93.9	4	5.62*
合理饮食	3980	92.7	1873	91.6	5	2085	93.6	5	6.13*
关于毒品的有关认识	3976	89.0	1873	87.7	6	2082	90.2	7	6.22*
吸烟对健康的危害	3987	89.3	1878	87.5	7	2087	90.8	6	11.30**
健康的定义	3983	88.5	1877	87.0	8	2085	89.8	8	7.51**
心理健康的表现	3956	87.5	1862	85.5	9	2073	89.3	9	13.24**
关于艾滋病的有关认识	3962	86.4	1864	85.4	10	2076	87.2	11	2.95
经常进行体育锻炼的好处	3981	84.9	1874	82.7	11	2086	86.7	12	12.33**
男女青春期的比较	3942	85.1	1853	81.8	12	2067	88.1	10	30.49**
青少年过度节食的害处	3937	69.5	1846	72.2	13	2069	67.1	15	11.61**
甲型肝炎的主要传播途径	3986	69.4	1878	68.1	14	2086	70.7	14	3.05
对人体健康最好的饮料	3973	68.6	1871	65.6	15	2080	71.4	13	15.45**
第二性征	3934	52.8	1856	56.1	16	2056	49.8	16	15.45**
牛奶的主要营养作用	3977	48.4	1867	50.6	17	2088	46.5	17	6.67*
中学生的睡眠时间	3968	33.7	1865	33.3	18	2081	34.1	18	0.26
采用分餐制的好处	3953	28.3	1866	28.4	19	2065	28.2	19	0.01
青春期青春痘的产生原因	3974	10.3	1872	12.8	20	2081	7.9	20	25.64**

注：* $P<0.05$；** $P<0.01$

对问卷的20道题赋值（答对1题得1分，答错或不答为0分，共计20分，并以答对12题记为60分及格）。统计结果显示，两组学生健康知识得分差异有统计学意义，单独授课组高于分散授课组。见表2-11。

就男女生健康知识得分情况进行比较，结果显示，分散授课组男女生健康知识得分差异有统计学意义，女生高于男生，单独授课组男女生健康知识得分差异无统计学意义（表2-12）。

表 2-11 中学生健康教育知识得分（分散授课组与单独授课组比较情况）

项目	合计（3996人）	分散授课组（2686人）	单独授课组（1310人）	t值/χ^2值	P值
知识得分百分值（$\bar{x}\pm s$）	72.75±11.05	72.37±11.37	73.51±10.31	−3.153	0.002
得分在60分以上的比例（%）	91.2	90.6	92.4	3.659	0.056

表 2-12 中学生男女生健康知识得分比较（$\bar{x}$+s 百分制）

分组	男生		女生		t 值	P 值
	人数	得分	人数	得分		
分散授课组	1261	71.76±11.85	1407	72.95±10.90	−2.687	0.007
单独授课组	620	73.10±10.86	686	73.89±9.78	−1.385	0.166
合计	1881	72.20±11.55	2093	73.26±10.56	−3.002	0.003

从各省中学生健康知识的平均得分分析上，依然可以发现各省学校健康教育水平的不均衡现象。

(3) 中小学生健康知识水平情况的比较

将中小学研究结果合并进行比较，可以发现，中小学生正确应答率最高的前 5 位问题有所不同，并在多数的问题上呈现性别差异，多以女生高于男生。对其知识部分进行赋值之后可见，小学生无论男女其知识平均得分均高于中学生；无论中小学校，呈现女生健康知识得分均高于男生（表 2-13）。

表 2-13 中小学学生健康知识得分的性别比较（$\bar{x}$±s，百分制）

分组	合计		男生		女生		t 值	P 值
	人数	得分	人数	得分	人数	得分		
小学组	4011	74.57±16.84	1964	73.53±17.58	2038	75.58±16.04	−3.846	0.000
中学组	3996	72.75±11.05	1881	72.20±11.55	2093	73.26±10.56	−3.002	0.003
合计	8007	73.66±14.27	3845	72.88±14.95	4131	74.40±13.59	−4.766	0.000

按照省份分层进行分析，结果呈现明显的省际间差别，并显现出一定的区域差异，特别是在小学范围，东西部差异十分明显（表 2-14）。

表 2-14 被调查 26 个省市中小学学生健康知晓情况（$\bar{x}$±s，百分制）

省、自治区、直辖市	小学		中学	
	人数	得分	人数	得分
吉林	160	93.65±4.42	162	72.04±9.66
山西	165	88.84±11.06	140	73.79±12.01
新疆	162	86.45±9.81	165	76.03±9.84
陕西	164	85.46±9.82	160	80.19±8.22
河北	106	82.72±19.05	109	70.78±11.65
江苏	162	81.64±11.12	158	81.14±13.61
广西	158	78.05±15.92	172	75.29±9.73
重庆	156	77.56±14.76	161	70.22±9.24
湖南	151	75.67±13.68	178	72.61±10.79
山东	162	75.37±14.67	162	74.32±8.89

（续表）

省、自治区、直辖市	小学		中学	
	人数	得分	人数	得分
辽宁	153	75.34±14.10	156	72.02±11.05
浙江	156	74.63±13.86	156	73.43±9.72
福建	154	74.61±13.93	152	74.14±9.80
安徽	115	74.51±14.43	148	74.46±8.41
江西	146	73.90±11.78	156	75.06±8.39
广东	139	72.62±15.61	128	76.76±9.75
四川	156	72.50±13.89	189	72.96±8.90
黑龙江	164	71.85±13.40	165	65.00±11.65
湖北	155	71.82±14.65	176	76.28±8.60
天津	151	68.05±17.08	135	68.11±12.40
甘肃	165	67.34±15.23	164	70.12±12.17
贵州	191	65.25±14.97	113	76.06±7.97
海南	161	65.22±18.22	158	72.59±10.04
宁夏	154	63.77±17.62	155	63.13±11.82
内蒙古	162	62.54±17.81	125	69.00±9.98
青海	143	60.29±23.80	153	64.93±9.72
合计	4011	74.56±16.83	3996	72.75±11.05

2. 学生对健康教育的态度

诸多的研究已经表明，态度取向对行为的确立具有一定的影响。在本研究中涉及的态度包括学生对于健康的态度，对于学习健康知识的倾向性；中、小学生均通过 3 个问题进行测量。

（1）小学生对于健康的态度

在调查的学生中，95.5％学生认同学习健康知识的重要性，92.6％学生承认自己喜欢学习关于健康的知识，对两类学校进行比较，差异无统计学意义；在对学习和健康的重要性的比较中，59.3％学生认为健康比学习更重要，但有 28.3％学生认为学习比健康更重要，对两组进行比较，差异有统计学意义，单独授课学校的学生认为健康重要的比率明显高于分散授课组（表 2－15）。

表 2-15 小学生对健康的态度比较

态度	分组	有效问卷(份)	是 人数	是 %	否 人数	否 %	没想过 人数	没想过 %	χ^2值	P值
1. 学习健康知识很重要	分散授课组	2600	2490	95.8	31	1.2	79	3.0	1.523	0.467
	单独授课组	1396	1326	95.0	22	1.6	48	3.4		
	合计	3996	3816	95.5	53	1.3	127	3.2		
2. 喜欢学习健康知识	分散授课组	2593	2409	92.9	53	2.0	131	5.1	2.404	0.301
	单独授课组	1397	1284	91.9	39	2.8	74	5.3		
	合计	3990	3693	92.6	92	2.3	205	5.1		
3. 健康比学习重要	分散授课组	2603	1514	58.2	741	28.5	348	13.4	6.805	0.033
	单独授课组	1397	858	61.4	389	27.8	150	15.7		
	合计	4000	2372	59.3	1130	28.3	498	12.5		

依照对学习与健康孰重要的不同态度，分析比较小学生健康知识得分状况。结果发现，认为健康重要的学生其健康知识的得分高于认为学习比健康重要的学生，差异有统计学意义（表 2-16）。由此表明学生对健康的态度倾向可以影响其健康知识的获得。

表 2-16 小学生健康态度与健康知识得分的相关比较（$\bar{x}\pm s$，百分制）

分组	健康比学习重要 否	健康比学习重要 是	健康比学习重要 没想过	F值	P值
分散授课组	66.75 ± 18.20^{a}	76.74 ± 16.04^{b}	72.85 ± 16.98^{c}	88.131	0.000
单独授课组	71.38 ± 15.76^{a}	79.85 ± 14.88^{b}	73.93 ± 14.02^{a}	45.579	0.000
合计	68.34 ± 17.53^{a}	77.86 ± 15.70^{b}	73.18 ± 16.14^{c}	132.878	0.000

注：数字上标有字母相同者表示差异无统计学意义，字母不同者表示差异有统计学意义

经过综合评价，可以发现单独授课组学生比分散授课组学生更为重视健康教育，结果见表 2-17。

表 2-17 两组小学生健康态度的指标值与最优值的相对接近程度及排序结果

分组	D_i^+	D_i^-	C_i	排序结果
分散授课组	0.03783	0.00968	0.20378	2
单独授课组	0.00968	0.03783	0.79622	1

（2）中学生对于健康的态度

在调查的学生中，大多数学生认为在学校学习健康知识很必要，分散授课组为 97.5%，单独授课组为 99.1%，差异有统计学意义，单独授课组高于分散授课组；当问及是否“喜欢学习有关健康的知识”时，90.4%的分散授课组学生承认自己喜欢学习关于健康的知识，92.6%的单独授课组学生承认自己喜欢学习关于健康的知识，差异有统计学意义，单独授课

组高于分散授课组；而且，86.2%的分散授课组学生和88.2%的单独授课组学生都认为“健康比学习更重要”，差异无统计学意义（表2-18）。

表2-18　中学生对健康的态度比较

态度		有效问卷（份）	是		否		χ^2值	P值
			人数	%	人数	%		
1. 学习健康知识有必要	分散授课组	2676	2609	97.5	67	2.5	11.375	0.001
	单独授课组	1308	1296	99.1	12	0.9		
	合计	3984	3905	98.0	79	2.0		
2. 喜欢学习健康知识	分散授课组	2668	2412	90.4	256	9.6	5.440	0.020
	单独授课组	1305	1209	92.6	96	7.4		
	合计	3973	3621	91.1	352	8.9		
3. 健康比学习重要	分散授课组	2679	2309	86.2	370	13.8	2.985	0.084
	单独授课组	1309	1154	88.2	155	11.8		
	合计	3988	3463	86.8	525	13.2		

对学习与健康孰重要的不同态度下中学生健康知识得分进行比较，结果见表2-19，认为“健康比学习重要”的学生健康知识得分高于不认为健康比学习重要的学生，差异有统计学意义。经过综合评价，单独授课组学生更重视健康教育，结果见表2-20。

表2-19　中学生健康态度与健康知识得分的相关比较（$\bar{x}\pm s$，百分制）

分组	健康比学习重要		t值	P值
	是	否		
分散授课组	72.77±11.10	69.95±12.56	4.079	0.000
单独授课组	73.94±10.13	70.26±11.12	3.913	0.000
合计	73.16±10.80	70.04±12.15	5.569	0.000

表2-20　两组中学生健康态度的指标值与最优值的相对接近程度及排序结果

	D_i^+	D_i^-	C_i	排序结果
分散授课组	0.02616	0	0	2
单独授课组	0	0.02616	1	1

3. 学生的健康行为及心理状况

本研究中涉及中、小学生多种与健康相关的行为习惯，包括饮食卫生、口腔卫生、用眼卫生、体育锻炼、物质滥用、伤害预防等。其中小学生通过13个问题进行测量。中学生通过14个问题进行测量。

（1）小学生的健康行为及心理状况

本研究对小学生在调查前一周的一些日常行为进行调查。结果显示，90%以上的小学生都能做到每次或经常便后洗手（93.0%）和饭前洗手（90.3%），87.2%的小学生能做到经常和每天吃蔬菜，经常和每天吃早餐的小学生占92.6%。比较而言，每天睡前刷牙行为习惯的养成相对缺乏，仅为66.7%。将每一个行为习惯在分散授课学校和单独授课学校之间进行对比，结果发现，单独授课组学生便后洗手的比率高于分散授课组，而分散授课组学生在学校饭前洗手的比率高于单独授课组，区别具有统计学意义。其他健康行为习惯，分散授课与单独授课学校之间区别不明显（表2-21）。

表2-21　两类学校小学生日常行为情况比较

行为		有效问卷（份）	每天（次）		经常		很少		从不		u值	P值
			人数	%	人数	%	人数	%	人数	%		
吃早餐	分散授课组	2597	2191	84.4	223	8.6	163	6.3	20	0.8	−1.011	0.312
	单独授课组	1393	1160	83.3	119	8.5	93	6.7	21	1.5		
	合计	3990	3351	84.0	342	8.6	256	6.4	41	1.0		
吃蔬菜	分散授课组	2595	1720	66.3	533	20.5	309	11.9	33	1.3	−1.355	0.175
	单独授课组	1393	951	68.3	273	19.6	161	11.6	8	0.6		
	合计	3988	2671	67.0	806	20.2	470	11.8	41	1.0		
便后洗手	分散授课组	2600	1931	74.3	484	18.6	171	6.6	14	0.5	−2.174	0.030
	单独授课组	1399	1085	77.6	220	15.7	82	5.9	12	0.9		
	合计	3999	3016	75.4	704	17.6	253	6.3	26	0.7		
睡前刷牙	分散授课组	2605	1730	66.4	443	17.0	328	12.6	104	4.0	−0.491	0.623
	单独授课组	1395	937	67.2	229	16.4	182	13.0	47	3.4		
	合计	4000	2667	66.7	672	16.8	510	12.8	151	3.8		
饭前洗手	分散授课组	2602	1913	73.5	494	19.0	170	6.5	25	1.0	−3.122	0.002
	单独授课组	1399	986	70.5	218	15.6	140	10.0	55	3.9		
	合计	4001	2899	72.5	712	17.8	310	7.7	80	2.0		

在小学生调查问卷中设计了2个问题用于小学生的社会交往能力的测量。调查发现，98.4%的小学生报告自己拥有1个以上的好朋友，而自认为没有一个好朋友的学生在调查对象中仅66人，占1.7%。分散授课与单独授课学校相比较未发现显著性差别（表2-22）。

表2-22　小学生自述拥有朋友个数的情况比较

分组	有效问卷（份）	没有		1或2个		很多		χ^2值	P值
		人数	%	人数	%	人数	%		
分散授课组	2601	42	1.6	484	18.6	2075	79.8	3.513	0.173
单独授课组	1398	24	1.7	227	16.2	1147	82.0		
合计	3999	66	1.7	711	17.8	3222	80.6		

情绪是反映儿童青少年心理健康状况的一项核心指标。适宜的交流是调解情绪以及各种

压力的有效途径，而能否通过交流缓解不良情绪可以反映出人的一种心理社会能力。结果发现，21.7%的小学生在自己情绪不好的时候，并不倾向于向他人诉说；另有45.3%的小学生喜欢向同学或者朋友诉说，33.1%的小学生喜欢向长辈诉说。分散授课学校与单独授课学校之间比较，发现在倾诉能力方面，两种教育方式的结果没有显著性差异。但存在性别差异，女生在不高兴时，更倾向于与朋友、同学或家长倾诉；这一差异也出现在分散授课组，而单独授课组差异未见统计学意义（表2-23，表2-24）。

表2-23 小学生在情绪不好时的倾诉对象比较（分散授课组与单独授课组）

分组	有效问卷（份）	跟长辈说		跟同学朋友说		跟谁都不说		χ^2值	P值
		人数	%	人数	%	人数	%		
分散授课组	2573	835	32.5	1163	45.2	575	22.3	2.339	0.310
单独授课组	1389	475	34.2	630	45.4	284	20.4		
合计	3962	1310	33.1	1793	45.3	859	21.7		

表2-24 小学生在情绪不好时倾诉对象的比较（男生与女生）

分组		有效问卷（份）	跟长辈说		跟同学朋友说		跟谁都不说		χ^2值	P值
			人数	%	人数	%	人数	%		
分散授课组	男	1261	416	33.0	537	42.6	308	24.4	8.849	0.012
	女	1309	418	31.9	625	47.7	266	20.3		
单独授课组	男	680	243	35.7	300	44.1	137	20.1	1.311	0.519
	女	703	231	32.9	327	46.5	145	20.6		
合计	男	1941	659	34.0	837	43.1	445	22.9	7.547	0.023
	女	2012	649	32.3	952	47.3	411	20.4		

在调查前一周，65.3%的小学生课间休息时间能够采用积极的休息方式，走出教室在室外活动，然而依然有12.9%的学生课间休息是坐在座位上写作业，两组差异无统计学意义（表2-25）。

表2-25 小学生课间活动情况比较

分组	有效问卷（份）	室外活动		写作业		聊天		χ^2值	P值
		人数	%	人数	%	人数	%		
分散授课组	2583	1700	65.8	325	12.6	558	21.6	0.976	0.614
单独授课组	1391	895	64.3	187	13.4	309	22.2		
合计	3974	2595	65.3	512	12.9	867	21.8		

表2-26显示的是在调查前1年里，两类学校学生意外伤害行为，如玩火、在公路上玩耍、和同学打架，以及上网吧的情况调查。结果显示：80.9%的学生没有发生过以上行为

（分散授课组为 79.6%，单独授课组为 81.0%）。而发生的比率由高到低排列，依次是：和同学打架、玩火、在公路上玩耍、上网吧。分散授课与单独授课两类学校比较没有发现差异的统计学意义。

表 2-26 两组小学生与健康相关的危险行为的情况比较

项目	合计 4005 人		分散授课组 2604 人		单独授课组 1401 人		χ^2 值	P 值
	回答“是”的人数	比率（%）	回答“是”的人数	比率（%）	回答“是”的人数	比率（%）		
玩火	373	9.3	251	9.6	122	8.7	0.935	0.334
在公路上玩耍	211	5.3	126	4.8	85	6.1	2.754	0.097
和同学打架	464	11.6	318	12.2	146	10.4	2.852	0.091
上网吧	169	4.2	108	4.1	61	4.4	0.096	0.756
以上都没有	3209	80.1	2074	79.6	1135	81.0	1.069	0.301

（2）中学生的健康行为及心理状况

对两组中学生在调查前一周吃早餐、吃蔬菜等饮食行为进行调查，结果见表 2-27、表 2-28。单独授课组学生每天吃早餐的情况比分散授课组好（分散授课组为 84.2%，单独授课组为 86.4%）；分散授课组和单独授课组学生每天都吃或经常吃蔬菜的比率分别为 90.4% 和 91.2%；

表 2-27 中学生吃早餐的情况统计

分组	有效问卷（份）	每天都吃		经常吃		很少吃		从来不吃		u 值	P 值
		人数	%	人数	%	人数	%	人数	%		
分散授课组	2668	1770	66.3	476	17.8	334	12.5	88	3.3	−2.152	0.031
单独授课组	1307	909	69.5	220	16.8	144	11.0	34	2.6		
合计	3975	2679	67.4	696	17.5	478	12.0	122	3.1		

表 2-28 中学生吃蔬菜的情况统计

分组	有效问卷（份）	每天都吃		经常吃		很少吃		从来不吃		u 值	P 值
		人数	%	人数	%	人数	%	人数	%		
分散授课组	2664	1784	67.0	623	23.4	235	8.8	22	0.8	−0.277	0.782
单独授课组	1300	873	67.2	312	24.0	107	8.2	8	0.6		
合计	3964	2657	67.0	935	23.6	342	8.6	30	0.8		

通过调查发现，多数中学生（总计 67.6%）不玩电脑游戏，有 3.2%的中学生每天玩电脑游戏时间超过 2 小时。通常情况下，87.1%的分散授课组学生和 88.8%的单独授课组学生不玩或每天玩电脑游戏的时间少于 1 小时。通过卡方检验比较两类学校的情况，结果未发

现分散授课学校与单独授课学校具有区别（表 2－29）。

表 2－29　中学生每天玩电脑游戏时间的情况

分组	有效问卷（份）	不玩		少于 1 小时		1～2 小时		超过 2 小时		u 值	P 值
		人数	%	人数	%	人数	%	人数	%		
分散授课组	2677	1808	67.5	523	19.5	256	9.6	90	3.4	－0.360	0.719
单独授课组	1308	884	67.6	277	21.2	108	8.3	39	3.0		
合计	3985	2692	67.6	800	20.1	364	9.1	129	3.2		

学生在调查前 1 周的日常行为见表 2－30，结果显示，仅有 2 项行为比较出现差异有统计学意义，分散授课组学生在每天早晨、每天晚上睡前刷牙上做得相对好于单独授课组学生。

表 2－30　两组中学生的日常行为情况比较

项目	分散授课组			单独授课组			u 值
	做得较好（%）	一般（%）	没有做到（%）	做得较好（%）	一般（%）	没有做到（%）	
1. 饭前洗手	1906（71.4）	713（26.7）	52（1.9）	930（71.2）	358（27.4）	19（1.5）	－0.038
2. 便后洗手	2205（82.6）	425（15.9）	41（1.5）	1089（83.4）	200（15.2）	17（1.3）	－0.674
3. 每天看电视或电脑屏幕时间少于 1 小时	1041（39.0）	1113（41.7）	517（19.4）	499（38.2）	569（43.6）	238（18.2）	－0.041
4. 积极参加户外活动	1083（40.5）	1286（48.1）	302（11.3）	537（41.2）	629（48.2）	138（10.6）	－0.562
5. 乐于与人交往	1857（69.6）	737（27.6）	73（2.7）	874（67.0）	396（30.3）	35（2.7）	－1.630
6. 不乱扔垃圾	1530（57.4）	1041（39.0）	96（3.6）	721（55.2）	549（42.1）	35（2.7）	－0.975
7. 不酗酒	2471（92.4）	120（4.5）	83（3.1）	1199（91.8）	61（4.7）	46（3.5）	－0.678
8. 不吸烟	2533（94.8）	62（2.3）	78（2.9）	1235（94.6）	29（2.2）	42（3.2）	－0.276
9. 每天早晨刷牙	2315（86.6）	315（11.8）	43（1.6）	1092（83.9）	185（14.2）	25（1.9）	－2.308*
10. 每天晚上睡前刷牙	1381（51.8）	1032（38.7）	255（9.6）	626（48.1）	531（40.8）	145（11.1）	－2.331*
11. 吃饭不挑食	1198（45.1）	1234（46.5）	223（8.4）	569（43.8）	630（48.5）	101（7.8）	－0.509
12. 看书写字时眼睛距离书本大约 1 尺远	653（24.5）	1563（58.7）	445（16.7）	267（20.5）	827（63.5）	208（16.0）	－1.637
13. 保持愉快的情绪	1397（52.3）	1131（42.3）	143（5.4）	655（50.2）	592（45.3）	59（4.5）	－0.949

注：* $P<0.05$

将评定等级“较好”、“一般”、“没有做到”，分别赋以分值 3 分，2 分，1 分，最高合计 39 分，统计结果见表 2－31，发现对分散授课组和单独授课组学生行为得分差异无统计学意义。

表 2-31 中学生健康行为得分统计

分组	人数	得分（$\bar{x}\pm s$）	t 值	P 值
分散授课组	2676	33.11±3.24	1.251	0.211
单独授课组	1307	32.98±3.14		
合计	3983	33.07±3.21		

另外，本研究对中学生在调查前过去半年的情绪状态也进行了调查。结果发现，在过去的半年里，学生自述个人最常出现的情绪，依次排列为：愉快、感到压力、烦躁、孤独、平静（表 2-32）。60.3%的中学生自述经常处于压力状态，有 61.7%的人能够保持愉快的情绪，51.3%的中学生自述感到烦躁，而另有 48.3%的中学生反映孤独。比较两类学校的情况，发现仅在感到孤独情绪一项上，出现两类学校差别显著，分散授课组学生感到孤独的比率高于单独授课组。其他情绪方面两类学校没有区别。

表 2-32 两组中学生最常出现的情绪比较

项目	合计 3995 人		分散授课组 2685 人		单独授课组 1310 人		χ^2 值
	回答“是”的人数	比率（%）	回答“是”的人数	比率（%）	回答“是”的人数	比率（%）	
感到压力	2409	60.3	1628	60.6	781	59.6	0.379
平静	1401	35.1	957	35.6	444	33.9	1.183
孤独	1929	48.3	1327	49.4	602	46.0	4.242*
烦躁	2048	51.3	1378	51.3	670	51.1	0.011
愉快	2646	61.7	1651	61.5	813	62.1	0.122
其他	1203	30.1	814	30.0	389	29.7	0.162

注：* $P<0.05$

通过调查还发现，当中学生在情绪不高兴时，57.7%的中学生倾向于与同伴或朋友倾诉，(分散授课组和单独授课组分别为 59.1%、61.1%)；但值得关注的是有 23.4%的同学不对任何人倾诉，且分散授课组的比例（24.0%）略高于单独授课组（22.2%）；而向老师倾诉的比率最低，分散授课组和单独授课组分别为 1.8%和 1.5%。整体对两类学校的比较发现，分散授课学校与单独授课学校倾诉对象构成区别不显著（表 2-33），但性别间比较，男女生倾诉对象存在差异（表 2-34）。女生在向同学和朋友倾诉的比例明显高于男生。

表 2-33 中学生在情绪不高兴时的倾诉对象比较

分组	有效问卷（份）	跟父母说		跟老师说		跟同学朋友说		跟谁都不说		χ^2 值	P 值
		人数	%	人数	%	人数	%	人数	%		
分散授课组	2654	399	15.0	49	1.8	1569	59.1	637	24.0	2.316	0.510
单独授课组	1299	197	15.2	20	1.5	794	61.1	288	22.2		
合计	3953	596	15.1	69	1.7	2363	59.8	925	23.4		

表 2-34 中学生在情绪不高兴时倾诉对象的性别比较

分组		有效问卷（份）	跟父母说		跟老师说		跟同学朋友说		跟谁都不说		χ^2值	P值
			人数	%	人数	%	人数	%	人数	%		
分散授课组	男	1243	202	16.3	29	2.3	658	52.9	354	28.5	40.009	0.000
	女	1393	197	14.1	20	1.4	899	64.5	277	19.9		
单独授课组	男	613	91	14.8	12	2.0	338	55.1	172	28.1	25.805	0.000
	女	682	105	15.4	8	1.2	453	66.4	116	17.0		
合计	男	1856	293	15.8	41	2.2	996	53.7	526	28.3	63.807	0.000
	女	2075	302	14.6	28	1.3	1352	65.2	393	18.9		

将中学生与小学生进行比较发现，中、小学生在倾诉对象的选择上出现明显差异，中学生中不愿向任何人倾诉求助的比例以及选择与同龄伙伴交流的比例均高于小学生，而与长辈诉说的比例明显下降（表 2-35）。

表 2-35 中小学生在情绪不良时的倾诉对象比较

分组	跟长辈（包括父母+老师）说		跟同学朋友说		跟谁都不说		χ^2值	P值
	人数	%	人数	%	人数	%		
小学组（3962 人）	1310	33.1	1793	45.3	859	21.7	291.25	0.000
中学组（3953 人）	665	16.8	2363	59.8	925	23.4		
合 计	1975	25.0	4156	52.5	1784	22.5		

在调查前 1 年里，学生遭受火灾、机动车车祸、和同学打架、被别人打伤、运动时受伤等伤害情况见表 2-36。结果显示：两组学生在过去 1 年遭遇的事件中，发生率由高到低排列的是运动创伤、和同学打架、被别人打伤、机动车车祸、遭受火灾，其中分散授课组同学被别人打伤的比率高于单独授课组。还有 49.8%的分散授课组学生和 51.2%的单独授课组学生报告未发生过以上情况。对压力与伤害发生情况的相关性进行分析，发现有明显压力感的学生和同学打架、被别人打伤及运动创伤的发生比率高于无压力感的同学（表 2-37）。由此可见，学生心理压力状况与意外伤害发生存在一定相关联系。

表 2-36 中学生意外伤害的情况

项目	合计 3974 人		分散授课组 2669 人		单独授课组 1305 人		χ^2值
	回答“是”的人数	比率（%）	回答“是”的人数	比率（%）	回答“是”的人数	比率（%）	
遭受火灾	55	1.4	42	1.6	13	1.0	2.141
机动车车祸	128	3.2	91	3.4	37	2.8	0.927
和同学打架	771	19.4	534	20.0	237	18.2	1.911

（续表）

项目	合计 3974 人		分散授课组 2669 人		单独授课组 1305 人		χ^2 值
	回答“是”的人数	比率（%）	回答“是”的人数	比率（%）	回答“是”的人数	比率（%）	
被别人打伤	354	8.9	259	9.7	95	7.3	6.348*
运动时受伤	1621	40.8	1085	40.7	536	41.1	0.064
以上情况都没有	1998	50.3	1330	49.8	668	51.2	0.645

注：* $P<0.05$

表 2-37 中学生感到压力状况与意外伤害发生的比较

项目	感到压力 2398 人		不感到压力 1576 人		χ^2 值	P 值
	值回答“是”的人数	比率（%）	值回答“是”的人数	比率（%）		
遭受火灾	29	1.2	26	1.6	1.351	0.245
机动车车祸	75	3.1	53	3.4	0.169	0.681
和同学打架	493	20.6	278	17.6	5.183	0.023
被别人打伤	237	9.9	117	7.4	7.089	0.008
运动时受伤	1032	43.0	589	37.4	12.627	0.000
以上情况都没有	1157	48.2	841	54.3	9.950	0.002

4. 讨论

（1）中小学生健康知识的整体水平发展不平衡。从本部分的分析中可以发现，学生整体健康知识存在性别、年级差异。普遍表现为男生差于女生，小学优于中学。在受到调查的26个省份中，学生在健康知识的整体水平发展不平衡，呈现省际间差别，并有一定的东西部差异倾向。提示应重视地区间学校健康教育开展存在的差异问题，在制定学校健康教育政策（包括课程设置、师资培养以及相关保障机制等）应针对年龄、性别、地区等给予适当的倾斜和指导。

另外，在健康知识内容的掌握上中小学生表现不够全面。学生在疾病预防，特别有关艾滋病预防、近视预防、毒品方面的知识具有较高的知晓率，分析与近年来社会、学校对这类问题的关注，公众媒体宣传力度较大有关。然而，有些知识的知晓率却明显较低（不足60%），主要集中在有关青春期发育与保健方面、饮食营养、合理生活制度安排等方面。反映出学校在涉及青春期教育、培养学生对健康生活方式的认识等方面依然存在缺陷，在提供有关青春期保健的有效知识和技能上明显薄弱。由此提示学校健康教育应依然是当今一项重要的预防策略。建议未来应加强教育的力度和管理，同时特别关注和强调学生目前最为薄弱的健康学习领域。

（2）学生对健康教育存在明显的需求。认知理论指出个体对健康的态度可以影响其对知识的掌握与相关行为的建立。本研究的结果表明，绝大多数中小学生喜欢学习健康教育知识，并认为学习健康知识很重要。在比较学习与健康哪一位重要，中小学生呈现出明显不同的选择，更多的中学生（86.8%）倾向于认为健康比学习重要。由此反映出对健康的态度可能受年龄影响，随着年龄上升，更多的中学生认识到健康与个人前途的关系。也反映出随着社会经济的发展和人民生活水平的不断提高，健康的观念正在不断深入，学生对健康的关注程度、对健康知识的需求也在逐步提高。本研究通过相关分析表明，学生健康知识与态度之间存在交互作用。无论中小学生，凡是认为健康重要的学生其健康知识的得分均高于认为学习比健康重要的学生，差异有统计学意义。提示不断改善学生对健康的情感态度可以影响学生健康知识水平。

（3）学生的健康行为及心理状况有待改善。健康教育的目的旨在通过教育帮助儿童青少年逐步建立良好的健康行为。因此行为是反映健康教育效果的一项最为关键的指标。本研究显示在涉及常见卫生习惯上，学生相对最缺乏者为“睡前刷牙”习惯的养成，整体做得较好者为67.1%，而中学生仅为50.6%。近年来，学生龋齿患病率呈现上升趋势，而口腔卫生行为不良无疑是引起该疾病上升的一个重要因素。

目前随着学校整体卫生环境的改善，学生常见病相应得到有效控制，而心理卫生问题日益凸显。本研究发现在应对不良情绪方面，学生表现的心理社会适应能力不足。48.3%的被调查中学生自述在过去的半年中感到孤独，60.3%的人感到心理存在压力。而接近1/4的中、小学生（分别为23.2%、21.7%）自述在个人情绪不良时，不倾向对他人倾诉。诸多研究证实，适宜的社会交流与沟通是调节和改善情绪的有效手段。中小学阶段正值儿童青少年身心发育快速时期，在课业负担、社会竞争、父母期望和多元文化等综合因素的影响下，很容易发生多种心理行为问题，如焦虑、过分孤独、退缩等。本研究显示中小学生在心理发育以及与发育相关过程中存在对心理卫生方面的需求。提示学生的心理调节能力亟需提高，如何帮助学生建立良好的个人生活技能是对未来的学校健康教育提出的新课题。

2.3.4 综合评价及影响因素分析

1. 学生健康知、信、行的交互影响

依照学生在健康知识得分是否及格分层，对学生健康知识水平与健康行为的相关联系进行分析。研究规定将行为中“做得较好”设为正向行为，其余为负向行为，如“每天或经常吃早餐”、“每天或经常吃蔬菜”、“每次或经常便后洗手”、“每次或经常睡觉前刷牙”，“拥有1个以上好朋友”、“在不高兴时跟长辈、同学、朋友倾诉”、“课间休息时走出教室在室外活动”、“不玩火”、“不在公路上玩耍”、“不和同学打架”、“不上网吧”设定为正向行为，其余为负向行为。分层分析知识与其行为的相关性。表2-38，表2-39分别为小学生、中学生的分析结果。由表2-38可知健康知识得分及格的小学生除“在不高兴时跟长辈、同学、朋友倾诉”一项外，其他行为的正向比率均明显高于健康知识得分不及格的学生。由表2-39可知，健康知识得分及格的中学生在饭前洗手、便后洗手、每天看电视或电脑屏幕的时间少于1小时、乐于与人交往、不乱扔垃圾、不酗酒、不吸烟、每天早晨刷牙、每天晚上睡前刷牙等方面的正向比率高于健康知识得分不及格的学生；健康知识得分不及格的学生在“积极参加户外活动锻炼身体”、“看书写字时眼睛距离书本大约1尺远方面”的正向比率高于健康知识得分及格的学生。

表 2-38 小学生健康知识得分与日常行为的相关比较

项目	及格		不及格		χ^2值	P值
	人数	%	人数	%		
吃早餐	3029	94.1	664	86.0	59.535	0.000
吃蔬菜	2868	89.2	609	78.8	60.599	0.000
上厕所后洗手	3019	93.7	701	90.3	10.721	0.001
晚上睡觉前刷牙	2747	85.3	592	76.1	38.161	0.000
吃东西洗手	2922	90.7	689	88.6	3.143	0.076
有1个以上好朋友	3184	98.8	749	96.6	17.205	0.000
不高兴时跟长辈、同学、朋友说	2456	77.1	647	83.4	14.535	0.000
课间休息时走出教室在室外活动	2175	68.0	420	54.3	51.664	0.000
不玩火	2960	91.7	672	86.5	20.136	0.000
不在公路上玩耍	3096	95.9	698	89.8	46.357	0.000
不和同学打架	2880	89.2	661	85.1	10.522	0.001
不上网吧	3132	97.0	704	90.6	63.887	0.000

表 2-39 中学生健康知识得分与日常行为的相关比较

项目	及格		不及格		χ^2值	P值
	人数	%	人数	%		
饭前洗手	2621	72.2	214	61.7	17.164	0.000
便后洗手	3053	84.1	240	69.6	46.665	0.000
每天看电视或电脑屏幕的时间少于1小时	1428	39.3	111	32.1	7.014	0.008
积极参加户外活动锻炼身体	1456	40.1	163	47.2	6.625	0.010
乐于与人交往	2514	69.4	216	62.4	7.048	0.008
不乱扔垃圾	2085	57.5	165	48.0	11.597	0.001
不酗酒	3388	93.3	281	81.2	63.772	0.000
不吸烟	3476	95.7	291	84.1	84.642	0.000
每天早晨刷牙	3139	86.5	267	77.2	22.561	0.000
每天晚上睡前刷牙	1854	51.1	152	44.3	5.824	0.016
吃饭不挑食	1598	44.2	168	49.4	3.393	0.065
看书写字时眼睛距离书本大约1尺远	798	22.1	121	35.3	30.767	0.000
保持愉快的情绪	1880	51.8	171	49.3	0.809	0.368

与此同时，比较分析学生健康知识得分及格与否与其态度的相关情况。规定“认为学习健康知识重要”、“喜欢学习健康知识”、“认为健康更重要”三项态度设定为正向态度，其余为负向态度。表 2－40 反映的是健康知识得分情况与态度的相关情况。从中可以发现健康知识得分及格的学生在认为学习健康知识有必要、喜欢学习健康知识和认为健康比学习重要的比率要高于健康知识得分不及格的学生。

表 2－40　中、小学生健康知识得分与态度相关比较

分组	人数	及格		不及格		χ^2值	P值
		人数	%	人数	%		
小学生	学习健康知识重要	3101	96.2	715	92.5	20.035	0.000
	喜欢学习健康知识	2987	92.8	706	91.6	1.351	0.245
	健康比学习重要	2034	63.1	338	43.5	99.736	0.000
中学生	学习健康知识有必要	3584	95.8	321	92.0	71.797	0.000
	喜欢学习健康知识	3317	91.5	304	87.1	7.711	0.005
	健康比学习重要	3195	87.8	268	76.6	35.359	0.000

2. 学生知、信、行与教育模式的相关分析

研究依照不同健康教育模式分层，设定采用分散式授课者为模式 1 组；独立授课的学校为模式 2 组。分别对被调查中小学生的知识、态度、行为进行比较分析。

结果显示，采用独立开设健康教育课的学校，无论小学、中学，其学生对健康知识的得分和及格的比率均高于将健康教育内容融入其他学科、采用分散授课的学校，差异具有统计学意义（表 2－41）。TOPSIS 法综合分析评价结果也表明，中、小学生独立授课组健康知识的指标值均优于分散式授课组（表 2－42）。

表 2－41　小、中学生健康教育知识得分统计

分组		合计	分散授课组	独立授课组	t值/χ^2值	P值
小学	得分均值（$\bar{x}\pm s$）	14.17±3.20	13.93±3.30	14.60±2.95	−6.574	0.000
	得分百分制（$\bar{x}\pm s$）	74.56±16.83	73.33±17.38	76.86±15.51	−6.574	0.000
	得分>60 分的比例（%）	80.6	78.2	85.0	26.597	0.000
中学	得分均值（$\bar{x}\pm s$）	14.55±2.21	14.47±2.28	14.70±2.06	−3.153	0.002
	得分百分值（$\bar{x}\pm s$）	72.75±11.05	72.37±11.37	73.51±10.31	−3.153	0.002
	得分>60 分的比例（%）	91.2	90.6	92.4	3.659	0.056

在健康态度上，同样采用一般分析和 TOPSIS 法综合评价两种方式，其所获得的结果相同，均发现以单独授课组学生比分散授课组学生在对待健康问题的态度上差有统计学意义，前者更为重视健康教育（表 2－42）。

对行为的一般分析发现中小学两组学生仅在个别行为上差异有统计学意义。而采用综合

评价，中小学呈现相反结果。小学分散授课组的日常行为习惯较独立授课组好，而中学则是独立授课组学生健康行为优于分散授课组学生（表2－42）。

进一步将健康知识、态度、行为合并作为综合指标进行评价，结果依然表明，中小学采用独立授课组学生在健康知信行的整体评价均好于分散授课教育模式（表2－43）。

表2－42 两种学校健康教育模式对中、小学生健康知识、态度、行为的TOPSIS综合评价

分组		健康知识				健康态度				行为			
		D_i^+	D_i^-	C_i	排序结果	D_i^+	D_i^-	C_i	排序结果	D_i^+	D_i^-	C_i	排序结果
小学	分散授课组	0.18582	0.00866	0.04452	2	0.03783	0.00968	0.20378	2	0.13539	0.18290	0.57463	1
	独立授课组	0.00866	0.18582	0.95548	1	0.00968	0.03783	0.79622	1	0.18290	0.13539	0.42537	2
中学	分散授课组	0.1089	0.06295	0.36633	2	0.02616	0	0	2	0.40906	0.15218	0.27115	2
	独立授课组	0.06295	0.10890	0.63367	1	0	0.02616	1	1	0.15218	0.40906	0.72885	1

表2－43 两种学校健康教育模式中、小学生健康知识、态度和行为合并的TOPSIS综合评价

分组		D_i^+	D_i^-	C_i	排序结果
小学	分散授课组	0.23321	0.18336	0.44016	2
	独立授课组	0.18336	0.23321	0.55984	1
中学	分散授课组	0.42412	0.16469	0.27970	2
	独立授课组	0.16469	0.42412	0.72030	1

以上分析提示，采用不同健康教育教学模式对中、小学生的健康知识、态度、行为存在不同影响，无论中学或者小学，坚持独立教授健康教育模式学校的学生在涉及知、信、行三个方面均比采用分散式教学模式的分散授课学校学生更好。

3. 学生健康知、信、行与家庭背景的相关关系

将父母亲的文化程度分为小学及以下、初中、高中/中专、大专及以上4个层次，分别就家长的文化程度、家长对学校进行健康教育的态度、家长对孩子健康状况的关注程度、家长对孩子健康问题的认定程度、以及家长对学校健康教育开展情况的态度等与学生健康知识、态度、行为之间的关系进行相关分析。

分析结果显示，中、小学生的健康知识得分、行为得分均与父母亲的文化程度密切相关。父母文化程度越低，小学生的健康知识得分和健康行为得分越低。同样，中学生的健康知识、行为得分也随父、母亲文化程度的增高而增加；父母亲文化程度在小学以下的中学生健康知识、行为得分最低，而达到大专以上的父母其子女健康知识、行为得分最高（表2－44）。

表 2-44 中小学生的健康知识、行为得分与家长受教育程度的相关比较

项目		小学生健康知识		小学生行为		中学生健康知识		中学生行为	
		有效人数	得分	有效人数	得分	有效人数	得分	有效人数	得分
父亲文化程度	小学及以下	190	64.46±18.32[a]	190	82.72±13.86[a]	199	68.72±12.29[a]	198	55.98±9.24[a]
	初中	684	70.38±16.56[b]	684	85.54±14.33[a]	907	70.87±11.37[a]	907	58.47±8.09[b]
	高中/中专	1003	73.89±16.50[c]	1002	88.32±12.20[b]	1272	72.98±11.08[b]	1265	59.48±7.93[c]
	大专及以上	1649	79.42±14.55[d]	1646	89.53±11.54[c]	1219	75.08±10.11[c]	1217	61.08±7.65[d]
	合计	3526	75.29±16.34	3522	88.23±12.61	3597	72.92±11.07	3587	59.57±8.06
母亲文化程度	小学及以下	261	64.51±18.18[a]	261	83.59±14.19[a]	392	68.51±12.06[a]	391	56.30±9.10[a]
	初中	698	71.54±16.31[b]	698	85.88±13.73[a]	950	71.74±11.01[b]	947	58.78±7.83[b]
	高中/中专	1023	75.21±15.92[c]	1023	88.72±12.12[b]	1243	73.73±10.57[c]	1239	59.92±7.86[c]
	大专及以上	1349	80.19±14.20[d]	1345	90.29±11.16[c]	940	74.95±10.57[d]	938	61.30±7.57[d]
	合计	3331	75.62±16.22	3327	88.36±12.46	3525	72.94±11.03	3515	59.58±8.06

注：数字上标有字母相同者表示差异无统计学意义，字母不同者表示差异有统计学意义

另外，分析还发现，家长对学校开展健康教育的态度、对学校健康教育开展情况的评判度等也可影响其子女在健康知识、行为的得分。由表 2-45 可知，认为学校有必要对孩子进行健康教育的家长其所对应学生的健康知识得分，比认为没必要的家长所对应学生的健康知识得分要高。但在行为得分上，仅在中学生的健康行为得分呈现显著性差异（表 2-46）。而认为学校健康教育开展情况好的家长，其子女健康知识、行为得分均比认为不好的家庭的学生健康知识、行为得分要高。

表 2-45 中、小学生的健康知识、行为得分与家长对学校健康教育的态度比较

分组	家长对学校进行健康教育的态度	学生的健康知识		学生的行为	
		有效人数	得分	有效人数	得分
小学	必要	3556	75.26±16.44[a]	3552	88.29±12.55[a]
	不必要	16	65.79±18.03[b]	16	86.46±13.22[a]
	不清楚	42	69.67±18.34[ab]	42	82.14±14.21[a]
	合计	3614	75.16±16.49	3610	88.21±12.59

（续表）

分组	家长对学校进行健康教育的态度	学生的健康知识		学生的行为	
		有效人数	得分	有效人数	得分
中学	必要	3577	73.02±11.01[a]	3568	59.67±7.96[a]
	不必要	33	67.12±10.53[b]	32	56.65±9.97[b]
	不清楚	73	67.53±13.67[b]	73	53.78±10.21[c]
	合计	3683	72.86±11.10	3673	59.53±8.08

注：数字上标有字母相同者表示差异无统计学意义，字母不同者表示差异有统计学意义

表 2-46　中学生健康知识、行为得分与家长对学校健康教育的反映相关比较

家长对学校健康教育开展情况的反映	中学生的健康知识		中学生的行为	
	有效人数	得分	有效人数	得分
好	1759	72.84±11.27[b]	1755	60.26±8.10[a]
不好	360	71.11±11.47[a]	357	58.23±8.61[b]
不清楚	1534	73.29±10.75[b]	1531	58.98±7.85[a]
合计	3653	72.86±11.09	3643	59.52±8.08

注：数字上标有字母相同者表示差异无统计学意义，字母不同者表示差异有统计学意义

比较分析父母对学生健康的关注情况等是否会对学生在看待学习与健康问题的认识有所影响。可以发现，家长对孩子健康状况的不同关注程度，对中、小学生的健康知识、行为得分上的影响确实有所不同。在中学，家长对孩子健康状况特别关注者，其子女的健康知识、行为得分高于完全不关注家庭的学生，差异有统计学意义；而在小学则未见显著性差异存在。

实际上，父母对子女健康问题的认知情况也对学生健康知识、行为上存在一定相关。由表 2-47 可知，无论在中学还是在小学，其父母认为孩子存在很多健康问题者，其子女健康知识得分较低；而家长认为孩子健康问题不多者，其子女健康行为得分最低，认为孩子没有健康问题的家长所对应的学生健康行为得分最高。

表 2-47　学生的健康知识、行为得分与家长对孩子健康认知与关注情况的相关比较

项目		小学生健康知识		小学生行为		中学生健康知识		中学生行为	
		有效人数	得分	有效人数	得分	有效人数	得分	有效人数	得分
家长认为孩子存在健康问题的程度	没有	822	75.00±15.95[b]	821	89.27±11.81[a]	1011	73.49±10.90[b]	1007	60.40±7.73[a]
	很少	827	76.13±16.75[b]	826	88.65±11.92[ab]	1074	73.35±10.64[b]	1072	60.04±7.57[a]
	有，不多	1615	75.25±16.28[b]	1613	87.64±13.15[ab]	1284	72.58±11.28[b]	1281	58.58±8.25[b]
	有很多	197	71.60±17.31[a]	197	87.14±13.61[b]	125	70.00±12.65[a]	125	58.71±8.74[ab]
	合计	3461	75.19±16.40	3457	88.24±12.60	3494	72.99±11.05	3485	59.56±7.95

（续表）

项目		小学生健康知识		小学生行为		中学生健康知识		中学生行为	
		有效人数	得分	有效人数	得分	有效人数	得分	有效人数	得分
家长对孩子健康状况的关注程度	特别关注	3052	75.44±16.38[a]	3049	88.58±12.42[a]	2870	73.10±10.84[b]	2862	60.10±7.78[b]
	一般关注	542	74.05±16.55[a]	541	86.14±13.26[a]	752	72.49±11.59[b]	751	57.72±8.31[b]
	不太关注	18	68.13±19.48[a]	18	89.35±14.24[a]	50	67.20±13.18[ab]	49	57.25±10.60[b]
	完全不关注	4	71.05±27.68[a]	4	87.50±14.43[a]	11	62.27±15.71[a]	11	48.95±20.85[a]
	合计	3616	75.19±16.45	3612	88.22±12.58	3683	72.86±11.08	3673	59.54±8.07

注：数字上标有字母相同者表示差异无统计学意义，字母不同者表示差异有统计学意义

另外，比较分析父母的文化程度、父母对学校健康教育的态度、对学生健康的关注情况等是否会对学生在看待“学习与健康问题”的认识有所影响。分析发现，就小学而言，在诸多的因素中，仅父母文化程度会对小学生对健康问题的看法上具有影响，父母文化在大专以上者，小学生认为“健康没有学习重要”的百分比增大，差异有统计学意义（表2－48）。就中学而言，除了父母的文化程度外，父母对学校进行健康教育的态度均对学生对健康的态度有所影响（表2－49）。父母文化程度不同其子女认为“健康比学习更重要”的比较差异具有统计学意义。其中父、母文化程度在小学以下者，其子女认为健康比学习更重要的百分比最低，父亲文化程度为高中/中专者，而母亲文化程度达到大专以上者，其子女认为健康比学习更重要的百分比最高。家长认为在学校对孩子进行健康教育有必要者，其子女认为健康比学习重要的百分比也最高，反之，对学校健康教育认识不清楚者，其子女认为健康不重要的比例最低，差异有统计学意义。

表2－48　父母亲文化程度与学生对学习和健康重要性认识的构成比较

分组		不认为学习比健康重要的小学生					认为健康比学习重要的中学生				
		有效问卷	人数	百分率	χ^2值	P值	有效问卷	人数	百分率	χ^2值	P值
父亲文化程度	小学及以下	189	90	47.6	43.210	0.000	199	163	81.9	11.061	0.004
	初中	683	367	53.7			907	786	86.7		
	高中/中专	1001	592	59.1			1268	1115	87.9		
	大专及以上	1643	1074	65.4			1216	1058	87.0		
母亲文化程度	小学及以下	261	125	47.9	54.371	0.000	392	331	84.4	13.848	0.003
	初中	698	411	58.9			949	829	87.4		
	高中/中专	1021	582	57			1241	1081	87.1		
	大专及以上	1342	912	68			936	827	88.4		

表 2-49 家长对学校进行健康教育的不同态度与中学生对健康和学习重要性认识的构成比较

家长的态度	有效问卷（份）	认为健康比学习重要的人数	百分率	χ^2值	P值
必要	3571	3121	87.4		
不必要	33	25	75.8	10.206	0.006
不清楚	72	54	75.0		

4. 讨论与建议

（1）学校健康教育教学模式对学生健康知、信、行存在影响

目前，从我国学校健康教育的发展趋势来看，呈现多元化的发展。学校在开展健康教育时，有些将健康教育课作为单独一门课程开设，有些则将有关的健康教育内容融入某一门课程或多个课程中，采取分散教学。本研究对不同健康教育教学模式进行分层分析比较，所获的总体印象显示：不同学校健康教育教学模式对学生健康的知、信、行可以产生不同的效果。就整体而言，本研究发现学校采用单独授课方式进行健康教育，无论中、小学生，其健康知识应答正确率、对健康问题的态度倾向以及健康行为方面均优于分散式授课的健康教育模式，也就是说独立课程设置的学校健康教育教学模式在提高学生健康知信行上显示出优势，该教学模式更有益于促进学生获得系统的健康知识，表现出更加重视健康和更为积极的行为。

诸多的研究已经证明，健康教育的根本目标是通过多种形式、有组织、有计划的教育活动，使学生获得必要的卫生知识，树立健康价值观，形成健康行为，达到预防疾病，促进身心发展，提高终身生活质量的目的。不可否认，分散式教学强调把健康知识教育贯穿到各个相关学科，不失为一种学校健康教育的良好理念。然而分散式教学的效果必须是以具备有效的综合教育资源为基础，特别是学校全员师资对健康教育具备良好的认识和操作技能。而在我国，目前健康教育资源，特别是师资相对不足的情况下，分散式教学不利于完整实现学校健康教育的功能。建议继续深入研究学校健康教育实施的有效模式，建立以国家课程为主体，同时辅以学校多课程渗透的综合发展模式。

（2）家庭因素与学生健康知、信、行水平密切相关

本研究探讨了学生健康知、信、行的形成与其家庭背景、特别是父母的文化程度、父母对学校健康教育的态度、对子女健康状况的关注程度、对子女健康问题的认定程度等方面相关关系。研究发现，就总体而言，父母的文化程度对学生健康知识和行为存在影响。无论中、小学生，其父母文化程度越高，其健康知识和行为的得分相应较高。同时，父母对学校健康教育的关注程度、对学校开展健康教育的态度、对学校健康教育开展情况的评判度等也可影响其子女在健康知识、行为的得分。父母对学校健康教育关注度越高，越是认为学校有必要对孩子进行健康教育，其子女所获得的健康知识得分相应也越高。由此提示，不能忽略家庭在促进学生健康知信行上的作用，强调未来在注重改善学校健康教育的同时，也应把家庭作为发展完善学生健康知信行水平的促进因素。

2.3.5 学校健康教育内容的需求及可行性分析

1. 需求分析

（1）对学生健康教育内容需求的分析

本研究在中学生部分增设了有关健康教育方式以及健康教育教材等问题，以了解学生对学校开展健康教育是否满意的态度反映。

两组学生倾向健康教育的方式及对现有教材中有关健康部分的内容的满意度有所不同。由表2-50可以看出，在单独教学、分散教学和两者相结合三种教育方式中，分散授课组和单独授课组的学生倾向单独教学和分散教学相结合的比率大于单独教学和分散教学，分散教学相对来说不为他（她）们所喜欢。对学生倾向学校开展健康教育（卫生保健教育）采取的方式进行比较（表2-51），发现两两间存在差异，倾向认为两者结合的比率＞单独教学＞分散教学的比率。由表2-52可见，分散授课组学生对现有教材的满意率为69.8%，单独授课组的满意率为69.7%，两组差异无统计学意义。

表2-50　学生倾向学校开展健康教育（卫生保健教育）采取的方式比较

分组	有效问卷（份）	单独教学		分散教学		两者相结合		其他		χ^2值	P值
		人数	%	人数	%	人数	%	人数	%		
分散授课组	2614	797	30.5	580	22.2	1156	44.2	81	3.1	2.018	0.596
单独授课组	1286	380	29.5	282	21.9	592	46.0	32	2.5		
合计	3900	1177	30.2	862	22.1	1748	44.8	113	2.9		

表2-51　中学生倾向学校开展健康教育（卫生保健教育）采取的三种方式的两两比较

比较	方式	人数	百分率	χ^2值	P值
单独教学与分散教学	单独教学	1177	30.2	65.887	0.000
	分散教学	862	22.1		
单独教学与两者相结合	单独教学	1177	30.2	178.347	0.000
	两者相结合	1748	44.8		
分散教学与两者相结合	分散教学	862	22.1	452.016	0.000
	两者相结合	1748	44.8		

表2-52　两组中学生对现有教材的满意度

分组	有效问卷（份）	满意	不满意	满意率（%）	χ^2值
分散授课组	2581	1802	779	69.8	0.002
单独授课组	1276	890	386	69.7	
合计	3857	2692	1165	69.8	

在有关健康知识需求的方面，由表2-53可以看出，就总体而言，两类学校学生均想了解的健康知识前3位是：人际交往、缓解压力、心理卫生。而想了解怀孕和避孕方面知识的人数比率最低，其次为艾滋病和性病的预防。按不同类别学校划分，单独授课组的健康知识需要顺位与总体有所差别，渴望了解营养知识上升为第三。单独授课组学生想了解环境与健康、预防伤害与安全、体育锻炼与健康、近视眼、龋齿等常见病预防、人际交往的比率高于

分散授课组学生。

表 2-53 两组中学生对健康知识需要的情况

项目	合计 3974 人		分散授课组 2669 人			单独授课组 1305 人			χ^2值
	人数	%	人数	%	序位	人数	%	序位	
人际交往	3039	76.5	2013	75.4	1	1026	78.6	1	4.986*
缓解压力	2990	75.2	2000	74.9	2	990	75.9	2	0.405
心理卫生	2885	72.6	1952	73.1	3	933	71.5	4	1.187
营养知识	2843	71.5	1900	71.2	4	943	72.3	3	0.495
健康的生活方式	2555	64.3	1692	63.4	5	863	66.1	5	2.857
近视眼、龋齿等常见病预防	2491	62.7	1631	61.1	7	860	65.9	6	8.602**
体育锻炼与健康	2471	62.2	1630	61.1	7	841	64.4	7	4.240*
食品卫生	2450	61.7	1633	61.2	6	817	62.6	8	0.749
传染病预防	2415	60.8	1617	60.6	9	798	61.1	9	0.117
预防伤害与安全	2243	56.4	1477	55.3	10	766	58.7	10	4.021*
青春期卫生保健	2058	51.8	1378	51.6	11	680	52.1	12	0.080
环境与健康	2041	51.4	1324	49.6	12	717	54.9	11	9.989**
青春期发育	1758	44.2	1201	45.0	13	557	42.7	13	1.906
人体结构及其功能	1614	40.6	1106	41.4	14	508	38.9	14	2.292
艾滋病和性病的预防	1367	34.4	947	35.5	15	420	32.2	15	4.190*
怀孕和避孕	783	19.7	564	21.1	16	219	16.8	16	10.447**

注：* $P<0.05$；** $P<0.01$

(2) 对教师健康教育内容需求的分析

本次研究共调查了教师 771 人，以性别划分有效人数为 760 人（男性 249 人，女性 511 人）。其中采用渗透式教学开展健康教育的分散授课学校 493 人，采用独立开设健康教育的单独授课学校 278 人；来自小学和中学分别为 387 人与 384 人，分别各占 50.2% 和 49.8%。

分散授课组和单独授课组的教师学历、职称、年龄情况分别见表 2-54、表 2-55、表 2-56，结果显示，在分散授课组以大专所占比率最大，为 46.3%，单独授课组以本科以上学历所占比率最大，为 46.2%，两组学历的比较差异无统计学意义；教师的职称均以中级居多，在分散授课组具有中级教师职称者为 47.1%，单独授课组为 44.9%；两组被调查的教师的年龄主要以 30～39 岁组居多，在分散授课组和单独授课组分别为 41.0% 和 36.4%，50～59 岁组所占比率最低，在分散授课组和单独授课组分别为 7.5% 和 9.7%。

表 2-54 教师的学历比较

分组	有效问卷（份）	高中及以下		大专		本科以上		u值	P值
		人数	%	人数	%	人数	%		
分散授课组	486	36	7.4	225	46.3	225	46.3	−0.407	0.684
单独授课组	275	28	10.2	120	43.6	127	46.2		
合计	761	64	8.4	345	45.3	352	46.3		

表 2-55 教师的职称比较

分组	有效问卷（份）	初级		中级		高级		u值	P值
		人数	%	人数	%	人数	%		
分散授课组	484	163	33.7	228	47.1	93	19.2	−0.183	0.855
单独授课组	272	93	34.2	122	44.9	57	21.0		
合计	756	256	33.9	350	46.3	150	19.8		

表 2-56 教师年龄段的分布

分组	有效问卷（份）	20～29岁组		30～39岁组		40～49岁组		50～59岁组		u值	P值
		人数	%	人数	%	人数	%	人数	%		
分散授课组	480	163	34.0	197	41.0	84	17.5	36	7.5	−1.536	0.125
单独授课组	269	85	31.6	98	36.4	60	22.3	26	9.7		
合计	749	248	33.1	295	39.4	144	19.2	62	8.3		

99.7%的教师对学校健康教育持肯定态度，有效问卷显示99.6%的分散授课组教师和100.0%的单独授课组教师认为在学校对孩子进行健康教育（卫生保健教育）有必要。在承担与健康教育有关课程的教师中，13.0%无固定教材。承担与健康教育有关课程的教师对目前所使用健康教育（卫生保健教育）教材的有关内容的看法见表2-57，由表可知，63.5%以上的分散授课组教师和68.9%以上单独授课组教师都认为所使用的教材由浅入深，全面介绍了与健康相关的知识与技能；提供的知识与技能是科学、正确的；教育内容符合学生的年龄、性别等特点；形式生动活泼，为学生喜爱；可指导日常生活，十分实用；适合当地实际情况，被大家接受；使用的教材亦为教师喜欢。两组进行比较，单独授课组教师认为与健康相关的知识与技能的介绍由浅入深的比率高于分散授课组，差异有统计学意义。

在讲授健康教育这门课程时遇到的主要问题和困难见表2-58，结果显示，教师的主要问题和困难排在前2位的是："没有接受过相关专业培训"和"没有合适的教材"。分散授课组教师认为"没有合适的教材"、"课时没有保证"是讲授这门课程时遇到的主要问题和困难的比率均高于单独授课组。此外还有7.7%的分散授课组教师和1.8%的单独授课组教师认为还有其他的问题和困难，主要是与健康教育相关的教学资源、辅助教材少，两组差异有统计学意义，分散授课组高于单独授课组。

表 2-57 教师对所使用健康教育（卫生保健教育）教材的有关内容的看法

项目	合计 327 人		分散授课组 192 人		单独授课组 135 人		χ^2 值
	人数	%	人数	%	人数	%	
提供的知识与技能是否科学、准确	285	87.2	164	85.4	121	89.6	1.257
教育内容是否符合学生的年龄、性别等特点	277	84.7	160	83.3	117	86.7	0.680
是否可指导日常生活，十分实用	260	79.5	148	77.1	112	83.0	1.682
与健康相关的知识与技能的介绍是否由浅入深	251	76.8	140	72.9	111	82.2	3.848*
是否适合当地实际情况，被大家接受	246	75.2	143	74.5	103	76.3	0.140
你是否喜欢你所使用的教材	234	71.6	135	70.3	99	73.3	0.355
形式是否生动活泼，学生喜爱	215	65.7	122	63.5	93	68.9	1.006

注：* $P<0.05$；** $P<0.01$

表 2-58 教师在讲授这门课程时遇到的主要问题和困难

项目	合计 376 人		分散授课组 233 人		单独授课组 143 人		χ^2 值
	人数	%	人数	%	人数	%	
没有接受过相关知识专业培训	182	48.4	113	48.5	69	48.3	0.002
没有合适的教材	172	45.7	125	53.6	47	32.9	15.419**
健康教育不受重视	132	35.1	78	33.5	54	37.8	0.714
课时没有保证	102	27.1	76	32.6	26	18.2	9.342**
学生不感兴趣	88	23.4	48	20.6	40	28.0	2.686
其他	23	4.5	18	7.7	5	1.8	10.287**

注：* $P<0.05$；** $P<0.01$

对学生应该主要掌握的健康知识的看法，两组教师认为学生应该主要掌握的健康知识的分析见表 2-59。结果表明，就总体而言，教师认为学生应该掌握的主要健康知识的前 5 位是：个人卫生、体育锻炼与健康、环境与健康、心理卫生、伤害预防等方面的知识。虽然，两类学校的序位有所不同，但依然集中在此 5 个方面，这与学生提出有关健康教育知识差距较大。另外，还有 6.7%的分散授课组教师和 5.8%的单独授课组教师选择其他项，提出学生应该掌握自我保护、伦理教育方面的知识。

而就目前学生中存在的主要健康或行为问题，两组教师认为“挑食、不注意食品卫生、近视眼、偏食、缺乏锻炼”是目前学生中存在的前 5 位主要健康或行为问题，而“吸毒、过早发生性行为、受到他人的性暴力/性骚扰、酗酒、情绪不稳定”则位居后 5 位。此外，还有 3.1%的分散授课组教师和 1.8%单独授课组教师认为“经常上网，睡眠时间不足”也是目前学生中存在的主要健康或行为问题（表 2-60）。

表 2-59 教师认为学生应该主要掌握的健康知识

项目	合计 769 人		分散授课组 493 人			单独授课组 276 人			χ^2 值
	人数	%	人数	%	序位	人数	%	序位	
个人卫生	755	98.2	482	97.8	2	273	98.9	1	1.296
体育锻炼与健康	751	97.7	484	98.2	1	267	96.7	2	1.595
环境与健康	745	96.6	479	97.2	3	266	96.4	3	0.359
心理卫生	739	96.1	474	96.1	4	265	96.0	4	0.008
伤害预防与安全	736	95.7	474	96.1	4	262	94.9	5	0.640
疾病预防	732	95.2	471	95.5	7	261	94.6	6	0.365
食品卫生（预防食物中毒）	732	95.2	472	95.7	6	260	94.2	7	0.913
人体的生长与发育	711	92.5	455	92.3	8	256	92.8	9	0.054
青春期卫生与保健	707	91.9	448	90.9	9	259	93.8	8	2.103
物质滥用预防	696	90.5	448	90.9	9	248	89.9	11	0.213
营养	695	90.4	442	89.7	11	253	91.7	10	0.823
艾滋病预防	619	80.5	392	79.5	12	227	82.2	12	0.842
其他	49	6.4	33	6.7	13	16	5.8	13	0.238

表 2-60 教师认为目前学生中存在的主要健康或行为问题

项目	合计 768 人		分散授课组 491 人			单独授课组 277 人			χ^2 值
	人数	%	人数	%	序位	人数	%	序位	
挑食	681	88.7	428	87.2	2	253	91.3	1	3.061
不注意食品卫生	673	87.6	431	87.8	1	242	87.4	3	0.028
近视眼	652	84.9	423	86.2	3	229	82.7	4	1.672
偏食	649	84.5	406	82.7	4	243	87.7	2	3.432
缺乏锻炼	585	76.2	380	77.4	5	205	74.0	6	1.119
不会应对学习压力	572	74.5	365	74.3	6	207	74.7	5	0.014
不会与人交往	517	67.3	332	67.6	8	185	66.8	7	0.055
情绪不稳定	517	67.3	337	68.6	7	180	65.0	8	1.074
肥胖	496	64.6	329	67.0	9	167	60.3	9	3.494
校园内外安全，打架/欺负	475	61.8	310	63.1	10	165	59.6	11	0.956
学业负担过重，学习疲乏	463	60.3	296	60.3	11	167	60.3	9	0.000
道路意外	445	57.9	288	58.7	12	157	56.7	12	0.284
贫血	265	34.5	166	33.8	13	99	35.7	13	0.292
传染病	217	28.3	146	29.7	14	71	25.6	15	1.471
喝不清洁的水	205	26.7	130	26.5	16	75	27.1	14	0.032
吸烟	203	26.4	132	26.9	15	71	25.6	15	0.143

（续表）

项目	合计768人		分散授课组491人			单独授课组277人			χ^2值
	人数	%	人数	%	序位	人数	%	序位	
寄生虫感染	165	21.5	100	20.4	17	65	23.5	17	1.008
轻生/不尊重生命	130	16.9	85	17.3	18	45	16.2	18	0.143
酗酒	88	11.5	53	10.8	19	35	12.6	19	0.592
受到他人的性暴力/性骚扰	78	10.2	49	10.0	21	29	10.5	20	0.047
过早发生性行为	77	10.0	52	10.6	20	25	9.0	21	0.481
吸毒	31	4.0	18	3.7	22	13	4.7	22	0.482
其他	20	2.6	15	3.1	23	5	1.8	23	1.091

关于对学校健康教育的方式和措施的建议，教师倾向所在学校开展健康教育（卫生保健教育）采取的方式见表2-61。结果显示，在单独教学、分散教学及单独教学与分散教学相结合3种方式中，教师对单独教学方式的认同率最高，分散教学最低。对教师倾向学校开展健康教育（卫生保健教育）采取的方式进行比较（表2-62），发现两两间存在差异，按其的比率的顺位进行排列，倾向单独教学＞两者结合＞分散教学。

为了更好地开展学校健康教育与卫生保健工作，两组教师均认为可以采取多种措施，其中对提供系统和实用性的健康教育教材、保证健康教育的课时、定期对学校校医及教授健康教育相关课程的教师提供培训、提供各种健康教育教学辅助材料等是两组教师认可率较高的措施。此外，还有4.7%的分散授课组教师和6.6%的单独授课组教师认为可以采取对学生定期体检、开展问卷调查评价等措施促进学校健康教育与卫生保健工作（表2-63）。

表2-61 教师倾向所在学校开展健康教育（卫生保健教育）采取的方式

分组	有效问卷（份）	单独教学		分散教学		两者相结合		其他		χ^2值	P值
		人数	%	人数	%	人数	%	人数	%		
分散授课组	468	218	46.6	55	11.8	193	41.2	2	0.4	3.487	0.322
单独授课组	254	136	53.5	29	11.4	88	34.6	1	0.4		
合计	722	354	49.0[a]	84	11.6[b]	281	38.9[c]	3	0.4		

表2-62 教师倾向学校开展健康教育（卫生保健教育）采取的三种方式的两两比较

比较	方式	人数	百分率	χ^2值	P值
单独教学与分散教学	单独教学	354	49.0	239.338	0.000
	分散教学	84	11.6		
单独教学与两者相结合	单独教学	354	49.0	15.028	0.000
	两者相结合	281	38.9		
分散教学与两者相结合	分散教学	84	11.6	142.495	0.000
	两者相结合	281	38.9		

表 2-63 两组教师认为可以采取的学校健康教育措施的比较

项目	合计 762 人		分散授课组 498 人			单独授课组 273 人			χ^2值
	人数	%	人数	%	序位	人数	%	序位	
提供系统和实用性的健康教育教材	664	87.1	424	86.7	1	240	87.9	1	0.227
保证健康教育的课时	626	82.2	398	81.4	2	228	83.5	2	0.540
定期对学校校医及教授健康教育相关课程的教师提供培训	546	71.7	345	70.6	3	201	73.6	3	0.815
提供各种健康教育教学辅助材料	532	69.8	342	69.9	4	190	69.6	4	0.010
定期对学校全体任课教师提供健康教育培训	494	64.8	312	63.8	5	182	66.7	5	0.630
在学校校本课程中明确健康教育课时的比例	407	53.4	250	51.1	6	157	57.5	6	2.870
定期对学校校长及相关领导提供健康教育培训	357	46.9	219	44.8	7	138	50.5	7	2.338
将是否开设健康教育课纳入对学校的考核评价内容	355	46.6	233	47.6	8	122	44.7	8	0.617
其他	41	5.4	23	4.7	9	18	6.6	9	1.229

(3) 对学生家长健康教育内容需求的分析

本次共发放家长问卷 8008 份，收回 7404 份，回收率 92.5%，来自小学和中学学生的家长基本各占 50%。

两组学生父母文化程度见表 2-64、表 2-65。由表可知，两组父母亲的文化程度差异无统计学意义。本次问卷的填报人在分散授课组和单独授课组都以父母为主，分别占 90.6%和 91.5%，具体见表 2-66。

表 2-64 学生的父亲的文化程度

分组	有效问卷（份）	小学以下		初中		高中中专		大专以上		u值	P值
		人数	%	人数	%	人数	%	人数	%		
分散授课组	4760	268	5.6	1045	22.0	1513	31.8	1934	40.6	−0.924	0.355
单独授课组	2414	124	5.1	563	23.3	777	32.2	950	39.4		
合计	7174	392	5.5	1608	22.4	2290	31.9	2884	40.2		

表 2-65 学生的母亲的文化程度

分组	有效问卷（份）	小学以下		初中		高中中专		大专以上		u 值	P 值
		人数	%	人数	%	人数	%	人数	%		
分散授课组	4570	438	9.6	1090	23.9	1503	32.9	1539	33.7	−0.607	0.544
单独授课组	2332	223	9.6	567	24.3	778	33.4	764	32.8		
合计	6902	661	9.6	1657	24.0	2281	33.0	2303	33.4		

表 2-66 家长问卷的填表人分布

分组	有效问卷（份）	父亲		母亲		外婆/奶奶		外公/爷爷		其他		χ^2 值	P 值
		人数	%	人数	%	人数	%	人数	%	人数	%		
分散授课组	4868	1752	36.0	2660	54.6	93	1.9	108	2.2	255	5.2	9.688	0.046
单独授课组	2446	871	35.6	1368	55.9	49	2.0	66	2.7	92	3.8		
合计	7314	2623	35.9	4028	55.1	142	1.9	174	2.4	347	4.7		

在家长对学校健康教育和学生健康关注的调查中，97.7%的家长认为学校对孩子进行健康教育（卫生保健教育）有必要，两组进行比较，差异无统计学意义（表 2-67）；81.1%的家长对自己孩子的健康状况特别关注，两组差异无统计学意义（表 2-68）；51.5%家长认为孩子所在学校健康教育（卫生保健教育）开展情况好，40.0%对孩子所在学校健康教育（卫生保健教育）开展情况不清楚，还有 8.5%的家长认为孩子所在学校健康教育（卫生保健教育）开展情况不好，两组比较差异也无统计学意义（表 2-69）。

表 2-67 家长认为在学校对孩子进行健康教育（卫生保健）的必要性

分组	有效问卷（份）	必要		不必要		不清楚		χ^2 值	P 值
		人数	%	人数	%	人数	%		
分散授课组	4893	4784	97.8	31	0.6	78	1.6	0.792	0.673
单独授课组	2458	2400	97.6	20	0.8	38	1.5		
合计	7351	7184	97.7	51	0.7	116	1.6		

表 2-68 家长对孩子健康的关注程度

分组	有效问卷（份）	特别关注		一般关注		不太关注		完全不关注		u 值	P 值
		人数	%	人数	%	人数	%	人数	%		
分散授课组	4892	3970	81.2	861	17.6	48	1.0	13	0.3	−0.235	0.814
单独授课组	2461	1990	80.9	448	18.2	20	0.8	3	0.1		
合计	7353	5960	81.1	1309	17.8	68	0.9	16	0.2		

表 2-69 家长认为学校健康教育（卫生保健）开展情况

分组	有效问卷（份）	好		不好		不清楚		χ^2值	P 值
		人数	%	人数	%	人数	%		
分散授课组	4840	2487	51.4	428	8.8	1925	39.8	1.854	0.398
单独授课组	2441	1263	51.7	193	7.9	985	40.4		
合计	7281	3750	51.5	621	8.5	2910	40.0		

家长认为孩子在这个年龄阶段主要应该掌握的健康知识，居于前 5 位者依次是保护视力、环境与健康、体育锻炼与健康、促进心理健康、伤害预防等方面的知识，排在最后的是艾滋病的预防。总体顺位与各分类学校的情况不一致，分散授课组对有关食物营养知识的顺位上升为第 5 位，单独授课组则对“预防龋齿”上升为第 5 位，“伤害预防”在两组中均下降至第 6 位。两类学校比较，仅在“视力保护”一项上出现差异，单独授课组家长认为“孩子应掌握保护视力知识”的比率高于分散授课组，差异有统计学意义。此外，还有 8.1%的家长觉得孩子应该掌握一些其他健康知识，其中以“自我保护”、“个人卫生”为主，分散授课组家长认为孩子应该掌握其他健康知识的比率高于单独授课组，差异有统计学意义（表2-70)。

表 2-70 家长认为孩子这个年龄阶段主要应该掌握的健康知识

项目	合计 7397 人		分散授课组 4925 人			单独授课组 2472 人			χ^2值
	人数	%	人数	%	序位	人数	%	序位	
保护视力	7111	96.1	4717	95.8	1	2394	96.8	1	5.051*
环境与健康	6786	91.7	4521	91.8	2	2265	91.6	2	0.063
体育锻炼与健康	6708	90.7	4459	90.5	3	2249	91.0	3	0.379
促进心理健康	6538	88.4	4369	88.7	4	2169	87.7	4	1.502
伤害预防与健康	6314	85.4	4205	85.4	6	2109	85.3	6	0.006
食物营养	6307	85.3	4221	85.7	5	2086	84.4	9	2.284
预防食物中毒	6262	84.7	4171	84.7	7	2091	84.6	8	0.013
预防龋齿	6265	84.7	4154	84.3	8	2111	85.4	5	1.403
疾病预防	6235	84.3	4139	84.0	9	2096	84.8	7	0.697
人体的生长与发育	5765	77.9	3816	77.5	10	1949	78.8	10	1.772
预防药物滥用	5208	70.4	3485	70.8	11	1723	69.7	11	0.889
青春期卫生与保健/性教育	4854	65.6	3219	65.4	12	1635	66.1	12	0.444
艾滋病预防	4054	54.8	2716	55.1	13	1338	54.1	13	0.693
其他	597	8.1	428	8.7	14	169	6.8	14	7.623**

注：* $P<0.05$；** $P<0.01$

家长对自己孩子存在健康问题的认识，由表 2-71 可见，家长普遍持乐观态度，不认为自己孩子存在健康问题的比例占 26.3%，仅有 4.6%的家长认为孩子存在的健康问题很多，分散授课组和单独授课组分别为4.6%和4.8%，差异未见统计学意义（表2－71）。

家长认为孩子在这个年龄阶段常见的主要健康问题可见表2－72。结果显示，近视眼、不注意食品卫生、缺乏体育锻炼和户外活动、道路意外、校园安全，被家长认为是孩子出现主要健康问题的前5位，而“酗酒、吸毒、过早发生性行为、吸烟、轻生/不尊重生命”则排在后5位。此外，还有4.2%的家长认为这个阶段的孩子还有一些别的健康问题，主要以“上网、早恋、课程负担重、睡眠时间不足”为主。

表2－71 家长认为自己孩子存在健康问题的程度

分组	有效问卷（份）	没有		很少		有，不多		很多		u值	P值
		人数	%	人数	%	人数	%	人数	%		
分散授课组	4644	1214	26.1	1311	28.2	1907	41.1	212	4.6	5.472	0.140
单独授课组	2360	629	26.7	605	25.6	1013	42.9	113	4.8		
合计	7004	1843	26.3	1916	27.4	2920	41.7	325	4.6		

表2－72 两组家长最担心孩子这个年龄阶段的主要健康问题

项目	合计（7296人）		分散授课组（4852人）			单独授课组（2444人）			χ^2值
	人数	%	人数	%	序位	人数	%	序位	
近视眼	5217	71.5	3458	71.3	1	1759	72.0	1	0.394
不注意食品卫生	5159	70.7	3422	70.5	2	1737	71.1	2	0.233
缺乏体育锻炼，缺少户外活动	4950	67.8	3292	67.8	3	1658	67.8	3	0.000
道路意外	4668	64.0	3120	64.3	4	1548	63.3	4	0.656
校园内外的安全，同学间打架/欺负	4455	61.1	2998	61.8	5	1457	59.6	9	3.229
不会应对学习压力	4460	61.1	2943	60.7	6	1517	62.1	6	1.370
挑食	4429	60.7	2910	60.0	9	1519	62.2	5	3.229
营养不良	4413	60.5	2923	60.2	7	1490	61.0	7	0.355
偏食	4390	60.2	2917	60.1	8	1473	60.3	8	0.015
学业负担过重，学习疲劳	3889	53.3	2623	54.1	10	1266	51.8	14	3.335
传染病	3836	52.6	2587	53.3	11	1249	51.1	15	3.194
不会与人交往	3783	51.9	2490	51.3	13	1293	52.9	10	1.638
发生食物中毒	3778	51.8	2494	51.4	12	1284	52.5	11	0.839
喝不清洁的水	3713	50.9	2437	50.2	15	1276	52.2	12	2.557
情绪不稳定	3717	50.9	2441	50.3	14	1276	52.2	12	2.349
寄生虫感染	2990	41.0	1973	40.7	16	1017	41.6	16	0.605
贫血	2860	39.2	1897	39.1	17	963	39.4	17	0.064

（续表）

项目	合计（7296 人）		分散受课组（4852 人）			单独授课组（2444 人）			χ^2值
	人数	%	人数	%	序位	人数	%	序位	
受到他人的性暴力/性骚扰	2444	33.5	1648	34.0	18	796	32.6	18	1.421
肥胖	2330	31.9	1585	32.7	19	745	30.5	19	3.567
轻生/不尊重生命	1967	27.0	1317	27.1	21	650	26.6	20	0.248
吸烟	1929	26.4	1326	27.3	20	603	24.7	22	5.896*
过早发生性关系	1912	26.2	1276	26.3	22	636	26.0	21	0.064
吸毒	1828	25.1	1250	25.8	23	578	23.6	23	3.864*
酗酒	1816	24.9	1240	25.6	24	576	23.6	23	3.438
其他	304	4.2	203	4.2	25	101	4.1	25	0.011

注：* $P<0.05$

在家长对改善学生健康和学校健康教育的建议中，如何对学生中存在的健康或行为问题进行预防和改善，家长认为可以通过“增加体育锻炼与课外活动”者所占的比率最高，而认为通过“减轻学业负担”和“对家长进行有关卫生保健知识与技能方面的讲座”等措施的建议比率较低。此外，还有 4.7%的家长认为可通过一些其他方式，主要是“多与孩子心灵沟通”，“多开展公益活动、课外活动”等建议来预防和改善学生中存在的健康或行为问题（表 2－73）。

关于对学校健康教育的方式和措施的建议方面，两类学校家长倾向学校开展健康教育（卫生保健教育）采取的方式以“单独教学”所占的比率最高，“分散教学”最低。此外，还有 1.2%的家长倾向通过“看电视、宣传片、图片展、讲座”等方式开展健康教育（卫生保健教育）。比较家长选择的各种教学方式，发现两两间均存在差异，其排序为：倾向单独教学的比率＞两者结合＞分散教学（表 2－74，表 2－75）。

表 2－73　家长认为可以预防和改善学生中存在的健康或行为问题的方式

项目	合计（7203 人）		分散授课组（4798 人）			单独授课组（2405 人）			χ^2值
	人数	%	人数	%	序位	人数	%	序位	
增加体育锻炼与课外活动	5580	77.5	3713	77.4	1	1867	77.6	1	0.054
开设专门的卫生保健/健康教育课	5419	75.2	3607	75.2	2	1812	75.3	2	0.024
提供心理辅导	4534	62.9	2993	62.4	3	1541	64.1	3	1.973
改善学校卫生设备，提供清洁饮水	4190	58.2	2776	57.9	4	1414	58.8	4	0.578
提供健康食品，营养午餐质量	3942	54.7	2677	55.8	5	1265	52.6	5	6.602*
减轻学业负担	2546	35.3	1738	36.2	6	808	33.6	7	4.837*
对家长进行有关卫生保健知识与技能方面的讲座	2496	34.7	1654	34.5	7	842	35.0	6	0.205
其他	341	4.7	238	5.0	8	103	4.3	8	1.631

注：* $P<0.05$

表 2-74 家长倾向在学校开展健康教育（卫生保健教育）采取的方式

分组	有效问卷（份）	单独教学		分散教学		两者相结合		其他		χ^2值	P值
		人数	%	人数	%	人数	%	人数	%		
分散授课组	4493	1726	38.4	1208	26.9	1500	33.4	59	1.3	1.934	0.586
单独授课组	2266	896	39.5	610	26.9	737	32.5	23	1.0		
合计	6759	2622	38.8	1818	26.9	2237	33.1	82	1.2		

表 2-75 家长倾向学校开展健康教育（卫生保健教育）采取的三种方式的两两比较

比较	方式	人数	百分率	χ^2值	P值
单独教学与分散教学	单独教学	2622	38.8	216.796	0.000
	分散教学	1818	26.9		
单独教学与两者相结合	单独教学	2622	38.8	47.623	0.000
	两者相结合	2237	33.1		
分散教学与两者相结合	分散教学	1818	26.9	61.847	0.000
	两者相结合	2237	33.1		

2. 对健康教育内容需求的定性调查分析

本研究由北京、湖南和上海 3 个分课题组成员直接赴天津、内蒙、宁夏、青海、海南、湖南、广西、湖北、四川、贵州、重庆、福建、辽宁、浙江等 14 个省市自治区，对其当地的教育主管部门的领导、课程改革办公室人员、中小学卫生保健所人员，以及分散授课与单独授课学校的校长、生物、体育卫生等课任教师、校医和卫生保健人员就学校健康教育内容需求进行了定性深入访谈（包括个人访谈与集体座谈）。14 个省访谈对象共计 126 人，其中教育主管部门领导 26 人，学校校长 72 人，任课教师 28 人。

（1）对学校健康教育的认识

被访谈的人员普遍认为学校健康教育十分必要。认为："健康教育（是）孩子全面教育（的一部分），对培养孩子的健康意识有好处。""要改善学生的健康，（在学校就）应开健康教育讲座，应该设独立的健康教育课""学生对健康的内容感兴趣，农村学生缺乏知识，家长也没常识，所以讲课学生爱听。""健康教育有利于孩子的身心健康，如果健康状况不好，则学习、生活都受影响。"

"良好的生活习惯主要在小时候养成，因此，学校在学生健康行为习惯养成上起着重要的作用。""说小一点，学校健康教育有利于孩子的健康，说大一点，学校健康教育有利于整个国家的健康，有利于整个国家素质的提高。""学校健康教育帮助孩子形成正确的人生观、价值观，增强孩子承受挫折的能力。""学校健康教育要有专门的健康教育老师，确定能作为一门学科对待。可以说目前学校重视力度不够，如学生视力保护，青春期教育，学生都需要了解。目前学校进行健康教育不系统，太零散。"

（2）学校开展健康教育的适宜方式

在直接走访调查的地区，被访谈人员认为学校开展健康教育的方式是多种多样的，除健康教育课外，还有专题讲座、广播、板报宣传、心理辅导、班队会宣传、校园网宣传、阳光活动、同伴教育、专题教育课等。

（3）学校开展健康教育面临的主要问题

被访谈人员认为现在学校健康教育面临的问题主要是："师资力量不够，没有专门的老师。""有些讲授健康知识的老师没有接受（健康）这方面的专门训练，所以，这些教师不能有效地胜任健康教育的讲述。"

采用渗透性教学"没有系统的、理想的教材，不好讲述。"虽然"部分老师能够胜任，但由于渗透式健康教育内容较分散，因此对各科老师都是一个挑战，对老师的知识面等各方面素质要求更高。"而既往采用独立设课的方式，"基本上是由心理卫生老师、保健老师等承担有关的健康教育内容，相对来讲比较专业些。"

许多教师反映"对目前（学校）的健康教育状况比较困惑，有些无所适从的感觉，教师、教材、课时、课标不明确。""缺乏健康教育的教材和相应的配套资料。""对一些敏感话题的教育很难把握'度'的问题，希望有统一规定，如生殖健康方面教育的问题。""硬件设施跟不上，教学手段落后。"

（4）目前学生中存在的健康问题与健康教育的内容

被访谈人员认为学生现在存在的健康问题主要涉及营养问题、学生常见病预防以及心理问题等几方面。

"现在的孩子主要是卫生习惯的养成不好，例如：吃零食，到小摊小贩处买东西吃，不吃早餐，偏食等，还有心理承受能力不强。""现在大多数孩子都属于独生子女，在家庭的溺爱中，许多孩子不爱劳动、任性、心理脆弱。""身体素质差，营养不均衡，站立不久便有人晕倒。""挑食偏食造成营养过剩或营养不良，安全意识不强，心理承受挫折的能力差，怕困难，怕艰苦。""与人交往狭隘自私，挑食，偏食。""心理脆弱，健康知识的知晓率高，但实际行为与之实脱节。""学生常见病，如近视、龋齿的发病率高，锻炼不够，吸烟。"针对以上问题，被访谈人员普遍认为学校应该为学生提供全面的健康教育内容，"应该提供有关身体、心理、行为、环境健康教育。""首先是心理健康方面的知识，如果心理不健康，则不用谈别的方面了，其次是健康行为的养成，人体生理结构，疾病的预防。"另外还要有："传染病的预防"，"应该向学生传授自我保护、珍爱生命的知识。""应该根据学生的年龄段提供不同的健康知识，在小学以健康行为养成为主，在中学可以适当添加生理方面的教育。"

（5）对于学校现有健康教育不同开展方式的反映

被访谈人员对目前学校健康教育采用分散式教学与独立授课等不同的方式进行，持两种态度和看法。

赞同**"健康教育的内容分散到各课程"**的人员认为：

- "如果我们学校所有的老师都在自己讲述的科目中渗透健康教育，那么学校就会营造一种'大家都讲健康教育，大家都重视健康教育'的氛围，学生也就会潜移默化地接受到健康知识，在生活中养成健康的生活习惯。"
- "把健康教育渗透到别的学科中，可以减少孩子的学业负担，从而提高他（她）们的学习兴趣。"
- "可以发挥各学科教师的力量参与健康教育；知识、能力、情感三个维度的教育目标比较明确。”

- “我觉得健康行为的养成比健康知识的获得更重要。单独上健康教育课，孩子可以获得系统的健康知识，但不一定能养成良好的生活习惯，而把健康教育渗透到其他学科里，所有的老师都来重视健康教育，这样会有利于孩子健康行为的养成。”
- “健康是多元的，对于农村、山区的小孩，生活卫生习惯，思想品德，（应）从抓‘养成’做起。采用现在这种学校健康教育的方式可行”。
- “学校非常有必要开健康教育课，但要有专门教材，而且每门学科都渗透健康教育的内容，因为仅仅专门开一门健康教育课作用不大，还是要平时多科的渗透。”

赞同**“开设健康教育单独课程”**的人员认为：

- “健康教育渗透在别的科目中，学校所有的老师都来抓健康教育，听起来不错，不过，有可能会出现这样的问题，因为是所有的老师都讲健康教育，所以（虽然）所有的老师都有责任，不过谁都又没明确的责任，这样就会导致健康教育无人抓。”
- “健康教育通过各方面渗透的想法是好的，如果能够贯彻，会对健康教育有所加强。但实际操作起来有问题，可操作性差。主要是教师的素质问题，另外没有适合的教材。”“老师的知识面不广，他（她）们多半只精通自己的专业，让他（她）们在教授的科目中增添健康的知识，也许行不通。”
- “以前有专门的健康教育的教材，由专职的健康教育老师讲述，规定 0.5 课时/周。现在没有规定课时，没有统一的教材，由体育老师带健康教育课，但是体育老师讲的内容多是与运动有关的健康知识，其他如青少年多发病，常见病，青春期教育等，就要通过大讲座给与补充，但是效果不明显，学生掌握的知识较零散，同时缺乏对学生掌握健康知识的考核。”
- “以前，健康教育作为一门单独的课，有专门的老师，有课时，好评价。现在（强调）各课渗透，但怎样渗透？不清楚。”“各课渗透多少不好掌握，可能有重复，最好还是上单独的健康教育课。”“渗透式教育过程中，健康教育概念不明确；缺乏检查与督导，任其自由发展；无主要负责人，教学评估难开展，教学打折扣；加重教师负担；很难保证课时，落实不保证；过于零散，各学科知识点相冲突，重点不一致，导致学生困惑。”

3. 学校开设健康教育课的可行性调查

为深入了解健康教育课时的设置、实施的有效性与可行性，本研究进一步对目前依然保留健康教育独立课时的单独授课学校进行了补充调查。研究实际共涉及学校 51 所，该补充调查共收回问卷 22 份，小学 11 份，中学 11 份，有效调查率占全部单独授课学校 43.1%。

在对每周课时情况应答的 19 所中小学校里，63.2%的学校能够保证每周 0.5 课时，26.3%能够达到每周 1 课时，另有 10.5%甚至可提供每周 2 课时用于学校健康教育（表 2-76）。而从表 2-77 中可以看到，在独立开设健康教育课的 9 所小学中，每学期总课时最多可达 20 个课时，最少为 9 课时，平均每学期为 13 个学时；在 10 所中学中，每学期总课时最多可达到 42 课时，最少为 8 课时，平均约为 18 学时。

表 2-76 健康教育课每周课时情况（应答学校数 *n*）

分组	每周 0.5 课时 *n*（%）	每周 1 课时 *n*（%）	每周 2 课时 *n*（%）
小学	6（66.7）	3（33.3）	0（0）
中学	6（60.0）	2（20.0）	2（20.0）
合计	12（63.2）	5（26.3）	2（10.5）

表 2-77 健康教育课每学期总课时情况（应答学校数 *n*）

分组	应答学校数（*n*）	最多课时（*h*）	最少课时（*h*）	平均（*h*）
小学	9	20	9	13
中学	10	42	8	18

100%的调查学校反映目前解决课时的路径，主要是通过国家课程、地方课程以及校本课程等多种方式来保证健康教育课课时的执行。其中通过地方课程解决课时者占第一位，为40.9%，其次为校本课程（36.4%），而依然通过国家课程保证课时者为 22.7%（表 2-78）。由此，表明学校是有可能自行找到解决健康教育课程课时的途径。

表 2-78 健康教育课时保证方式

方式	应答学校数	构成比（%）
国家课程解决	5	22.7
地方课程解决	9	40.9
校本课程解决	8	36.4

从对独立设置健康教育课程的学校的调查发现，卫生保健教师和校医是学校健康教育的主要承担者，68.2%的学校反映由卫生保健老师或校医讲授健康教育课；40.9%的学校是由体育课老师讲授；31.8%的学校由生物课老师讲授。另外，有些学校则是由班主任、健康教育课专职教师、历史课老师、数学课教师、心理咨询老师、语文课老师、自然课教师、综合课老师等分担学校的健康教育课程（表 2-79）。

表 2-79 承担健康教育课的授课教师情况

承担者	应答学校数	百分比（%）
生物课教师	7	31.8
体育课教师	9	40.9
卫生保健老师/校医	15	68.2

对于是否有必要在学校保留独立的健康教育课程，95.5%的被调查学校的应答持肯定态度，并建议：（1）应该在课程计划中明确规定健康教育课时。（2）健康教育课程的开设不应与其他课程的开设发生矛盾，最好以第二课堂的形式出现。由此确保健康教育的课时的设

置。这与本课题对教师的定量调查认为学校有必要提供健康教育的结果相呼应，再次验证学校应该具备促进学生健康的职责。

另外，调查学校还对健康教育课程内容提出建议，主要有：

◆ 内容还需更加充实，应根据社会发展需求及地方特点进行教材补充；

◆ 教育主管部门应针对传染病防控需求，及时印发相关材料，以便及时进行宣传；

◆ 配备固定的健康教育教材，使学生更加明确健康教育课的重要性；并应根据年龄层次配备课本；

◆ 开展形式多样的学校健康教育活动。

事实上，本补充调查显示的结果明确提示，学校保留健康教育课程存在实际的可行性和可操作性，学校可以通过多种路径解决课时和授课教师。然而，从调查学校的反映也可看出，学校对课程计划中明确课时、提供相关政策保证的需求。

4. 讨论

本部分研究从学生、家长、教师以及教育行政管理人员等多角度，采用定量与定性等多种研究方式，探讨了现有学生面临的主要健康问题、学校提供健康教育的内容、方式等问题。

（1）现有健康教育内容与学生实际需求存在差距

近视、不良饮食习惯与食品卫生、缺乏体育锻炼和户外活动、道路意外和校园安全等被家庭和学校认定为学生最常见的主要健康问题。在对学校提供健康教育的内容要求，学生、家长、教师的反映顺位有所不同。比较分析发现，学生把发展个人心理社会能力置于最为重要的位置，渴望了解如何进行人际交往、缓解压力、促进心理卫生；而教师、家长则更多地是与学生现实存在的健康问题相联系，关注视力保护、个人卫生、体育锻炼、伤害预防等直接影响青少年健康和生命的知识与能力发展。值得注意的是对艾滋病和性病预防的内容均被学生、教师、家长三者列在后位。此外，掌握必要的自我保护技能、伦理教育的知识也被教师和家长提出。本需求研究以中学生为主要对象，该年龄阶段正值青春发育时期，学生对如何合理、适宜地增强心理调节能力方面的需求较高，教师和家长也更看重对学生健康实用能力的发展。但现行的健康教育内容还多仅限于讲解一般知识，缺乏对儿童青少年有效的健康保健能力的培养，以及技能实践与发展等方面。由此提示健康教育内容框架的形成必须与学生的整体健康需求，以及社会发展中学生存在的健康问题密切相联。而本研究通过对学生健康知信行的调查结果也发现现有健康教育内容与其存在差距，主要表现伤害防范，特别是与学校生活环境相关的运动损伤、校园伤害，以及学校常见问题与多发疾病的预防，健康生活方式、青春期保健等方面。建议：应根据社会发展的环境，依照学生身心发育特点、健康需求以及现代社会对儿童青少年健康的要求，对学校健康教育的内容，特别是在关爱生命、应急防范、疾病预防、减少和避免健康危险行为、建立健康的生活方式、促进心理社会适应能力等方面进行及时适当的调整。

（2）学校健康教育的适应模式值得进一步探讨

在对学校健康教育的态度上，绝大多数（超过 90%）的学生以及教师和家长都持认同态度，认为学习健康知识、通过学校对学生进行卫生保健教育十分必要。而对现有学校健康教育开展方式，如单独授课、分散教学和两者相结合等三种方式的选择上，可以发现学生更倾向采用单独授课和分散教学相结合的方式，分散式授课最不为喜欢。而由教师、家长的调查结果则显示，教师和家长最肯定的方式均以单独授课为首选，与学生相同，分散教学方式也居于最后。而该教学方式不被认可的主要原因在于其实际操作性、学校师资和教学资源等方面。提示学校健康教育依然应是未来促进学生健康的主要手段，而学校采用何种适宜的课程载体为学生提供系统的、可操作的、实用的健康知识和技能，应综合考虑学生、教师等学校主体人群的意见，进一步探索与发展。建议进一步完善学校健康教育的适宜发展模式，将现有不同机构提出并规定在学校开展的各类教育，如艾滋病教育、安全教育、性教育等综合纳入学校健康教育的整体体系，实际解决学校健康教育在课时设置、执行能力、人力资源短缺等问题。

（3）学校健康教育具有相对独立开设的必要性和可行性

现有实行独立设置健康教育课程学校的实践提示，多数学校认同健康教育在学校教育中的作用与地位，认为学校应该具备促进学生健康的职责。同时，中小学校也具有保留健康教育课程开设的可行性和可操作性。多数学校可以通过国家课程、校本课程以及地方课程等多种路径解决健康教育的课时，合理调配与学校其他课程的安排；目前校医保健教师、体育课教师与生物课教师是学校健康教育课程的主要承担者。而采用健康教育分散式授课，尽管从理论上体现多学科渗透，但在实际操作落实上存在难度，由于对教师质量要求更高，很容易使学校健康教育流于形式。当然，从被调研的学校反映也可看出，从国家层面提供学校开展健康教育课程要求以及相关政策将有助于更好地推动学校健康教育的整体发展，是促进学生健康发展的必要保证。

2.3.6 结论与建议

1. 在本研究中接受调查的26个省市及自治区，中小学生现有的健康知识整体水平发展不平衡，具有省间差别；学生中对健康知识的掌握不够全面，尤其需要加强疾病预防和心理保健方面的知识。依然保留独立健康教育课程的学校学生的健康知识水平高于实施新课程标准改革分散授课学校的学生。

2. 绝大多数（超过90%）学生认为学习健康知识很重要，并喜欢学习健康教育知识，具有积极的健康态度。依然保留独立健康教育课程的学校学生的健康态度优于实施新课程标准改革分散授课的学校学生，前者表现为更加重视健康教育。

3. 学生的健康行为及心理状况总体上不容乐观。在小学，实施健康教育分散式教学的分散授课学校学生的健康行为优于依然保留独立健康教育课程的学校学生；但在中学，依然保留独立健康教育课程的学校学生的健康行为优于分散授课学校的学生。

4. 运用综合评价分析发现采用健康教育单独授课方式的学校学生的健康知识应答正确率、对健康问题的态度倾向以及健康行为方面均优于采用将健康教育内容分散于学校多门课程的分散授课组。

5. 学生的健康知识、行为与父母亲的文化程度存在一定相关，出现父母文化程度越低，学生的健康知识得分，以及学生健康行为得分越低的倾向。家长对学校健康教育的态度、对健康状况的关注程度也在一定程度上影响学生的健康知识和行为得分。

6. 各调查学校的绝大多数教师和家长均对健康教育持肯定态度，认为应该并有必要开展学校健康教育，并倾向选择健康教育应以单独授课的方式为主要教育形式。同时，从现有依然开设独立健康教育课时学校的调查反映也可看出，学校可以通过多种路径解决课时和授课教师，表明在学校独立开设健康教育课程存在一定的可行性和可操作性。

7. 中小学生家长、老师对现有学生中存在的健康问题的反映略有不一致。在对学校提供健康教育的内容需求上，学生、家长、教师的反映有所不同。但总的说来学生中主要的健康问题包括不注意食品卫生、缺乏体育锻炼、意外与安全问题等；应该学习的健康教育内容主要有个人卫生（如用眼保健）、体育锻炼与健康、环境与健康方面、心理卫生、伤害预防等。

2.4 对健康教育课程标准与教材的分析

我国健康教育的模式处于不断发展的过程。2001 年以前，健康教育基本都是独立课程模式，学校中设置专门的健康教育课。2001 年之后，学校健康教育不再单独设置课程，而是将健康教育内容与其他相关课程进行整合。在小学，健康教育主要整合在《品德与社会》、《科学》两门课程之中；在中学，健康教育主要整合在《生物》、《科学》、《体育与健康》三门课程之中。课程整合之后，教育部制定了相应的课程标准。

2.4.1 目标及方法

1. 目标

在对我国中小学校健康教育实施效果评价研究中，课程标准与教材分析被做为研究的一部分。开展课程标准与教材分析研究，就是要通过系统评价整合式健康教育模式的相关课程标准与国家健康教育基本要求的吻合程度，系统评价整合式健康教育各相关课程新编教材对于课程标准的呈现情况，及时了解发现课程标准与学校健康教育之间存在的差距，促进课程标准和新编教材的进一步完善和提高。

2. 内容及方法

（1）研究内容

首先，将整合了健康教育内容的相关课程标准与国家健康教育基本要求进行比较分析，分析评价整合后相关课程标准体现国家健康教育基本要求的程度，找出差距和不足，并提出建议。

其次，对整合后教材和课标进行对比分析，分析评价教材体现课标的程度，找出差距和不足，并提出建议。

（2）研究方法

采用社会学研究中经常使用的内容分析方法，选取了小学《品德与社会》、中学《生物》、《体育与健康》等课程标准，同时，选取了体现课程标准而编写的课程教材，对整合了健康教育内容的相关课程标准和教材分别进行分析、归纳和总结。

（3）研究工具

1）健康教育内容框架参照标准：根据 2001 年国家质量技术监督局发布的《中、小学健康教育规范》（以下简称《规范》）和 2007 年印发的《中共中央国务院关于加强青少年体育增强青少年体质的意见》（以下简称《意见》）两个文件对健康教育的要求，整理出 9 类健康教育知识点共 38 个知识模块，以这 9 类 38 个知识点模块作为课程标准分析的依据，将涵盖了健康教育相关内容的课程标准与之对比。

《规范》中规定，小学生健康教育内容应该包括：食物与营养、个人卫生、心理卫生、环境与健康、体育锻炼与健康、伤害预防与安全、疾病的预防七大部分；中学生健康教育内容应该包括：人类的生长发育、青春期卫生、心理卫生、食物与营养、环境和学校生活卫生、体育锻炼与健康、物质滥用和常见疾病的预防等七大部分。

《意见》中关于健康教育，强调了要帮助青少年掌握科学用眼知识和方法，降低青少年近视率；确保青少年休息睡眠时间；积极开展疾病预防、科学营养、卫生安全、禁毒控烟等青少年健康教育，并保证必要的健康教育时间；根据新时期青少年青春期特征和成长过程中的心理特点，有针对性地加强心理健康教育。

2）课程标准：2001 年根据教育部《基础教育课程改革纲要（试行）》制定出版的相关的中小学课程标准，包括《品德与生活》、《品德与社会》、《生物》、《体育与健康》。

3）教材：2001 年依据教育部《基础教育课程改革纲要（试行）》颁布的“课程标准”新编出版教材，包括《品德与生活》、《品德与社会》、《生物》、《体育与健康》。

2.4.2 健康教育内容在相关课程标准中的体现情况

1. 知识模块体现率

在 38 个健康教育知识点的基础上，新课标中只要有所涉及，即认为有所体现。体现率如下：《品德与生活》体现 6 个知识模块，体现率为 15.8%；《品德与社会》体现 8 个知识模块，占 20.1%；《体育与健康》体现 22 个知识模块，体现率为 57.9%；《生物》体现 13 个知识模块，体现率为 34.2%。合计四门课程共体现 30 个知识模块，体现率为 78.9%。新的课程标准对国家健康教育基本要求存在知识点空白缺失的内容有：口腔卫生、早餐的重要性、饮水卫生、预防接种、沙眼预防、龋齿预防、贫血预防、预防性侵犯等共 8 个知识模块，占 21.1%。具体见表 2-80。

表 2-80 2001 年相关课程标准中体现健康教育内容要求的体现率

（n=38，共 38 个知识模块）

	覆盖健康教育模块数	占比%
《品德与生活》	6	15.8
《品德与社会》	8	20.1
《生物》	13	34.2
《体育与健康》	22	34.2
四门课程总覆盖	30	78.9
空白缺失	8	21.1

课程标准存在与国家健康教育基本要求规定的 8 个知识模块空白缺失，这些都是青少年健康成长过程中需要掌握的重要健康知识和技能，主要反映如下：

● 口腔卫生中主要涉及正确的刷牙方法，这对于预防口腔疾病，预防学生常见病龋齿具有重要意义；

- 早餐的质量已经被很多研究证实可以直接影响着学生的健康和学习成绩；
- 饮水卫生与学生健康密不可分，不会选择饮用水、经常以饮料代替水、喝生水、喝变质水等都会直接影响到学生的健康；
- 预防接种是减少学生中传染病发生的一项重要策略，学生们只有了解了预防接种的意义、种类、方法，才能更好地选择计划免疫以外的其他接种，如果选择不当，盲目听从商家广告，势必造成学生健康的不必要损失；
- 沙眼、龋齿、贫血都是当前学生常见病，学校有责任为学生提供相关知识，培养预防技能；预防性侵犯近年来越来越受到重视，为保护学生健康成长，学校有责任为学生提供相关的知识和预防技能、应对措施。

综上所述，8个缺失的知识点都关系到青少年健康成长，现有课程标准需要予以重新完善，将其以恰当的形式进行整合调整，以更好地满足国家健康教育要求，满足青少年需要。

2. 重要知识模块体现情况

本研究中将中央7号文件《意见》强调的几个健康教育内容：科学用眼、科学营养、卫生安全、疾病预防和禁毒控烟作为重要知识模块进行重点分析。结果发现，这些重要的健康教育内容在新课标中同样存在着很多的留白，即使有些内容不留白，也只是粗浅宽泛的提及，缺乏具体要求，无法有效指导教材编写（表2-81）。

表2-81 重要健康教育知识模块在新课标中的体现情况

项目	《品德与生活》	《品德与社会》	《生物》	《体育与健康》
科学用眼	√	×	×	√
科学营养	早餐×	早餐×	早餐×	早餐×
卫生安全	饮水卫生×	饮水卫生×	饮水卫生×	饮水卫生×
疾病预防	学生常见病×	学生常见病×	学生常见病×	学生常见病×
禁毒控烟	√	√	√	√

注："√"课标中有所涉及；"×"课标未涉及

具体分析情况如下：

（1）科学用眼方面，小学的《品德与生活》和中学的《体育与健康》有所涉及。《品德与生活》课标中提出养成良好的个人卫生习惯。因此默认在个人卫生习惯中应该包括用眼卫生。《体育与健康》课标是在课程资源开发部分提到"在课间增加眼保健操"，但涉及眼保健操的正确做法和注意事项则没有被提及和要求。

（2）科学营养方面，各相关课程标准中均没有提及重视"早餐"问题。

（3）卫生安全方面，各相关课程标准中都没有提及饮水卫生；预防食物中毒问题有所涉及，但是过于粗浅宽泛，缺乏具体化要求。

（4）疾病预防方面，各相关课程标准中都没有涉及预防接种、沙眼、龋齿、贫血等学校常见病预防的内容，也就是说学校常见病的预防在现有课标中基本缺失。

（5）禁毒控烟方面，体现比较好，基本能够满足国家健康教育的要求，各相关课程标准中都有所涉及。

由以上分析结果提示，新课标中需要加强科学用眼等重要的健康教育内容。目前我国学生近视眼发生率非常高，并且有逐年增高的趋势，严重影响了学生综合素质的发展，需要引起高度重视，在中央7号文件中，明确把科学用眼放在健康教育需要加强内容的第一位。科学用眼教育不仅应该包括合理用眼的科学知识，还需要建立积极的保护眼睛的态度，培养和提高用眼行为的调节控制能力。养成良好的科学用眼习惯必须经过长时间的健康教育。不仅应该在课标内容中明确要求科学用眼的知识，还需要通过教学活动帮助学生认识到保护视力的重要性，建立起科学用眼的态度，主动保护视力，进而养成科学用眼的习惯。

另外，在新课标中缺失的知识模块还涉及科学营养、卫生安全以及疾病预防等方面，比如早餐的重要性、饮水卫生、预防接种、沙眼、龋齿、贫血的预防等。显而易见，这些健康教育内容都是在儿童青少年健康成长过程中需要掌握的重要核心知识和技能。目前一些营养调研发现，早餐的重要性经常被在校学习的中小学生所忽视，学生中不会选择饮用水、以饮料代替、喝生水、喝变质水等现象也较为普遍。然而，早餐质量以及饮水卫生都直接影响着学生的身体健康和学习成绩，早已经被很多研究所证实。多年来，我国政府一直高度重视对各种传染病以及学生常见病的防治，在人力和物力上给予大量的投入，大力推行各种预防接种及其他防治措施。小学阶段是预防接种的重要时期。通过健康教育帮助学生认识了解预防接种的意义、种类、方法，才能更好地实施计划免疫及其相关的预防接种，有效地控制传染病的流行。在学生常见病中，沙眼、龋齿、贫血依然是当前学校卫生和疾病预防的重点。因此，学校有必要通过相关的健康教育提高学生的知识和预防技能。因此，在未来学校课标发展内容中应该补充完善科学营养、食品卫生安全及疾病预防这些健康教育知识点。

2.4.3 健康教育教材的分析情况

通过将课程标准与新编教材的对比分析发现，相关课程的新编教材体现课程标准有关健康教育内容的情况参差不齐，见表2-82。

表2-82 科学用眼等健康教育内容的新课标在新教材中的体现情况

教材	科学用眼	科学营养	卫生安全	疾病预防	禁毒控烟
《品德与生活》	＋充分体现	＋不充分	—	—	—
《品德与社会》	—	—	—超课标＊	—超课标＊	＋充分体现
《生物》	—	＋充分体现	—	＋未体现	＋充分体现
《体育与健康》	＋未体现	＋充分体现	—	＋未体现	＋未体现

注：＋课标中有所涉及；—课标未涉及，＊课标中没有要求，但是教材中有此内容。

具体表现在：

（1）《品德与生活》课标中涉及科学用眼和科学营养两部分内容，教材体现比较充分。如，在一年级下册通过图文并茂的形式告诉学生眼睛的重要性，爱护眼睛，以及一些用眼卫生和眼保健操图示，体现很好。

(2)《品德与社会》课标中涉及禁毒控烟，教材体现比较充分。在6年级上册第一单元第三节“学会拒绝”中，用图示的方法告诉学生要拒绝吸烟等生活中的诱惑，基本能够体现课标的要求，也符合健康教育的基本要求。

(3)《生物》课标中涉及科学营养、卫生安全、疾病预防和禁毒控烟4个内容，多数内容在教材中能够充分体现，只是疾病预防部分未能完整体现课标要求。新课标中要求的肠道传染病、寄生虫病等知识在新教材中没有讲到。但是新教材对于课标没有要求的传染病和免疫知识进行了很好的补充。8年级下册第八单元第一章“传染病和免疫”第一节，以流行性感冒为例，对传染病流行的基本环节进行介绍，并对一般传染病预防措施进行了介绍。另外，用200字左右对艾滋病做了一个重点知识介绍；第二节对人体的免疫功能和免疫能力以及计划免疫进行了基本的介绍。

(4)《体育与健康》课标中涉及到科学用眼、科学营养、疾病预防和禁毒控烟4部分内容，而教材仅在科学营养方面充分体现了课标要求，7～9年级全一册《体育与健康》在第一章第5节：营养、体育锻炼与控制体重中讲述了平衡膳食、营养的重要性、食物分类和选择食物，以及科学的体育锻炼和合理的饮食是控制体重的最佳方法。但是，科学用眼、疾病预防和禁毒控烟内容在教材中没有得到体现。

课程标准是课程所要求的基本内容，教材必须充分体现课程标准，在满足了课程标准的基础之上，可以根据需要适当增加其他内容。

本研究发现，《品德与生活》、《品德与社会》、《生物》三个课程的新编教材基本能够体现课程标准的要求，能够将课程标准所要求的内容落实到在教材之中。新编教材《体育与健康》在科学营养方面充分体现了课程标准的要求，但在科学用眼、疾病预防和禁毒控烟等方面没有体现课程标准的要求，需要改善和提高。

2.4.4 结论及建议

健康教育本身是一个独立的学科体系，它遵循着知识、态度、行为的规律，通过有计划、有组织、有系统的教育活动，促使人们自觉采纳有益于健康的行为和生活方式，消除和减轻健康危险因素，预防疾病，促进健康，提高生活质量。学校健康教育是在学校中，采取多种形式，针对学生的求知特点和对健康的需求，通过有目的、有计划、有系统的教育活动，为学生提供健康知识，培养学生健康技能，自我管理健康，从而预防和减少疾病，增强体质，促进身心发展。健康教育的重点落在行为上，行为习惯的养成是受到多方面因素的影响，需要多方面共同作用，多学科共同进行，这是整合式健康教育的依据和基础，有利于培养和提高学生的综合健康素养。

健康教育基本要求是国民健康素养所需要的基本内容，相关课程标准应该全面体现健康教育基本要求，新编教材可以有创新，但是需要在基本满足课程标准要求的基础上创新。

整合式健康教育在我国的实施尚在起步阶段，处于摸索和尝试的过程。通过本次分析发现，目前相关课程标准中存在许多需要完善和提高的地方，如：课程标准中还有一些健康内容的不足，教材对课程标准的把握也存在一定的问题。建议在今后的课程标准和教材修订的过程中，能参考本研究发现的问题，不断完善课程标准，不断完善教材编写。

2.5 对学校健康教育效果综合评价指标体系的探讨

2.5.1 学校健康教育效果综合评价模型的确立

本研究依照"健康教育实施效果评价及对策研究"总体设计方案和查阅大量文献的基础上，采用系统分析法和文献优选法建立理论框架，以学校健康教育效果为评价总目标，提出了教学基础、教育过程、学生健康知识的掌握、学生健康信念、学生健康行为养成、学生生长发育、学校公共卫生、学生健康状况和卫生服务利用 9 个二级评价目标，以及教室人均面积、课桌椅、黑板、教室采光、教室照明、教室微小气候、环境噪声、学校厕所、生活用水、健康政策、领导小组及组织机构健全、拥有专（兼）职健康教育人员的比率、教学计划、教案、课时、授课质量、师资培训、传播活动、开课率、健康教育活动覆盖率、教材与教具、健康知识理论考试、健康知识技能操作、健康信念问卷调查、健康行为问卷调查、身高、体重、胸围、握力、脉（搏）率、血压、肺活量、呼吸频率、教室与宿舍卫生、校园与厕所卫生、蛔虫感染率、贫血检出率、牙龈炎患病率、龋齿充填率、近视率、营养不良检出率、肥胖率、沙眼患病率、交通事故发生率、缺课率、因病休学率、死亡率、体检、心理咨询、卫生室共 50 个三级指标。通过专家评分法筛选并确定各指标权重，从而建立一个综合评价模型，为学校健康教育效果评价提供依据。

2.5.2 学校健康教育效果综合评价指标体系的权重确定

应用德尔菲法做专家咨询确定各级指标及其权重，通过三轮的专家咨询，要求专家对包括总评价目标、二级指标和三级指标中的每一个指标的敏感性、代表性、特异性和可获得性四个方面的特性做出独立评价。同时请专家填写专家权威程度自评表，要求专家对自己对每个指标做出判断的依据给出评分。通过逐轮对专家咨询结果进行分析，确定最终组成学校健康教育效果的综合评价指标。

结果发现专家三轮咨询的积极系数分别是 93.3%、92.9%、100.0%（表 2 - 83）；对二级指标的专家判断依据系数在 0.63～0.76，熟悉程度系数在 0.76～0.88，权威系数在 0.71～0.82（表 2 - 84）；对三级指标的专家判断依据系数在 0.55～0.75，熟悉程度系数在 0.66～0.87，权威系数在 0.61～0.80（表 2 - 85）。

表 2 - 83 专家的积极系数

轮次	发出（份）	回收（份）	%
第一轮	15	14	93.3
第二轮	14	13	92.9
第三轮	13	13	100.0

表 2-84 二级指标的专家权威系数表

	二级指标	判断依据系数	熟悉程度系数	权威系数
1	教学基础	0.73	0.83	0.78
2	教育过程	0.73	0.80	0.77
3	健康知识	0.76	0.88	0.82
4	健康信念	0.72	0.84	0.78
5	健康行为	0.69	0.82	0.75
6	生长发育	0.67	0.78	0.73
7	学校公共卫生	0.63	0.78	0.73
8	学生健康状况	0.74	0.81	0.77
9	卫生服务利用	0.65	0.76	0.71

表 2-85 三级指标的专家权威系数表

三级指标	判断依据	熟悉程度系数	权威系数
1.1 教室人均面积	0.66	0.82	0.74
1.2 课桌椅	0.67	0.81	0.74
1.3 黑板	0.68	0.82	0.75
1.4 教室采光	0.70	0.82	0.76
1.5 教室照明	0.68	0.81	0.75
1.6 教室微小气候	0.63	0.75	0.69
1.7 环境噪声	0.65	0.78	0.71
1.8 学校厕所	0.67	0.79	0.73
1.9 生活用水	0.67	0.79	0.73
1.10 健康政策	0.71	0.79	0.75
1.11 领导小组及组织机构健全	0.70	0.79	0.74
1.12 拥有专（兼）职健康教育人员的比率	0.68	0.82	0.75
2.1 教学计划	0.72	0.83	0.77
2.2 教案	0.72	0.81	0.76
2.3 课时	0.73	0.82	0.77

（续表）

三级指标	判断依据	熟悉程度系数	权威系数
2.4 授课质量	0.72	0.81	0.76
2.5 师资培训	0.70	0.82	0.76
2.6 传播活动	0.67	0.79	0.73
2.7 开课率	0.75	0.81	0.78
2.8 健康教育活动覆盖率	0.72	0.82	0.77
2.9 教材与教具	0.71	0.77	0.74
3.1 健康知识理论考试	0.73	0.85	0.79
3.2 健康知识技能操作	0.74	0.82	0.78
4.1 健康信念问卷调查	0.72	0.84	0.78
5.1 健康行为问卷调查	0.73	0.87	0.80
6.1 身高	0.70	0.81	0.76
6.2 体重	0.70	0.81	0.75
6.3 胸围	0.68	0.79	0.74
6.4 握力	0.64	0.71	0.67
6.5 脉（搏）率	0.60	0.69	0.65
6.6 血压	0.63	0.71	0.67
6.7 肺活量	0.61	0.69	0.65
6.8 呼吸频率	0.55	0.66	0.61
7.1 教室与宿舍卫生	0.63	0.78	0.71
7.2 校园与厕所卫生	0.64	0.78	0.71
8.1 蛔虫感染率	0.66	0.76	0.71
8.2 贫血检出率	0.64	0.75	0.70
8.3 牙龈炎患病率	0.60	0.71	0.66
8.4 龋齿充填率	0.67	0.72	0.70
8.5 近视率	0.71	0.78	0.75
8.6 营养不良检出率	0.69	0.78	0.73
8.7 肥胖率	0.67	0.78	0.73
8.8 沙眼患病率	0.60	0.67	0.64
8.9 交通事故发生率	0.64	0.73	0.68
8.10 缺课率	0.60	0.71	0.65
8.11 因病休学率	0.62	0.76	0.69
8.12 死亡率	0.55	0.69	0.62
9.1 体检	0.68	0.76	0.72
9.2 心理咨询	0.64	0.73	0.69
9.3 卫生室	0.64	0.77	0.71

每一轮专家咨询表回收后，分别统计分析各一级指标的均值、标准差、变异系数以及加权平均数。经过三轮咨询，专家对各二级指标的加权平均数逐步趋向一致，各指标的平均数的标准差和变异系数逐渐减少。考虑到综合评价对评价指标要求的全面性，没有删除加权平均值在5.00以下的指标，所有的二级指标继续进入第二轮咨询（表2-86～表2-88）。

表2-86　第一轮咨询二级指标统计分析表

	二级指标	均值	标准差	变异系数	加权平均数
1	教学基础	6.90	1.55	0.23	5.40
2	教育过程	7.35	0.84	0.12	5.64
3	健康知识	8.35	0.98	0.12	6.85
4	健康信念	7.50	1.14	0.15	5.83
5	健康行为	7.73	0.71	0.09	6.01
6	生长发育	6.52	1.21	0.19	4.91
7	公共卫生	6.98	1.30	0.19	5.06
8	健康状况	7.60	0.95	0.13	5.88
9	卫生服务利用	7.17	1.55	0.22	5.07

表2-87　第二轮咨询二级指标统计分析表

	二级指标	均值	标准差	变异系数	加权平均数
1	教学基础	6.90	0.76	0.11	5.40
2	教育过程	7.67	0.66	0.09	5.89
3	健康知识	8.83	0.53	0.06	7.25
4	健康信念	8.13	0.82	0.10	6.31
5	健康行为	8.04	0.80	0.10	6.25
6	生长发育	6.94	1.36	0.20	5.23
7	公共卫生	6.94	0.69	0.10	5.03
8	健康状况	7.63	0.73	0.10	5.90
9	卫生服务利用	6.88	0.97	0.14	4.86

表2-88　第三轮咨询二级指标统计分析表

	二级指标	均值	标准差	变异系数	加权平均数
1	教学基础	6.63	0.81	0.12	5.19
2	教育过程	7.35	0.87	0.12	5.64
3	健康知识	8.44	0.48	0.06	6.93
4	健康信念	7.88	0.59	0.07	6.12
5	健康行为	8.01	0.59	0.07	6.22
6	生长发育	6.91	1.07	0.16	5.21
7	公共卫生	6.97	0.58	0.08	5.06
8	健康状况	7.74	0.63	0.08	5.99
9	卫生服务利用	6.91	0.99	0.14	4.88

进入第一轮专家咨询的三级指标为学校健康教育效果综合评价初评指标体系中包含的50个指标（表2-89），根据第一轮专家咨询结果，分别统计各三级指标的均值、标准差、变异系数以及加权平均数，在第一轮咨询中，公共卫生的三级指标均小于5.0，但考虑到其二级指标的评分大于5.0，故没删除公共卫生的三级指标，根据筛选指标的原则删除其中24个三级指标，没有增加新的指标。最终，参与第二轮专家咨询的三级指标共26个。

表2-89 第一轮咨询三级指标的统计分析表

三级指标	均值	标准差	变异系数	加权平均数
1.1 教室人均面积	6.39	1.92	0.30	4.75
1.2 课桌椅	6.52	1.85	0.28	4.83
1.3 黑板	6.32	1.87	0.30	4.73
1.4 教室采光	6.89	1.86	0.27	5.24
1.5 教室照明	6.75	1.95	0.29	5.04
1.6 教室微小气候	5.96	2.15	0.36	4.12
1.7 环境噪声	6.21	1.63	0.26	4.44
1.8 学校厕所	6.63	2.06	0.31	4.85
1.9 生活用水	6.79	1.90	0.28	4.95
1.10 健康政策	7.57	0.97	0.13	5.69
1.11 领导小组及组织机构健全	7.39	1.13	0.15	5.48
1.12 拥有专（兼）职健康教育人员的比率	7.43	0.92	0.12	5.58
2.1 教学计划	7.45	1.25	0.17	5.77
2.2 教案	7.21	1.07	0.15	5.50
2.3 课时	7.38	1.76	0.24	5.70
2.4 授课质量	6.82	1.28	0.19	5.20
2.5 师资培训	7.71	1.18	0.15	5.87
2.6 传播活动	6.89	1.62	0.23	5.02
2.7 开课率	7.75	0.87	0.11	6.08
2.8 健康教育活动覆盖率	7.32	1.69	0.23	5.66
2.9 教材与教具	7.11	1.12	0.16	5.27
3.1 健康知识理论考试	7.73	2.03	0.26	6.09
3.2 健康知识技能操作	7.73	1.64	0.21	6.04
4.1 健康信念问卷调查	7.48	1.10	0.15	5.80
5.1 健康行为问卷调查	7.73	1.09	0.14	6.18
6.1 身高	6.66	1.70	0.25	5.03

（续表）

三级指标	均值	标准差	变异系数	加权平均数
6.2 体重	6.75	1.81	0.27	5.08
6.3 胸围	6.18	1.63	0.26	4.54
6.4 握力	5.23	1.59	0.30	3.51
6.5 脉（搏）率	4.52	1.17	0.26	2.93
6.6 血压	5.39	1.93	0.36	3.59
6.7 肺活量	6.05	1.71	0.28	3.91
6.8 呼吸频率	4.80	1.34	0.28	2.91
7.1 教室与宿舍卫生	6.63	1.55	0.23	4.67
7.2 校园与厕所卫生	6.68	1.62	0.24	4.75
8.1 蛔虫感染率	7.34	1.30	0.18	5.20
8.2 贫血检出率	7.05	1.55	0.22	4.91
8.3 牙龈炎患病率	6.55	1.58	0.24	4.30
8.4 龋齿充填率	6.71	1.64	0.24	4.67
8.5 近视率	7.19	1.59	0.22	5.37
8.6 营养不良检出率	6.86	2.13	0.31	5.03
8.7 肥胖率	6.73	1.81	0.27	4.89
8.8 沙眼患病率	7.09	1.84	0.26	4.83
8.9 交通事故发生率	6.43	1.86	0.29	4.10
8.10 缺课率	6.39	1.62	0.25	4.18
8.11 因病休学率	6.52	1.53	0.23	4.49
8.12 死亡率	5.59	2.00	0.36	3.48
9.1 体检	7.18	1.75	0.24	5.20
9.2 心理咨询	6.88	1.76	0.26	4.72
9.3 卫生室	6.88	1.68	0.24	4.85

在对第二轮专家咨询结果统计分析后（表 2 - 90），三级指标“体检”的加权平均分小于 5.0，但考虑到二级指标“卫生服务利用”下只有这一个三级指标，故没删除予以保留，根据筛选指标的原则删除 1 个三级指标，没有增加新的指标。最终，参与第三轮专家咨询的三级指标共 25 个。

表 2-90　第二轮咨询三级指标的统计分析表

三级指标	均值	标准差	变异系数	加权平均数
1.4　教室采光	6.75	1.07	0.16	5.13
1.5　教室照明	6.71	1.07	0.16	5.01
1.10　健康政策	7.98	0.70	0.09	6.00
1.11　领导小组及组织机构健全	7.75	0.65	0.08	5.74
1.12　拥有专（兼）职健康教育人员的比率	8.08	0.87	0.11	6.07
2.1　教学计划	7.77	0.83	0.11	6.02
2.2　教案	7.85	0.97	0.12	5.99
2.3　课时	8.00	0.93	0.12	6.19
2.4　授课质量	7.29	1.17	0.16	5.55
2.5　师资培训	7.69	0.82	0.11	5.85
2.6　传播活动	7.02	0.85	0.12	5.11
2.7　开课率	8.10	0.91	0.11	6.35
2.8　健康教育活动覆盖率	7.71	0.85	0.11	5.95
2.9　教材与教具	7.44	0.95	0.13	5.52
3.1　健康知识理论考试	8.13	0.60	0.07	6.40
3.2　健康知识技能操作	7.88	0.57	0.07	6.15
4.1　健康信念问卷调查	7.94	0.95	0.12	6.15
5.1　健康行为问卷调查	7.48	0.49	0.07	5.98
6.1　身高	6.92	0.86	0.12	5.23
6.2　体重	7.19	0.89	0.12	5.41
7.1　教室与宿舍卫生	7.02	0.80	0.11	4.95
7.2　校园与厕所卫生	7.13	0.74	0.10	5.07
8.1　蛔虫感染率	7.33	1.12	0.15	5.20
8.5　近视率	7.52	0.99	0.13	5.62
8.6　营养不良检出率	7.08	1.19	0.17	5.19
9.1　体检	6.77	1.16	0.17	4.90

第三轮专家咨询中专家没有提出新的评价标准，根据筛选指标的原则，没有删除指标，剩下的 25 个指标组成学校健康教育效果评价指标体系（表 2-91）。

表 2-91 第三轮咨询三级指标的统计分析表

三级指标	均值	标准差	变异系数	加权平均数
1.4 教室采光	6.73	0.74	0.11	5.12
1.5 教室照明	6.71	0.76	0.11	5.01
1.10 健康政策	7.77	0.60	0.08	5.84
1.11 领导小组及组织机构健全	7.52	0.73	0.10	5.57
1.12 拥有专（兼）职健康教育人员的比率	7.93	0.77	0.10	5.96
2.1 教学计划	7.62	0.66	0.09	5.90
2.2 教案	7.76	0.84	0.11	5.92
2.3 课时	7.84	1.10	0.14	6.06
2.4 授课质量	7.29	0.84	0.12	5.55
2.5 师资培训	7.47	0.75	0.10	5.69
2.6 传播活动	7.19	0.68	0.09	5.24
2.7 开课率	8.00	0.91	0.11	6.27
2.8 健康教育活动覆盖率	7.37	0.46	0.06	5.69
2.9 教材与教具	7.39	0.66	0.09	5.49
3.1 健康知识理论考试	8.11	0.53	0.07	6.39
3.2 健康知识技能操作	7.81	0.52	0.07	6.10
4.1 健康信念问卷调查	7.63	0.71	0.09	5.91
5.1 健康行为问卷调查	7.49	0.52	0.07	5.99
6.1 身高	7.21	0.91	0.13	5.45
6.2 体重	7.35	0.90	0.12	5.53
7.2 校园与厕所卫生	7.36	0.71	0.10	5.23
8.1 蛔虫感染率	7.36	0.68	0.09	5.21
8.5 近视率	7.68	0.72	0.09	5.74
8.6 营养不良检出率	7.28	0.65	0.09	5.34
9.1 体检	6.98	0.86	0.12	5.05

对各二级指标和三级指标的权重进行归一化处理，使各二级指标和同一级指标所属的各三级指标的归一化权重之和分别为 1。然后计算各三级指标的组合权重作为综合评价指标的最后权重。

本研究确定的健康教育效果评价指标体系以及权重见表 2-92。该指标体系最终包括 9 个二级指标和 25 个三级指标。二级指标包括：教学基础、教育过程、学生健康知识的掌握、学生健康信念、学生健康行为养成、学生生长发育、学校公共卫生、学生健康状况和卫生服务利用。三级指标包括：教室采光、教室照明、健康政策、领导小组及组织机构健全、拥有专（兼）职健康教育人员的比率、教学计划、教案、课时、授课质量、师资培训、传播活动、开课率、健康教育活动覆盖率、教材与教具、健康知识理论考试、健康知识技能操作、健康信念问卷调查、健康行为问卷调查、身高、体重、校园与厕所卫生、蛔虫感染率、近视率、营养、不良检出率、体检。

表 2-92　学校健康教育效果评价指标体系及其权重

二级指标及其权重	三级指标	初始权重	归一化权重	组合权重
教学基础（0.1013）	教室采光	5.12	0.1860	0.0188
	教室照明	5.01	0.1822	0.0185
	健康政策	5.84	0.2125	0.0215
	领导小组及组织机构健全	5.57	0.2026	0.0205
	拥有专（兼）职健康教育人员的比率	5.96	0.2167	0.0220
教育过程（0.1101）	教学计划	5.90	0.1138	0.0125
	教案	5.92	0.1142	0.0126
	课时	6.06	0.1170	0.0129
	授课质量	5.55	0.1072	0.0118
	师资培训	5.69	0.1098	0.0121
	传播活动	5.24	0.1011	0.0111
	开课率	6.27	0.1211	0.0133
	健康教育活动覆盖率	5.69	0.1098	0.0121
	教材与教具	5.49	0.1059	0.0117
健康知识（0.1352）	健康知识理论考试	6.39	0.5114	0.0691
	健康知识技能操作	6.10	0.4886	0.0661
健康信念（0.1194）	健康信念问卷调查	5.91	1.000	0.1194
健康行为（0.1215）	健康行为问卷调查	5.99	1.000	0.1215
生长发育（0.1016）	身高	5.45	0.4964	0.0504
	体重	5.53	0.5036	0.0512
公共卫生（0.0987）	校园与厕所卫生	5.23	1.000	0.0987
健康状况（0.1169）	蛔虫感染率	5.21	0.3201	0.0374
	近视率	5.74	0.3523	0.0412
	营养不良检出率	5.34	0.3276	0.0383
卫生服务利用（0.0953）	体检	5.05	1.000	0.0953

采用加权法计算各指标权重和实际测量值的积，然后求其总和，即为综合评价指标的值，建立学校健康教育效果综合评价模型与评价方法。（各指标测量方法和评价标准见附录）

综合评价值＝0.0188×教室采光＋0.0185×教室照明＋0.0215×健康政策＋0.0205×领导小组及组织机构健全＋0.0220×拥有专（兼）职健康教育人员的比率＋0.0125×教学计

划+0.0126×教案+0.0129×课时+0.0118×授课质量+0.0121×师资培训+0.0111×传播活动+0.0133×开课率+0.0121×健康教育活动覆盖率+0.0117×教材与教具+0.0691×健康知识理论考试+0.0661×健康知识技能操作+0.1194×健康信念问卷调查+0.1215×健康行为问卷调查+0.0504×身高+0.0512×体重+0.0987×校园与厕所卫生+0.0374×蛔虫感染率+0.0412×近视率+0.0383×营养不良检出率+0.0953×体检。

对所有调查学校进行调查，得到每所学校的综合评价值，根据综合评价值得分对调查学校进行评价，评定标准：小于60分评为“差”，60至75分评为“合格”，76至85分评为“良”，85分以上评为“优”。

2.5.3 结论与建议

本研究采用系统分析法和文献优选法建立理论框架，以学校健康教育效果为评价总目标，应用德尔菲法作专家咨询确定各级指标及其权重，通过三轮的专家咨询，对包括总评价目标、二级指标和三级指标中的每一个指标的敏感性、代表性、特异性和可获得性四个方面的特性做出独立评价。最终确定了健康教育效果综合评价指标体系以及权重。该指标体系包括教学基础、教育过程、学生健康知识的掌握、学生健康信念、学生健康行为养成、学生生长发育、学校公共卫生、学生健康状况和卫生服务利用等9个二级指标和教室采光、教室照明、健康政策、领导小组及组织机构健全、拥有专（兼）职健康教育人员的比率、教学计划、教案、课时、授课质量、师资培训、传播活动、开课率、健康教育活动覆盖率、教材与教具、健康知识理论考试、健康知识技能操作、健康信念问卷调查、健康行为问卷调查、身高、体重、校园与厕所卫生、蛔虫感染率、近视率、营养、不良检出率、体检等25个三级指标，并提出了综合评价的等级标准。

专家三轮咨询的积极系数分别是93.3%，92.9%，100.0%；对二级指标的专家判断依据系数在0.63～0.76之间，熟悉程度系数在0.76～0.88之间，权威系数在0.71～0.82之间；对三级指标的专家判断依据系数在0.55～0.75之间，熟悉程度系数在0.66～0.87之间，权威系数在0.61～0.80之间。

建议该指标体系用于对各学校健康教育效果的群体（单位）评价。

2.6 对发展我国学校健康教育的思考与建议

2.6.1 启示与思考

对全国学校健康教育对策的研究旨在更好地应对当前以及未来社会各种健康挑战，该研究覆盖了全国26个省市及自治区，应用了多种科学的设计和研究方法，从我国现代健康教育的现况，学校全体人群的健康需求、学校健康教育实施的可行性等诸方面进行深入探讨，研究范围以及研究样本均具有代表性。它是迄今为止，涉及中国中小学校健康教育规模最大的一次研究。本次全国大规模的研究调查，给学校健康教育带来的提示与建议如下。

1. 健康教育的课程模式直接影响健康教育的效果

研究结果显示，不同的教育模式产生的学校健康教育的效果不同。单独授课对学生的健康知识、态度、行为方面的效果明显优于分散式授课。从教师和家长的调查中也发现，虽然分散式教学有很多优势，但是，单独授课的形式在学校健康教育过程中必不可少。

健康教育的根本目标是通过多种形式、有组织、有计划的教育活动，使学生获得必要的卫生知识，树立健康价值观，培养巩固健康行为，达到预防疾病，增强体质，促进身心发展，提高终身生活质量的目的。健康和学习是互相促进的。

分散式教学强调把健康知识和理念贯穿到各个相关学科，有利于学生培养健康观念，形成健康行为，是健康教育的一个重要组成部分。但是，如果只有分散式教学，没有单独设课，那么，学生掌握的健康知识将不能系统化，缺乏完整性。健康教育的内容涉及很广，各个学科融合的只是很小的一部分，难以覆盖学生所有应该掌握的健康知识和技能。比如：各种疾病的预防，通过教材的分析发现在目前渗透的学科中很难覆盖。而从现有依然开设独立健康教育课程学校的调查反映也可看出，目前在学校独立开设健康教育课程存在一定的可行性和可操作性。学校可以通过多种路径解决课时和授课教师。同时，学校也强烈希望国家教育部门建立相关政策，为学校实施课程计划提供明确的课时保证。

建议：国家教育部门对学校健康教育实施模式继续深入研究，把健康教育纳入国家课程中，并保证每周不少于0.5课时。整合现有不同机构提出并规定在学校开展的各类教育，如艾滋病教育、安全教育、性教育等，综合纳入学校健康教育的整体体系，实际解决学校在课时设置、执行能力、人力资源短缺等问题。进一步完善我国学校健康教育的适宜发展模式。

2. 现行健康教育内容与学生健康需求及社会发展尚存在差距

根据本次调查发现，学生所需要的健康知识内容和存在的健康问题与国家现有健康教育要求的内容尚存在不一致。健康教育内容与学生的整体健康需求的差距主要表现伤害防范、疾病预防，特别是与学校生活环境相关的运动损伤、校园伤害，以及学校常见问题与多发疾病的预防，健康生活方式等方面。另外，本研究发现中小学生，特别是进入青春期后，学生对如何合理、适宜地增强心理调节能力方面的需求较高，而现行的健康教育内容还多限于对相关知识的强调，而缺乏对儿童青少年有效的健康保健能力的培养，以及技能实践与发展等方面。

建议：国家组织力量，根据社会发展的环境和背景，依照学生身心发育特点、健康需求以及现代社会对儿童青少年健康的要求，对健康教育的内容进行及时适当的调整。特别是在关爱生命、食品安全、应急防范、疾病预防、减少和避免健康危险行为、建立健康的生活方式、促进心理社会适应能力、促进健康的社会意识与责任等方面增加健康教育的力度。

3. 学生健康知识的知晓率与行为养成之间存在某些脱节现象

本次调查发现，学生对某些知识点的知晓率与行为发生率之间存在差异。比如有关体育锻炼的意义和好处，学生的知晓率普遍很高，但是，评价其相应的健康行为习惯，如采用积极的课间休息方式，增加室外活动锻炼的行为却很差，超过30%的小学生和超过50%的中学生都不能较好地做到积极参加户外活动。该结果提示我们，健康教育的方式方法需要改善，传统的以课堂为中心、以教师为中心的健康教育教学方式无法满足促进学生行为的改善。

建议：在健康教育的教学方式方法上强调参与式教学，强调生活技能的培养，促进学生把知识转化为积极的态度和行为，并在未来的学校健康教育中，依据各地区的实际情况不断探索和拓展有助于学生健康相关行为培养的教育、教学方式。另外，建议开展健康促进学校，形成一个良好的学校大环境，帮助学生形成良好的健康行为习惯。重视提高学生的心理社会能力、卫生保健技能运用的实践能力。

4. 各地健康教育发展整体水平不平衡，个别地区依然很薄弱

本次调查研究发现，健康教育的发展水平各地区不一致，一些地区依然很薄弱。特别是人力资源严重匮乏。

建议：教育部门重视地区间学校健康教育开展的差异问题，并给予适当的倾斜和指导。同时，应该制定明确的学校健康教育政策（包括课程设置、师资培养以及相关保障机制等）。在整体规划的基础上，梳理现有的政策规定，协调完善相应的配套制度，明确学校健康教育在课程设置、时间保障、人力配备等方面的具体要求，以便学校健康教育和健康促进易于执行、操作，落在实处，真正有利于促进学生健康。

5. 健康教育课程缺乏有效的课程资源作保障

任何形式的健康教育都需要课程资源的支持。课程资源包括教师、课时、教材、评估机制。以往健康教育工作开展不利，主要是由于课程资源较为薄弱。而在基础课程改革过程中，分散授课区实施新的课程标准，要求健康教育内容渗透进入学校的多门课程中，由此更突现出课程资源的严重匮乏。在健康教育内容的渗透过程中，许多任课教师由于没有受到相关的健康知识和技能的培训，同时又不能获得相应的辅助教材和有关资料，自认为无法胜任该课程有关健康教育内容的教学任务。另外，课标中对于课时比例没有明确要求，教师无法掌握和确定自己该利用多少课时讲授健康教育内容，缺乏可操作性。

建议：教育部门加强健康教育课程资源的开发和利用，大力加强对教师培训。

6. 健康教育课程尚缺乏有效的教学效果评估机制

调查中发现，教学效果的评价对教学效果有直接影响。在渗透课程中，教师对有关健康教育的内容讲授的正确与否，是否达到课程标准规定的要求，由于缺乏相应的监督检查，无法保证健康教育通过课程渗透的效果。实际上，在目前的健康教育课程中，无论是分散式教学还是单独授课，都缺乏有效的效果评价机制，直接影响了教师、学生的积极性，影响到教育教学的效果。

建议：教育部门尽快组织力量，重新审视现有学校教育体系中健康教育发展存在的问题，根据实际情况和健康教育的宗旨，对健康教育的课程设置问题以及相关的配套问题重新慎重考虑。建立健全有效的健康教育课程效果评价指标体系和实施指南。

2.6.2 未来发展策略

未来中国学校健康教育和健康促进的发展应不断从发展政策支持、加强组织保障、加强科学研究、人力资源建设以及广泛进行国内外合作等几个方面入手，切实改善学校的工作能力，建立完善“学校健康教育的综合评价指标体系”，从而真正与时俱进，体现时代不断发展的要求。真正使学校成为促进学生健康发展的理想场所。这些策略包括以下几个方面。

1. 政策支持

——完善国家级有关学校健康教育和健康促进的政策。

——加快制定全国学校健康教育和健康促进规划，确实推进学校健康教育的有序、有效全面发展。

——在整体规划的基础上，梳理现有的政策规定，完善相应的配套制度，明确学校健康教育在课程设置、时间保障、人力配备等方面的具体要求，以便学校健康教育和健康促进易于执行、操作，落在实处，真正有利于促进学生健康。

——加快制定学校卫生的各类标准，使学校健康教育和健康促进内容和工作有章可循，更为规范化。

——发展完善学校健康教育和健康促进的评价体系和考核制度。

——各级教育与卫生行政部门要在现有《学校卫生工作条例》的基础上，根据新时期学生健康发展的总体需求，规划学校健康教育和健康促进的工作。

2. 组织保障

——逐步完善领导支持、部门协作、社会参与的各级学校健康教育和健康促进的组织管理和协调机制。

——建立健全全国学校健康教育和健康促进工作网络，加强教育部门和卫生部门的沟通与合作，明确任务，各司其职，教育部门负责学校健康教育工作的管理，卫生部门要为教育部门和学校提供开展学校健康教育工作的技术指导和服务，从而共同促进学校健康教育和健康促进工作。

——加强对全国学生体质健康和常见病的监督监测体系和数据库的建设，完善学生健康信息网络，从而准确确定学校健康教育和健康促进工作的重点、效果，以利学校健康教育和健康促进工作的科学决策。

——加强科学研究，增加对学校健康教育各种科研活动，包括基础性理论研究以及应用性研究等的投入和倾斜，为学校健康教育的实践提供更为科学的基础。

3. 资源建设

——开展多层次、深入的学校健康教育专业人员（校医、保健教师等）培训，增强专业人员在学校健康教育和健康促进工作中的计划、组织、实施的专业水平和实践能力，提高学校健康教育和健康促进的教学以及活动的质量。

——通过各种成人教育、继续教育体系，增加对各级各类学校的管理者、其他学科教学人员有关学校健康教育和健康促进方面的培训，提高学校所有成员对学校健康教育和健康促进的整体意识和能力。

——采用多种方式，为学校健康教育的人员提供进行专业研讨和信息交流的机会。

——发展完善各类培训教材、学校健康教育和健康促进教材、教师用书、各种音像制品、挂图等教学资源的建设，丰富学校健康教育的方式。

——鼓励现有专业机构、大学、研究所提供必要的技术指导和业务咨询，参与学校健康教育人力资源的开发和建设。

——在现有的师范类院校中，设置学校健康教育专业，开设相关课程，逐步培养建立具备健康教育和健康促进的教师人力资源储备。

4. 社会合作

——通过各种宣传、倡导、教育，改善社区成员、大众媒体、非政府机构、企业等对学校健康教育和健康促进认识，提高自主参与意识。

——动员学生的家庭积极参加学校健康教育和健康促进活动的全过程。

——充分利用社区的人力、物力资源参与学校健康教育和健康促进工作，包括计划、实施及效果评价。

——通过学校的每一个成员，如学生、教师，广泛传播学校健康教育的信息，加强社会公众对学校健康促进的关注、理解和支持。

可以说，做好学校健康教育和健康促进工作是保障学生德、智、体、美全面发展的重要前提，是培养合格的、有能力、身心健康的社会建设人才的基础工作。投资学校，关注青少年，就是投资未来。加强学校健康教育和健康促进，培养出有知识和身心健康的一代新人，使之适应社会发展的潮流，更好地迎接未来的挑战，无疑将是对全社会的巨大贡献。

（余小鸣　杨土保　朱广荣　袁冰　安维维　孙玉颖）

3 学校健康教育理论基础简介

3.1 个体层面理论

3.1.1 合理行动和计划行为理论

3.1.2 阶段变化模型

3.1.3 说服传播模型

3.1.4 目标设定理论

3.1.5 归因理论

3.1.6 健康信念模式

3.1.7 自我调节理论

3.1.8 保护动机理论

3.1.9 预警采纳模型

3.2 群体层面理论

3.2.1 社会认知理论

3.2.2 创新扩散理论

3.2.3 社会网络和社会支持理论

3.2.4 人际行为理论

3.2.5 健康控制点理论

3.3 机构层面理论

3.3.1 组织变化阶段理论

3.3.2 组织发展理论

3.3.3 组织间关系理论

3.4 社区层面理论

3.4.1 意识觉醒

3.4.2 社区组织

3.4.3 格林模式

3.5 社会与政府层面理论

3.5.1 议题建构理论

3.5.2 政策窗口理论

在学校健康教育专业领域，理论起着至关重要的作用，理论可以“对与生活某个特定层面相关联的观察进行系统诠释”。21 世纪的学校健康教育，无论是实践与研究都要应用最新的理论与技术来指导健康教育项目的设计、实施和评价。当学校健康教育工作者应对挑战时，健康教育的理论与模型是其最有用的工具，它可以帮助进行：需求评估、项目计划、项目实施、项目评价、服务协调，作为健康信息资源，和在工作框架下交流沟通。公共卫生一些新的挑战，例如暴力伤害、药物滥用、艾滋病等，对于健康教育理论的需求达到空前高涨的程度，以便应对在更大社会环境下产生的变化。

健康教育理论的产生与研究是一个动态的过程。有活力的理论是可以变通的，使之适用于不同文化背景的广大人群。当一个理论渐渐不实用时（如只能解释某个危险行为中很少一部分变量的作用时），或者发现还需要新的理论作为指导行为变化的干预设计和实施基础时，它们就会被修改甚至会被摒弃，以便形成潜在的更合理的理论。

一旦学校健康教育工作者认识到某一健康问题，包括行为、环境和其相关决定因素，他们就可以通过寻求理论依据来规划和制定相应的干预措施与方法。健康教育的理论可以从不同的社会生态学层面来描述，但许多健康教育理论并不单单局限于某一层面，而是在多个层面都适用的。从干预的角度看，通常可以将健康教育的理论分为五个层面：个体层面、群体层面、机构层面、社区层面和社会与政府层面。各个层面所包含的理论见图 3-1。

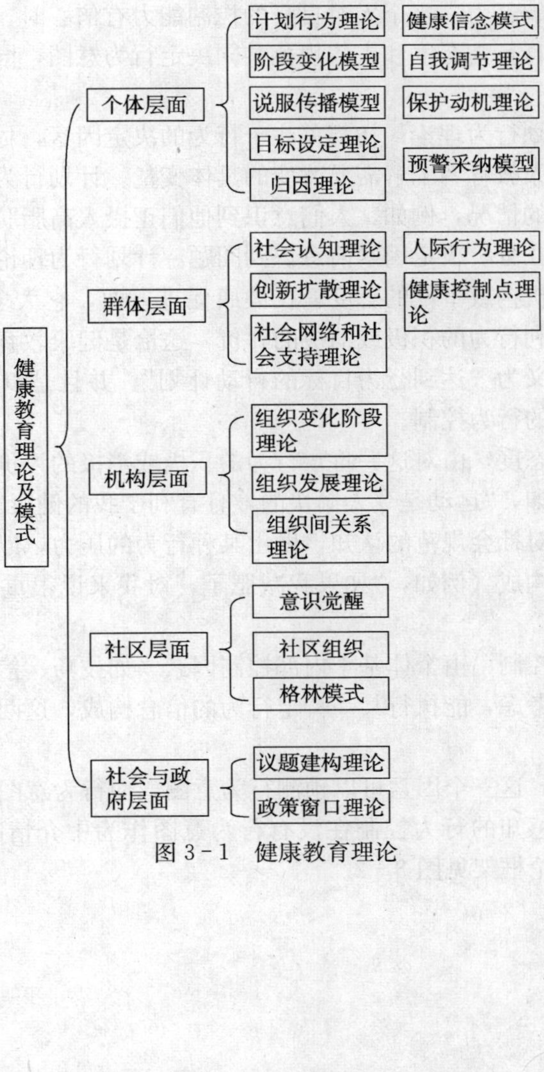

图 3-1 健康教育理论

3.1 个体层面理论

3.1.1 合理行动和计划行为理论

计划行为理论（Theory of Planned Behavior，TPB）是由阿杰恩（Ajzen）及其同事在合理行动理论（Theory of Reasoned Action，TRA）模型的基础上进一步发展提出来的。合理行动理论是1967年由菲仕宾（Fishbein）提出的，该理论首次建立了信念、态度、意向和行为之间的联系，并把人们对与健康行为有关的态度分为对最终目标的态度和对行为本身的态度。合理行动理论认为，行为发生与否的最重要影响因素是人们的行为意图，而行为意图则由两个基本因素所决定：个体对行为的态度和主观行为准则。

计划行为理论是在合理行动理论的基础上发展起来的，该理论在解释行为时增加了控制能力这个变量。计划行为理论的基本思想是行为不仅取决于人们采纳某行为的意向或意愿强度，还取决于其对个人因素和外在因素的控制能力。显然，将控制力作为一个变量，可以增加模型对习惯性行为的解释力。当个人对自身的控制能力有信心时，更有助于行为意图转化为行为。感知的控制力与行为态度和主体规范共同决定行为意图，同时，感知的控制力可直接作用于行为。

合理行动理论和计划行为理论最初都关注于行为的决定因素，尽管无法提供行为改变的具体方法，但能帮助健康教育者了解需要改变的具体变量。计划行为理论应用于人们意识到他们行为受到消极影响的情况，例如，人们意识到他们正摄入高脂肪饮食。当人们没有这种意识时，他们首先必须在分析决定因素前意识到问题。计划行为理论描述对有利或不利地反应对象、行为、个体、机构或事件的态度。在健康促进方面，它大多是对某一行为的态度，即个体对执行特定的有利行为的积极或消极的评价，这恰是健康教育者所关注的。计划行为理论假设，意图可被定义为“达到行为目标的行动计划”，并且是以下三大信念的结果：态度、主观规范和可感知的行为控制。

（1）对某一行为的态度，由对这一特定行为的积极或消极的评价以及对这一行为结果的信念两个部分构成（例如，“运动是令人愉快的，且有利于我的健康”）。

（2）主观规范，由对社会规范的认知，做出某种行为的压力，以及对个体是否被激励以服从压力的评估等因素构成（例如，“如果我减肥了，对我来说很重要的人将会赞赏我，我希望得到他们的赞赏”）。

（3）可感知的行为控制，由个体基于内部控制因素（如技巧、信息、信念）和外部控制因素（如障碍、概率）考虑，能执行某一特定行为的信念构成，这两个因素都和过去的行为有关。

根据计划行为理论，这三个因素可以预测行为意图，而行为意图是和行为相关联的。计划行为理论还认为，可感知的行为控制在没有行为意图作为中介情况下也可以直接影响行为。计划行为理论的理论框架见图3-2。

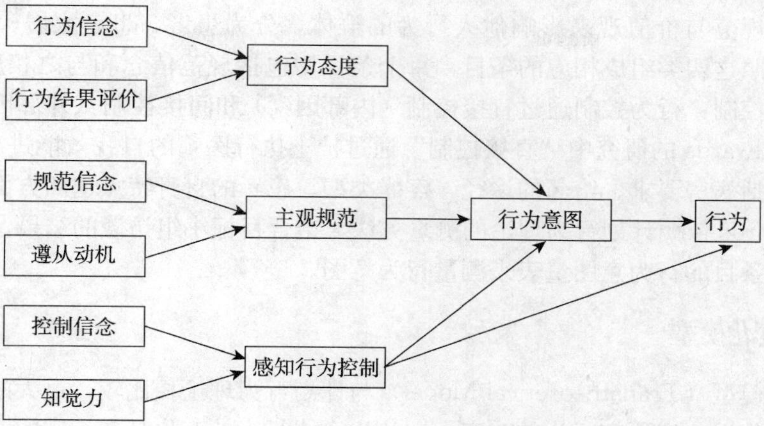

图 3-2 计划行为理论框架图

引自：胡俊峰，侯培森主编．当代健康教育与健康促进［M］．北京：人民卫生出版社，2005.

合理行动理论及计划行为理论对健康行为的理解提供了良好的理论框架，对行为干预有良好的指导作用。以对酒精的消费为例，计划行为理论可以做出如下预测：如果个体相信减少他们的酒精摄入量可使他们的生活更加充实，而且有利于健康（行为态度），并认为他们生命中的重要他人也希望他们减少饮酒量（主观规范），另外，按照过去的经验和对内外控制因素的评价，他们能够做到少喝酒（高的行为控制），那么就可以预测个体有减少酒精摄入量的强烈意图（行为意图）。该模型还认为，可感知的行为控制还可以不通过行为意图直接预测行为。例如，如果可感知的行为控制反映的是真实的控制力，个体由于身体原因而不能运动的观念比起他们的强烈运动意图能更好的预测他们的运动行为。

计划行为理论大多用于个体水平，但也能应用于其他生态学水平上，例如计划行为理论已用于审查国家立法的投票意向。计划行为理论还常用于计划实施健康教育项目创新。不同的信念、感知社会期望和自我效能在指导艾滋病感染预防计划中与不同的传播率、采纳他人的意见态度、采取安全措施的态度有关联。但该模型也有一些局限性，它忽略了情境、个人行为标准、习惯、行为承诺、责任等在行为发生、维持和消退中的作用。施瓦泽（1992 年）批评计划行为理论模型遗漏了时间因素，并认为该模型既没有说明不同信念的先后次序，又没有说明任何因果关系的指向。

澳大利亚的研究人员爱德华兹（Edwards）等应用该理论对护士不愿给患者使用阿片药止痛，许多阿片药止痛医嘱未被执行而导致患者的疼痛得不到缓解这一问题开展的健康教育项目。研究者按计划行为理论将研究问题结构分解为 4 个部分。(1) 行为态度：分为直接态度和间接态度。前者指护士的一般态度，用护士疼痛控制态度量表来测量；后者特指护士对执行阿片药医嘱这一行为的态度，其测量在计划行为理论结构中以行为信念和对行为结果评价为基础，将间接态度分解为 3 个正向方面（提高舒适、自由和活动能力）和 3 个负向方面（药物成瘾、不良反应和疼痛不缓解），每个方面均包括相关行为信念和相关行为信念评价结果 2 个问题。(2) 主观规范：主观规范主要分为行为规范和社会规范两种，前者指由父母、家人、朋友所形成的重要参考对象的影响；后者则指来自于其他参考对象的影响。其中参考对象是指提供规范与价值观来影响他人行为的群体，分为患者、患者家属、同事和医生四类。研究者按照这四类组成相应的条目，每个条目均包括规范信念和与之相应的遵从动机。(3) 感知行为控制：行为控制通过直接控制（内部因素）和间接控制（外部因素）两者来进行测量。在 Edwards 的研究中“直接控制”通过护士执行医嘱的自我效能进行测量；“间接控制”测量包括病房要求、给药的途径、疼痛类型、患者的自身特点这四方面内容。(4) 行为意图：Edwards 依照计划行为理论的测量方法，结合目标小组访谈的结果，设置了 3 个有关行为意图的条目的行为意图量表来测量行为意图。

3.1.2 阶段变化模型

阶段变化模型（Transtheoretical Model）与计划行为理论相比较，最大的一个不同点就是它是以动态的视角来研究行为的改变，它认为个体行为的变化是在一定的时间段内、某种行为从无到有的过程，是逐步实现的。该模式的理论依据是：人的行为变化是一个过程而不是一个事件，而且每个改变行为的人都有不同的需要和动机。普罗查斯卡（Prochaska）和狄克莱蒙特（Diclimente）于 1982 年最早提出行为改变的跨理论模型，发表了关于戒烟者在治疗中行为变化过程的研究结果，描述和解释了最常见的行为变化的各个阶段以及在每个阶段中主要变化过程。两人在对吸烟者戒烟过程的研究发现，对于戒烟，人在不同的行为阶段会有不同的处理方式，证明行为的改变必须经过一系列的过程。阶段变化理论强调了根据个人和群体的需求来确定健康促进策略的必要性。阶段变化理论不仅提出了制定有效干预措施的方法，还为健康促进工作者提供了一种合适的干预策略。这个模式最初适用于戒烟行为的探讨，后很快被广泛应用于酒精及物质的滥用、饮食失调及肥胖、高脂肪饮食、艾滋病预防等健康行为方面，阶段变化理论近二十年来发展迅速，特别在针对一些成瘾性行为的校正和良好的健康习惯的形成方面，具有较强说服力。

阶段变化模型包含两套建构：变化阶段和变化过程。

1. 变化阶段　包括无意向、有意向、准备、行动和保持 5 个阶段，对于成瘾性行为来说，还有第 6 个阶段，即终止阶段。

(1) 无意向：指在最近 6 个月内，没有打算采取某种行为。

(2) 有意向：指在最近 6 个月内，打算采取某种行为。

(3) 准备：指在最近 30 天内，承诺将要做出行为改变，并开始有所行动。

(4) 行动：指在 6 个月内，人们已经开始改变自己的行为。

(5) 保持：指改变这种行为已经持续 6 个月以上。

2. 变化过程　是指行为改变过程中心理变化过程，包括提高意识、缓解紧张情绪、自我再评价、环境再评价等。

(1) 提高意识：指发现和学习新事物，新思想，向健康行为方面努力。

(2) 缓解紧张情绪：指伴随着不健康的行为而产生的负面情绪，如恐惧、焦虑、担心等，这种情绪有利于促使个体采取适当行为来减少这些不良刺激的影响。

(3) 自我再评价：指认识到就人的本性而言，行为改变是重要的一部分。

(4) 环境再评价：指意识到自己周围的环境中，存在着行为对健康的影响。

(5) 自我解放：指在建立行动信念的基础上作出要改变行为的承诺。

（6）寻求帮助：指在健康行为的形成过程中，向社会支持网络寻求支持。

（7）逆向制约：指认识到不健康的行为的危害，选择一种健康行为去取代它。

（8）权变处理：指增加对健康行为的奖励，减少对不健康行为的奖励。

（9）刺激控制：指消除不健康行为的促发剂，增加健康行为的促发剂。

（10）社会改变：社会规范使所有人行为的改变向着有利于健康的方向发展。

行为阶段的划分有助于定义不同行为变化的决定因素，在每一个阶段行为变化的决定因素是不同的。意识到对在早期阶段不能继续坚持的人们来说干预很可能是必要的，并且根据不同的阶段采取相应的针对性干预措施，而变化过程提供了干预方法的选择性指导。

阶段变化理论最初用于对吸烟行为的干预研究，目前已广泛应用到各类健康行为研究中，如酒精和物质滥用、饮食行为、久坐生活方式、艾滋病预防、遵从医嘱、非意愿妊娠干预、妇女受虐等行为问题的研究，对疾病行为及有关病症的研究也获得了很好的效果。该模型不仅越来越多地被应用于研究，也被作为一种依据，用以发展适合于某一特定阶段的特殊个体的干预方法。例如，被确认为处于打算阶段的吸烟者所接受的干预方法与处于准备阶段的吸烟者是不一样的。

下面为应用阶段变化理论进行戒烟干预策略研究的不同阶段策略举例：

√ 无意向阶段：普及吸烟危害的知识，让青少年对吸烟行为产生恐惧、担心等，意识到在自己周围环境中，吸烟是一种不健康行为，提高对吸烟危害的认识，产生戒烟意愿。

√ 有意向阶段：应用动机干预方法，公开与之讨论吸烟的得失，同时明确他们的动机和需要，如果他们关心健康，则提供吸烟危害健康的信息；如果他们担心戒烟后的症状，则向其说明那只是暂时的情况，促使青少年尽快采取行动戒烟，使其充分认识吸烟的危害，应该尽快改变这种不良行为。

√ 准备阶段：他们已经认识到吸烟危害，有强烈的改变不良行为的动机，此时应提供具体的戒烟方法，提供相应的环境支持要求青少年作出承诺，促使向行动阶段转变。

√ 行动阶段：了解戒烟有哪些困难和阻碍，重点对其进行意志力培养及提供专门的建议，对其进行支持鼓励，帮助他们克服症状，抵抗社会压力等。

√ 保持阶段：建立社会支持网络，取得家庭成员、朋友的支持；对戒烟行为给予奖励，巩固新行为，或举办戒烟竞赛，形成一种以不吸烟为荣的良好风气。

3.1.3 说服传播模型

说服传播模型（Persuasion Communication Model）是霍夫兰德（Havland）和 Weiss 等于 1959 年提出的基于信息传播过程的说服或态度改变的模型。说服模型的每个环节，都表明了所关联的重要因素。包括：

（1）说服者：传递者涉及的问题，他是否从自己所维护的看法中得到个人的好处。传播者和信息源的客观性与无私性是可信的基本条件。

（2）说服信息：意见传播，也就是进行说服，主要取决于信息本身，但是传播方式方法对说服效果也有影响。差距与畏惧是它的两个重要变量，即传递的意见与说服对象的初始态度之间的差异，这种差异应当达到足以引起说服对象的心理不平衡或紧张状态，才可望得到说服效果。

（3）说服对象：接受者是被说服的对象，它的中心问题是信念与人格，接受者对原初观点的自信度越高，可能改变态度的幅度就越小。

（4）说服情景：情境因素对说服过程的影响主要涉及警告与分心。警告可以理解为预告，原先对其观点的自信度低，预告便有利于态度的改变，否则就会增强对说服的抵制。此外，如果预告内容与个人无利害关系，它将促进态度的改变，反之便可能阻挠接受说服。

美国社会心理学家佩蒂和卡西奥波（Petty & Cacioppo）在说服传播模式的基础上整合有关态度改变与说服的相关理论，提出精确概率劝导模式（Elaboration Likelihood Modelof Persuasion，ELM）。精确概率劝导模式的基本观点是个人由于动机和能力的不同，对于信息会有不同的处理方式。该模型提出影响态度改变的作用过程与接受者具备加工信息的动机和加工信息的能力有关，同时还与信息的包装、宣传等外部特征有关。认知性信息和情绪性信息分别是激活这些传播路径的内容要素。强调有效的说服性信息至少要评估和控制四个方面的要素：(a) 信息源的特性（如提供信息者的特征）。(b) 信息渠道（所使用的媒介，如当面讲授或录像）。(c) 信息的特性。(d) 接受者的特征。这是目前国际上较有影响力的说服理论。

健康教育是一种以教育为中心的过程，关注促进建立健康信息与个人健康行为与实践的联系，力图通过改变人们的行为来达到健康促进的目的。在健康教育活动中健康教育人员经常会针对某一个干预对象的特殊不健康行为和具体情况向其传授健康知识，教授保健技能，启迪其健康信念，说服其改变态度和行为。说服传播模型是行为干预的主要手段，也是健康教育工作采用最多的模式。

为有效促进学校健康教育，2008 年北京大学青少年卫生研究所余小鸣等首次将劝导模型对健康教育信息进行评价的方法引入国内，探索了精确概率劝导模型在学校健康教育中的应用。研究者以精确概率劝导模型为基础，以针对儿童青少年进食障碍预防为例，对北京城区 490 名被试中学生（来自 3 所不同类型的中学—重点中学、普通中学和职业中学）就相关的健康教育核心信息进行评价。研究从适用性、情感反应和可信性三个方面进行评价，并加入行为倾向性等评价条目，让中学生自己对进食障碍相关的 5 个方面共 12 条健康教育信息一一进行评价。同时收集被试学生的人口学资料，调查其与进食障碍相关的特征和心理因素。结果表明不同的信息对被试者的作用效果不同。影响青少年对预防进食障碍健康教育核心信息的评价因素涉及信息本身的特征以及受试者的特征。低焦虑、低抑郁、高自尊、身体不满程度较轻的学生，受信息作用效果更好。由此结论提示预先对健康教育信息进行评价是提高学校健康教育效力的理想方法，它能够有助于调整被干预对象达到接受干预的最佳状态。采用精确概率劝导模型进行学校健康教育信息评价，不仅可以筛选出更加有效的信息，也能够提示如何影响干预效果的各种因素及预测学校健康教育最终的干预效果。

3.1.4 目标设定理论

美国马里兰大学管理学兼心理学教授洛克（Locke）等在研究中发现，外来的刺激（如奖励、反馈、监督压力）都是通过目标来影响动机的。目标能引导活动指向与目标有关的行为，使人们根据难度的大小来调整努力的程度，并影响行为的持久性。于是，在一系列科学研究的基础上，他于1967年最先提出目标设定理论（Goal-setting Theory），认为目标本身就具有激励作用，目标能把人的需要转变为动机，使人们的行为朝着一定的方向努力，并将自己的行为结果与既定的目标对照，及时进行调整和修正，从而能实现目标。这种使需要转化为动机，再由动机支配行动以达成目标的过程就是目标激励。目标激励的效果受目标本身的性质和周围变量的影响。目标设定理论将目标定义为在一段特定时间内的对象或行为目标。目标有两个最基本的属性：明确度和难度。从明确度来看，目标内容可以是模糊的，也可以是明确的。明确的目标可使人们更清楚要怎么做，付出多大努力才能达到目标。目标设定的明确，也便于评价个体的能力。很明显，模糊的目标不利于引导个体的行为和评价他的成绩。因此，目标设定得越明确越好。事实上，明确的目标本身就具有激励作用，这是因为人们希望了解自己行为的认知倾向。对行为目的和结果的了解能减少行为的盲目性，提高行为的自我控制水平。从难度来看，目标可以是容易的、中等的、难的或者是不可能完成的。难度依赖于人和目标之间的关系，同样的目标对某人来说可能是容易的，而对另一个人来说可能是难的，这取决于他们的能力和经验。一般来说，目标的绝对难度越高，人们就越难达到它。

Locke等认为影响目标发挥还有其他一些重要因素，包括对目标的承诺、反馈、自我效能感、任务策略、满意感等。

（1）承诺：是指个体被目标所吸引，认为目标重要，持之以恒地为达到目标而努力的程度。个体在最强烈地想解决一个问题的时候，最能产生对目标的承诺，并随后真正解决问题。研究发现，合理指定的目标（所谓合理，即目标有吸引力，也有可能达到）与参与设定的目标有着相同的激励力量，这两者都比只是简单地设定目标而不考虑目标的合理性更有效。当人们认为目标能够达到，且达到目标又有很重要的意义时，对目标的承诺就加强了。

（2）反馈：是常用的激励策略和行为矫正手段。研究最多的是能力反馈，可以分为正反馈和负反馈。正反馈个体是指个体达到了某项标准而得到的反馈，而负反馈是个体没有达到某项标准而得到的反馈。反馈的表达有两种方式：信息方式和控制方式。信息方式的反馈不强调外界的要求和限制，仅告诉被试任务完成得如何，这表明被试可以控制自己的行为和活动。因此，这种方式能加强接受者的内控感。控制方式的反馈则强调外界的要求和期望，它使被试产生了外控的感觉，即他的行为或活动是由外人控制的。用信息方式表达正反馈可以加强被试的内部动机。

（3）自我效能感：是个人在处理某种问题时能做得好的一种自我判断。自我效能感强时，对目标的承诺就会提高。目标影响自我效能感的另一方面是目标设定的难度。当目标太难时，个体很难达到目标，自我评价可能就比较低，而一再失败就会削弱个体的自我效能感。

（4）任务策略：是指个体在面对复杂问题时使用的有效的解决方法。目标本身就有助于个体直接实现目标。首先，目标引导活动指向与目标有关的行为，而不是与目标无关的行为。其次，目标会引导人们根据难度的大小来调整努力的程度。第三，目标会影响行为的持久性，使人们在遇到挫折时也不放弃，直到实现目标。当这些直接的方式还不能够实现目标时，个体就需要寻找一种有效的任务策略，尤其是当面临困难任务时，仅有努力、注意力和持久性是不够的，还需要有适当的任务策略。

（5）满意感：当个体经过种种努力终于达到目标后，如果能得到他所需要的报酬和奖赏，就会感到满意；如果没有得到预料中的奖赏，个体就会感到不满意。同时，满意感还受到另一个因素的影响，就是个体对他所得报酬是否公平的理解。如果他感到所得的报酬是公平的，就会感到满意。反之，则会不满意。目标的难度也会影响满意感。当任务越容易时，越易取得成功，个体就会经常体验到伴随成功而来的满意感。当目标困难时，取得成功的可能性就要小，个体可能就很少体验到满意感。这就意味着容易的目标比困难的目标能产生更多满意感。

目标设定理论是一个行动理论，为行为改变提供了某一特定方法。例如在艾滋病预防中，健康教育者可能试图把安全性行为与研究者的重要目标联系起来，例如某些职业可能受到不安全性行为的后果威胁。这样，安全性行为就成为达到长期目标策略的一部分。为提供自我保健目标的背景，卫生保健工作者还和家庭合作来澄清看似与健康无关的人生目标。例如，孩子可能设定一个目标来尝试进入学校网球队，他可能就需要增加体重和改善体质来达到这个目标，所以，他就需要设定具体的饮食和运动目标。

3.1.5 归因理论

归因理论（Attribution Theory）是一种可以用来评估人们如何感知他们自己和别人行为的方法。归因理论就是关于人们如何进行因果关系解释的理论。美国心理学家海德（Heider）1958 年在《人际关系心理》中最早提出了归因问题。他认为个体主动地把社会看成是可预测的和可控制的，即他们有理解因果关系的需要。他指出人的行为原因可分为内部原因和外部原因。内部原因是指存在于行为者本身的因素，如需要、情绪、兴趣、态度、信念、努力程度等等；外部原因是指行为者周围环境中的因素，如他人的期望、奖励、惩罚、指示、命令、天气的好坏、工作的难易程度等等。Heider 认为人们归因时通常使用不变性原则，就是寻找某一特定结果与特定原因间的不变联系。如果某特定原因在许多条件下总是与某种结果相联，一旦特定原因不存在，相应的结果也不出现，这就可把特定结果归结于那个特定原因。不变性原则的思想方法是科学的，用这种方法可找到某种行为或其结果的关键原因。

1967 年，美国社会心理学家凯利（Kelley）发表《社会心理学的归因理论》，对 Heider 的归因理论进行了扩充和发展，并对归因理论下了一个明确的定义，认为对因果关系的归因是根据标准组成的原因图式建构的：

（1）区别性：对行为原因的归因对个体的行为尤其重要。

（2）一致性：对行为原因的归因与其他人是同样的。

（3）持久性：对因果关系的归因不随时间而改变。

（4）恒定性：在不同情境中做出同样的归因。

Kelley 还研究了归因中的错误或偏见。比如，尽管我们在评价他人的行为时有充分的证据支持，我们总是倾向于低估外部因素的影响而高估内部或个人因素的影响。这称为基本归因错误。在其早期构想提出以后，归因理论得到了广泛发展，并对自我归因（如对自己的行为归因）和他人归因（如对他人的行为归因）进行了区分。

美国心理学家维纳（Weiner）认为：能力、努力、任务难度和运气是人们在解释成功或失败时知觉到的四种主要原因，并将这四种主要原因分成控制点、稳定性、可控性三个维度。根据控制点维度，可将原因分成内部的和外部的。根据稳定性维度，可将原因分为稳定的和不稳定的。根据可控性维度，又可将原因分为可控制的和不可控制的。由此，归因维度被重新定义。Weiner 的归因理论主要有下列三个论点：

（1）人的个性差异和成败经验等影响着他的归因。

（2）人对前次成就的归因将会影响到他对下一次成就行为的期望、情绪和努力程度等。

（3）个人的期望、情绪和努力程度对成就行为有很大的影响。

布里克曼等还区分了对问题原因的归因和对可能的解决途径的归因。例如，他们声称，尽管酗酒者可能认为他/她对自己成为酒鬼要负责任，因为自己缺乏意志力（对原因的归因），同时他也认为医疗专业人员应对其康复负有责任（对解决方法的归因）。

由 Heider、Kelley、Weiner 等归因论者提出的各种归因理论观点所刻划出的是社会感知者在归因时应当运用的正确方法。心理学家把以上理论称为标准化模型，因为它们提出了一个正确的归因过程应遵循的标准或原则，但是心理学家们又发现，社会知觉者并不总是遵循这些标准或原则。相反，他们在归因过程中常显示出一些经常的一贯的偏差。下面以学校教育中的成败归因问题为例来说明与之有较直接联系的归因偏差。

（1）基本归因错误：对他人行为归因时，人们往往将行为归因于内部稳定的性格特征，而忽视了引起行为的外部客观因素。心理学家称之为基本归因错误。

（2）行动者—观察者效应：行动者—观察者效应表明，尽管我们常常将别人的行为归因于较稳定的个性因素，但我们却倾向于将自己的行为归因于外部因素，随境而变。

（3）涉及个人利益与否导致归因不一致：当一个人的失败会导致他人的失败时，比起这个人的失败不会导致他人失败的情境下，其他人对该个体失败更倾向于把它归因为个人倾向。如有些教师对于学习成绩差的学生常常责备他不努力、太笨，而学生却不认为自己不用功，也不认为自己笨，而是认为功课负担太重，教师讲课呆板。

归因理论广泛应用于各领域，被用来研究健康及健康关联行为。有研究者询问了 80 个访谈对象，了解健康与疾病的一般原因，结果发现，健康被看作是来自体内的，而疾病被看成是外部因素的入侵。归因理论应用于分析学校教育中影响学生学业成绩的因素具有实践意义。例如，自 20 世纪 60 年代心理学家开始从认知的观点研究归因问题以来，在学校教育上对学生学习动机的研究随之受到更多重视。到 Weiner 的三维成败归因理论提出之后，因其理论的建立是以学校教学情境为基础，故已成为近年来教育心理学上探讨学习动机的最重要的理论根据。心理学家的研究表明，成功的或失败的经验直接影响着成败动机，而成功与失败的次数又与人们对产生失败的原因的认识有直接关系，也就是说，对成败的自我归因是影响学生学习动机的重要因素。另一方面，教师在教育过程中对学生学习成败的归因也非常重要。教师不可避免地要以学生平时表现以及考试成绩来对学生的学习进行归因。教师从客观的立场对学生学习行为表现的归因解释，素来是教育上所重视的。因为，只有教师了解到学生行为成败原因之后才能够一方面在课上辅导学生，另一方面改进自己的教学，从而达到使其学生在学习行为上臻于成功者多，落于失败者少。此外，归因理论对加强学校的体育锻炼也有很好的指导意义。我国传统轻视体育的思想观念不易改变，这种认知在很大程度上是因为很少有家长或学生乃至教师将学生的学习结果归因于身体素质状况。但实际上身体素质对学习状态和学习成绩有着不容忽视的影响。归因理论的合理应用不仅有助于转变传统的认知偏差，而且有助于产生积极的情感与行为。因而教师在教学过程中要强调体育锻炼的重要性，引导学生将学习结果适当地归因于身体素质状况，将有助于提高学生锻炼的积极性与主动性。

3.1.6 健康信念模式

健康信念模式（Health Belief Model，HBM）是在20世纪50年代由美国社会心理学家提出，试图解释人们的体检和预防行为，不久之后便应用于患者的求医及依从行为的研究，并在其发展过程中逐步得到完善和充实，它被认为是用社会心理学的概念来构建解释人们与健康有关的行为模式。健康信念模式的形成主要受两个理论的影响，一是刺激反应理论（行为结果对行为的强化）；一是期望价值理论，即行为由行为的结果、价值和实现可能性来决定（图3-3）。

刺激反应理论认为，行为产生的心理动机是从事件中学习的结果。行为主义理论心理学家斯金纳（Skinnet）认为行为频率由行为的后果决定，行为和立即得到的奖励会增加行为重复出现的概率。期望价值理论其用于健康行为方面有两方面的含义：其一，渴望避免疾病并得到好的结果（价值）；其二，某种特殊的行为将会预防疾病（期望）。这些概念进一步被描绘为个体对疾病的易感性与严重性的避免和个人的行动能够减少威胁的可能性，由此发展为健康信念模式。

健康信念模式的核心概念是相关疾病威胁感知和行为评估，前者依赖于疾病易感性和疾病后果严重性的认识，后者包括行为改变的有效性，行为改变的投入和收益，及行动实施的障碍等评估。

健康信念模式主要有以下几个变量：

1. 行为健康后果信念

（1）对易感性的感知是人们对自己患某种疾病或出现某种健康问题可能性的主观判断。人们感到自己患某疾病的可能性越大，就越可能采取行动避免疾病的发生。

（2）对严重性的感知是人们对疾病严重程度的判断，包括疾病对躯体健康的不良后果，如死亡、残疾、疼痛等；还包括社会后果，如意识到疾病会影响家庭生活、工作、人际关系等。人们的健康行为的采纳与保持往往与对疾病后果严重性的知觉有关。

2. 行为效果信念

（1）获益感知是人们对采取的某种行为以后，能否有效地降低患病的危险性和减轻后果的判断。只有当人们感觉到这种行为会带来益处和效果，才可能采纳某种行为。

（2）障碍感知是人们对采纳健康行为会面临障碍的主观判断，包括行为复杂、时间花费、经济负担等。感觉到的障碍越多，越会阻碍个体对健康行为的采纳。

3. 对行为者的信念　即自我效能（self-efficacy），是对自己完成某个行为目标的能力所持有的信念。自我效能在能否改变人们长期形成的生活习惯和行为方面具有很重要的作用。

4. 其他因素

（1）社会人口学因素　包括个体特征，如年龄、性别、民族、人格特点、社会阶层、同伴影响，以及个体所具有的疾病与健康知识。不同年龄、性别、个性特征的人采纳健康行为可能性及接受程度都可能不同。

(2) 行动暗示　是指诱发健康行为发生的因素，如大众媒介的疾病预防控制栏目、医生建议采纳健康行为、家人或朋友患有此病都有可能作为提示因素诱发个体采纳健康行为。

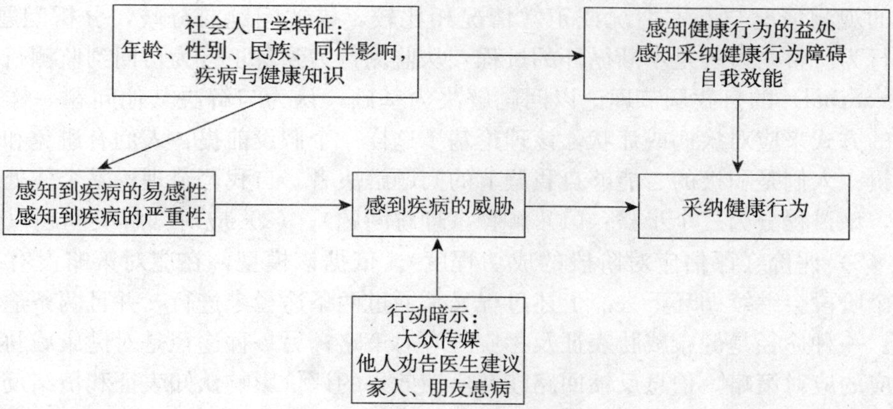

图 3-3　HBM 模型结构

引自：吕姿之主编．健康教育与健康促进．第 2 版．北京：北京医科大学出版社，2002.

按照健康信念模式，个体是否采纳有利于健康行为的一般过程：首先，人们对现在的生活方式感知到疾病的威胁（疾病的易感性和严重性）；接着，相信改变特定的行为生活方式会收到有意义的结果（认识到益处），并对存在的各种困难有足够的意识，在思想和策略上有充分的准备，且有克服的办法（认识到障碍）；最后，还应具有自信心，自己有能力改变不良行为，采纳利于健康的行为（自我效能）。

健康信念模式是一个结构模型，而非交互操作的权重变量的集合体，结构的思维要求整体、系统地看待各变量之间的关系，不但要看到变量与行为改变的关系，而且要考虑到各变量之间的交互关系。信念和行为改变之间的关系基本上是普遍的，但行为的发生、维持、改变还受到模型之外的因素制约，如技术、支持条件等，这也是需要考虑的问题。

健康信念模式用于健康行为干预时，一般分成两个阶段进行。第一阶段：树立行为健康后果信念，使干预对象认识到问题所在和严重性，开始有行动的打算；第二阶段：使干预对象认识到干预措施的效果和可能带来的益处，同时也要估计到干预实施过程中可能遇到的困难及应对方法。在适当的时机或事件的引发下，启动行为改变，行为改变的成功与否，应建立在良好的自我效能和方法之上。

近年来，健康信念模型被普遍应用于预测各种健康相关的行为方面。不少研究采用这一模型为理论依据，结果发现人们在饮食控制、疫苗接种、积极参加体育锻炼等行为形成上，都与其个体对有关健康问题易感性的感知有关；比如，是否意识到肥胖、感染传染病等问题严重性，以及自己为此建立有关的预防性健康行为是否产生效益等认识感觉有着密切的关联。因此，开展健康教育就是要提升人们在饮食、锻炼、预防接种上的健康信念。

3.1.7 自我调节理论

自我调节理论（Self-Regulatory Model，SMR）是行为改变理论中一个重要的理论，主要解释如何自我调整个体行为。这种模式的基本过程如下：（1）健康或行为方面的监测；（2）个体的观测情况与基本情况或正常情况相比较，描述问题或分歧，分析问题的原因；（3）矫正行为。整个过程是不断循环的过程，从监测行为到矫正行为再回到监测行为。利文撒尔（Leventhal）的自我调节理论以问题解决为基础，认为与解决其他问题一样，个体会运用相同的方式来应对疾病或症状。该理论基于这样一个假设前提：人们有避免和治疗疾病威胁的动机；人们是积极的、能够自我调节的问题解决者。自我调节理论是个体处理健康威胁的过程，该过程分为三个步骤：（1）解释（理解问题）；（2）应对（解决问题以恢复到平衡状态）；（3）评价（评估应对阶段的成功程度）。依据该模型，在应对策略没有被评为成功，这三个阶段会继续循环下去。上述过程又是通过两条途径来进行，并且两条途径之间也相互影响。一种途径是健康威胁表征及相应的应对策略；另一种途径是对健康威胁的情绪反应及其相应的应对策略。信息反馈回路涉及反馈效果的评价影响认知表征和情绪反应，同时认知表征和情绪反应也会影响进一步的应对反应，见图 3－4。

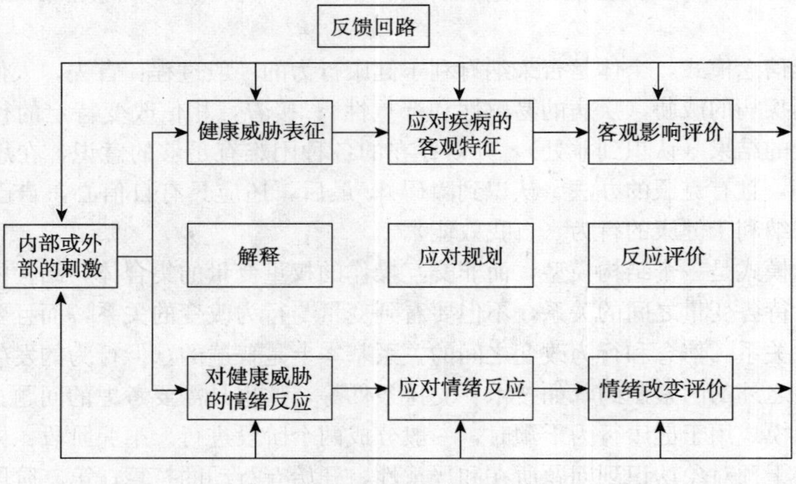

图 3－4 自我调节理论结构图

引自：Jane Ogden 著．严建雯，陈传锋，金一波等译．健康心理学［M］．北京：人民邮电出版社，2007

健康威胁的表征包括以下几个维度：（1）确认，即确认疾病和它的症状。（2）病因，即确定疾病的可能病因。（3）后果，即指疾病可能带来的生理、社会、经济影响。（4）时间线，指对疾病的迁延情况的认识。（5）治疗或控制，指疾病的可治愈性和可控制性。这几个维度有助于对健康威胁的理解，还有助于个体思考和形成适当的应对策略，它们在应对结果的评价中也起到重要的作用。对健康威胁的情绪反应有：害怕、焦虑和抑郁。

在自我调节理论中，自我护理行为可以被看作是一种针对问题的应对反应，并受到疾病表征的影响，但个体所采用的应对策略可以调节疾病表征和自我护理之间的关系。针对问题的应对反应主要涉及努力改变疾病状态，而针对情绪的应对反应则主要涉及缓解压力相关的情感悲伤状态，还有一类就应对反应是不适应应对，它对应对策略没有帮助作用，如自责。

自我调节理论在健康促进行为设计方面与慢性疾病的管理方面非常适用。建立对健康威胁的认识和选择应对策略是一个动态的过程。自我调节理论曾经用于儿童哮喘自我管理项目，收到了较好的效果。巴塞洛缪（Bartholomew）等将管理用药称为哮喘特殊技能，将监察哮喘症状称为自我管理技能。在这个项目中，这些技能简单概括为监察、发现、思考、行动。在学校，教授学生监察他们的哮喘症状，发现是否有问题，什么引起了问题，思考解决问题的方法或预防问题的计划，最后付诸行动，在行动中再不断发现新的问题，调整并继续行动。该理论在其他的慢性疾病管理中也有较多的应用。

3.1.8 保护动机理论

保护动机理论（Protection Motivation Theory，PMT）由罗杰斯（Rogers）提出。该理论产生基于期望价值理论，它是对健康信念理论的延伸和扩展，二者都认为认知过程在态度和行为改变之间起着调节性作用。

保护动机理论最初由四部分组成：严重性、易感性、反应有效性、自我效能感。这些成分可以预测与行为相关的行为意向，后来为了教育宣传罗杰斯又提出了第五个组成部分，即害怕的作用。保护动机理论经过不断改进，发展成为比较完整的理论。

按照保护动机理论，有两种信息来源，一种是来自环境（如口头说服、观察学习）；另一种来自自身（如先前的经验），这些有关健康威胁的信息引发个体出现威胁评价和应对评价两个认知过程，在这两个认知过程中又包括 7 个核心变量。

威胁评价过程包含 4 个核心成分：促进不良行为反应出现的因素，包括外部奖励（如周围的同伴都吸烟）和内部奖励（如吸烟可以缓解压力）；减少不良行为反应出现的因素，包括健康威胁的严重性和健康威胁的易感性。

在应对评价过程包含 3 个核心成分：反应的有效性，即改变行为后能够产生有效的作用；自我效能感，即对自己完成某个行为目标的能所持有的信念；反应代价，即关于执行推荐的行为让个人付出的代价（如金钱、时间、精力等）。保护动机理论各成分相互关系如图 3－5。

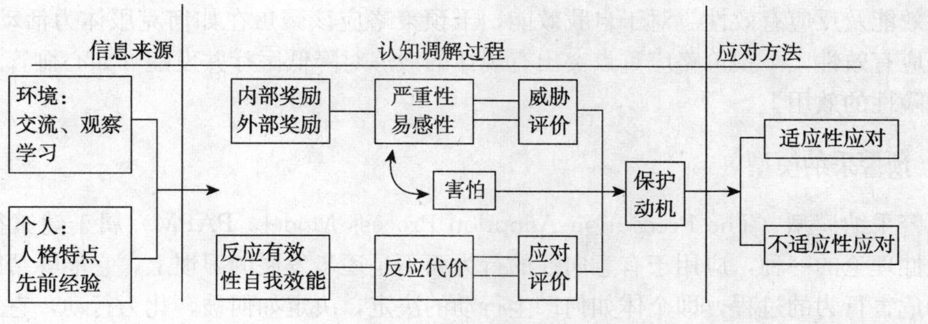

图 3－5 保护动机理论结构图

引自：严建雯，陈传锋等译. 健康心理学. 第 3 版. 北京：人民邮电出版社，2007

在保护动机理论中，威胁评价和应对评价共同形成保护动机，继而形成干预变量—保护动机，保护性动机和其他类型动机相类似，因为它也能激发、维持、指引行为。威胁评价是要首先做的，感知并识别威胁之后才能进行应对评价。

威胁评价中的奖励因素能增加不良行为反应出现的可能性，而对威胁严重性和易感受性的感知会减少这种可能性。害怕也作为一个变量，它与感知到威胁相互影响，个体感知到的威胁的易感性、严重性程度越高，害怕的程度就越深，同时感知到的威胁程度也会变得更大。在应对过程中，反应有效性和自我效能感可以有效地促进个体出现健康行为，自我效能感是避免个体身处威胁情境中的最重要的元素，而反应代价则降低健康行为出现的可能性。

威胁评价和应对评价各自对行为意图和行为改变具有重要的预测作用，应对评价的作用更突出。保护动机在威胁和应对评价与行为之间作为一个关键的媒介，它与行为完成的目的是等同的。当个体意识到健康威胁很严重、自身为疾病易感人群、认为行为改变有好处、行为改变的代价少、有信心和能力改变行为且不良行为的内、外部奖励少时，个体的保护动机达到最大化，并促使个体出现健康行为反应。同时，威胁评价和应对评价还存在交互作用。也就是说，当反应有效性和自我效能感高时，疾病严重性和易感性认知的提高会对行为改变的意图起到积极的促进作用，反之则会没有效果或起到反作用。

与健康信念模式相比，保护动机理论更科学、合理地解释行为改变的机制。首先，该理论强调认知的调节作用包括威胁评价和应对评价两个过程，由此使研究者更明确地理解促使个体行为意图和行为自身发生变化的内在认知过程和交互作用机制，从而为进一步的干预奠定坚实的基础；其次，该模式认为对不良行为危险性以及行为改变好处的感知都不足以激发行为的改变，因此该模式中加入能有效促进行为改变的因素——自我效能感，使整个理论构建更趋于完善；最后，保护动机理论指出，当自我效能感和反应有效性较低时，严重性和易感性无法促进行为的改变甚至将起到反作用，由此对健康信念模式的严重性和易感性因素在行为改变中效果较差的问题做出了合理的阐述和说明。

加拿大的学者应用保护动机理论开展了历时 1 年的前瞻性研究项目，旨在确定在大样本人群中保护动机理论对体力活动行为的预测能力。威胁评价测量由两个条目组成，询问被试对自己患病可能性的主观判断和对自己不进行体力活动可能导致某些消极后果的程度的判断；应对评价测量包括反应有效性测量和自我效能测量，一共有 11 个条目；保护动机测量由 1 个条目组成。研究发现，保护动机与体力活动行为之间存在显著关联，干预策略应该增加自我效能及反应有效性。对于自我效能，干预策略应该聚焦在如何克服体力活动障碍上；对于反应有效性，干预策略应重点突出有规律的锻炼对降低医疗并发症（如心血管系统疾病的）危险性的效用上。

3.1.9 预警采纳模型

预警采纳模型（The Precaution Adoption Process Model，PAPM）属于健康行为理论中阶段性理论的一种，应用于有意向性的行为而不是逐步发展的习惯上，它能够帮助解释选择减少危害行为的过程，即个体如何产生行动的决定，决定如何被转化为行动，它主要关注个体的心理过程。

预警采纳模型认为当个体采取新的及相当复杂的行为以保护自己免受威胁时，会经历 7

个阶段（图 3-6）。

阶段 1　未意识到问题：个体没有意识到潜在的健康威胁或保护性行为的一种状态。

阶段 2　未参与问题 ：个体意识到了问题，但没有亲自参与问题当中。

阶段 3　准备决定行动：个体充分权衡成本—效益等问题的阶段。

阶段 4　确定不行动：个体充分权衡代价—效益等问题后，放弃行动。

阶段 5　确定行动：个体充分权衡代价—效益等问题后，形成目的，确定行动。

阶段 6　行动：指处理详细的执行信息，开始行动，采取预防措施，以降低危险性。

阶段 7　保持：保持采取行动的稳定性。

根据预警采纳模型，成功的行为改变需要个体连续经过 1、2、3、5、6、7 阶段，不能省略任何一个阶段，但个体在各阶段所花费的时间没最低限度，在第 3 阶段和第 5 阶段容易出现拖延现象，也可能出现回退（回到上一阶段）。在预警采纳模型中，各阶段行为、信念、经验的模式都是有质的不同，虽然没有一组明确的变量来区分各阶段或推进从一个阶段到下一个阶段，但个体的健康信念和对健康威胁的感知（感知到的易感性、严重性、障碍、效益和自我效能等）都对采取行动起到重要作用。感知到疾病的易感性和严重性在决策制定的早期阶段可能有影响，自我效能在行动目的产生之后的阶段中会起很大的作用，在未意识到或未参与阶段是不起作用的。

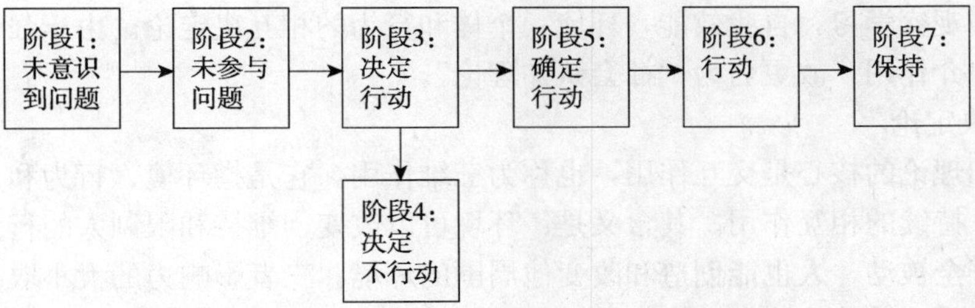

图 3-6　预警采纳模型流程图

引自：Glank，Rimer BK，Lewis FM，editors. Health behavior and health education：theory, research and practice. 4rd ed. San Francisco：Jokey-Bass；2008，p127

预警采纳模型能够帮助解释个体为什么、如何做出选择，而且能够指导产生出更高效的干预策略。现在已经用于健康行为干预策略的制定过程中。

3.2　群体层面理论

3.2.1　社会认知理论

社会认知理论（Social Cognitive Theory，SCT）是由班杜拉（Bandura）创建的，它解释了人类行为获得的复杂过程，描述了健康行为改变的社会心理学机制及促进行为改变的方法。它重点强调人们的思考方法与思考内容对行为改变的影响。作为一个实用的理论模型，它已被广泛用于设计、实施改变健康行为的干预项目。

通过以下几个基本观点社会认知理论对行为的解释和指导，是基于几个基本假设或观点来进行的。

观点一：人们能通过观察来进行学习。

观点二：学习是一个内在的过程，这个过程可能改变行为，也可能不改变行为。

观点三：人的行为都是指向一个特定的目标。

观点四：人们能通过自我调节来改变行为，即变为自我调节的行为。所谓自我调节的行为，是指个体为了实现自己的目标，而自行开始、监测及评估的行为。

观点五：强化和惩罚对行为改变既有直接也有间接影响。这是因为人的信念会影响强化因素对行为的改变。

综合以上观点可以发现，Bandura 认为人类在其发展和行为改变中的作用是能进行自我组织、主动参与、自我反省、自我调节，而不是被动地受外部环境的影响或受隐蔽的内在刺激所驱动。社会认知理论综合了多种以前各自独立的解释行为改变的认知性、情感性和行为性因素，包含了许多在理解行为和干预行为改变方面起重要作用的基本概念。

社会认知理论源于社会学习理论（Social Learning Theory，SLT），最初的社会学习理论认为：社会学习是在动机的激发下，对别人的行为反应（刺激）所作出的行为及反应。20 世纪 70 年代，Bandura 逐渐意识到传统的社会学习理论和自己的认知性社会学习理论都缺少一个关键因素——自我效能，从而提出了理解人类社会行为的综合框架和社会学习理论的认知性基础：观察学习，自我效能，环境、个体和行为的相互决定论。由于强调认知过程对社会学习的中介作用，故更名为“社会认知理论”。

1. 交互决定论

社会认知理论的核心是交互作用，也称为三维作用。它是指环境、行为和个人三者之间不断进行的、持续的相互作用。其含义是：环境可以改变、维持和限制人的行为，但人在此过程中并非完全被动，人也能创造和改变他周围的环境。三者影响力的大小取决于当时的环境和行为的性质。社会认知理论中，行为和环境都是可以改变的，但都不是行为改变的决定因素。例如攻击性强的儿童期望其他儿童对他产生敌意反应，这种期望使该儿童的攻击行为更具攻击性，从而又强化了该儿童的最初期望。个体因素、行为和环境三者形成如图 3－7 所示的 3 个方向的连续的相互作用。

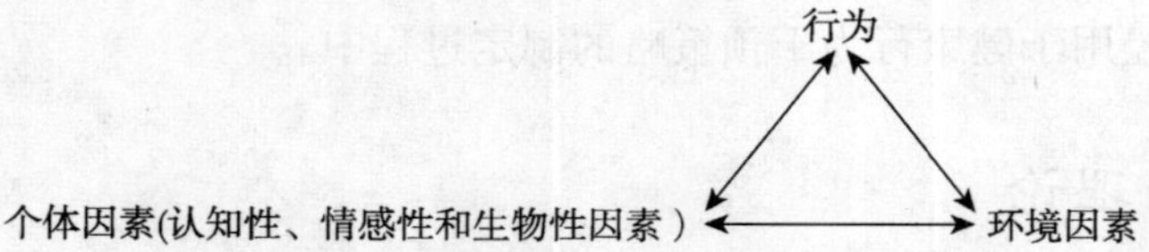

图 3－7　人、环境与行为三维交互作用示意图

引自：傅华，李枫主编. 现代健康促进理论与实践. 上海：复旦大学出版社，2003.

2. 环境和情境

环境指的是个人身体之外的，能影响个体行为的所有客观因素的总称。包括社会环境和物质环境。情境是客观环境在心理的反映，或环境的认知性反映，包括真实的、歪曲的或想象的因素。这些认知性因素也能影响个体行为。环境能在人们毫无觉察的情况影响人的行为；情境则从另一个方面引导和限制个体的想法及做法，是人体对环境的主观感觉，通过纠正不良的主观感觉，促进形成健康的行为准则。

3. 观察学习

人们学习的另一个渠道是观察别人的行为方式。这种学习的过程是通过观察别人的经历，包括各种强化过程和行为养成的过程，从而形成相应的认知。观察学习实际反映的是角色示范对行为改变的影响。观察学习的过程又可称之为间接奖赏或间接经验。Bandura 把观察学习分为四个过程：注意、保持、复制以及动机过程。

(1) 注意过程

注意和知觉榜样情景的各个方面。榜样和观察者的几个特征决定了观察学习的程度，观察者比较容易观察那些与他们自身相似或被认为是优秀的、热门的和有力的榜样。有依赖性的、自身概念低的或焦虑的观察者更容易产生模仿行为。强化的可能性或外在的期望影响个体决定观察谁、观察什么。

(2) 保持过程

记住他们从榜样情景了解的行为，所观察的行为在记忆中形成以符号的形式表征，个体使用两种表征系统——表象和言语。个体储存他们所看到的感觉表象，并且使用言语编码记住这些信息。

(3) 复制过程

复制从榜样情景中所观察到的行为。个体将符号表征转换成适当的行为，个体必须：①选择和组织反应要素。②在信息反馈的基础上精炼自己的反应，即自我观察和矫正反馈。自我效能感是影响复制过程的一个重要因素，所谓自我效能感，即一个人相信自己能成功地执行产生一个特定的结果所要求的行为。如果学习者不相信自己能掌握一个任务，他们就不能继续做这个任务。

(4) 动机过程

因表现所观察到的行为而受激励。社会学习论区别获得和表现，因为个体并不模仿他们所学的每一件事，强化非常重要，但并不是因为它增强行为，而是因为它提供了信息和诱因，对强化的期望影响观察者注意榜样行为，激励观察者记住可以模仿的、有价值的行为。除了这种直接强化外，班杜拉还提出了另外两种强化：替代性强化和自我强化。

①替代性强化　替代性强化指观察者因看到榜样受强化而受到的强化。例如当教师强化一个学生的助人行为时，班上的其他人也将花一定时间互帮互助。此外替代性强化还有一个功能，就是情绪反应的唤起。例如当电视广告上某明星因穿某种衣服或使用某种洗发精而风度迷人时，如果一个人直接体验到因明星受到注意而感觉到的愉快，那么对于这个人而言这是一种替代性强化。

②自我强化　自我强化依赖于社会传递的结果。社会向个体传递某一行为标准，当个体的行为表现符合甚至超过这一标准时，他就对自己的行为进行自我奖励。例如，补习了一年语言的学生为自己设立了一个成绩标准，于是他将根据对个人成绩的评价而对自己行为进行自我奖赏或自我批评。

由于同时考虑到环境、个体和行为 3 个方面，社会认知理论为设计和实施综合性行为改变项目提供了一个理想的理论框架。社会认知理论应用的基本步骤如下：首先确定拟干预的行为和希望达到的结果，其次是根据社会理论提供的框架，鉴定出在社会认知理论中最可能影响该行为的变量。最后是将社会认知理论中提供的策略、方法落实为实用的、有意义的、能在生活中起作用的干预措施。社会认知理论作为一个实用的理论框架，已被广泛用于设计、实施改变健康行为的干预项目。以美国一个为帮助小学四、五年级的学生多吃蔬菜水果的学校健康教育项目为例。首先，确定拟干预的行为和希望达到的结果。该研究的目的是将学生每日蔬菜水果食用量由1.8～2.5份提高到5份。其次，鉴定出在社会认知理论中最可能影响该行为的变量。结果发现，环境、个人、行为方面的因素都对儿童蔬菜水果摄入量有影响，比如，①低收入家庭中难以保证足够的蔬菜水果供应，其他家庭不易随意取得足够的蔬菜水果。②儿童对蔬菜水果不喜欢，对口味方面没有积极的预期。③儿童自身缺乏选择蔬菜水果和食谱的能力。最后，找到相应的办法和策略并转变为实际的措施。应用社会认知理论的主要概念在该项目中采取的某些具体措施如：(1) 环境：以索要爱吃的蔬菜水果和要求增加晚餐中蔬菜量的方法来改善学生对水果和蔬菜的可获得性和可接触性，以此改善家中获得蔬菜水果的条件，做到父母参与，学校支持。(2) 观察学习：学生观察老师如何为自己制订改善饮食习惯的目标。利用卡通片为儿童描绘一个多吃蔬菜水果的健康形象。(3) 强化：当学生达到他们进食蔬菜水果的目标时，老师和同伴给他们正面的强化，老师和同学们祝贺那些能达到目标的人，并且表现优秀的还能获得小奖励。(4) 自我效能：通过角色扮演让学生增强获得蔬菜水果的信心。(5) 交互决定论：学生要求家中多买蔬菜水果，家中蔬菜水果供应随之增加，学生就能因为方便而多吃，吃得越多显而易见他们得到的就会越多，同时增加了他们对蔬菜水果的接触又会使他们更喜欢吃蔬菜水果。

在一项青少年骨质疏松初级预防健康教育的效果研究中社会认知理论被应用。应用的具体步骤：首先，确定拟干预的行为，即提高青少年膳食钙的摄入量及承重运动的量以达到推荐的标准。然后，根据社会认知理论提供的框架，在文献回顾的基础上，从个人、环境、行为三方面找出最有可能影响青少年摄钙行为和承重运动的一些因素。环境因素包括行为所需资源的可及性，例如家庭是否备有营养均衡的膳食和含钙丰富的食物及适宜的运动用品；以及社会环境，即家长对促进骨骼健康行为的重视以及参与程度，能否做到很好的角色榜样作用。个体因素则包括青少年是否具备预防骨质疏松的知识及是否具备选择含钙丰富的食物、识别承重运动的能力；青少年的不良饮食习惯，如许多青少年更喜欢吃一些垃圾食品，如饮料、各种快餐等，而不喜欢含钙丰富的食物；青少年的娱乐方式，如许多青少年更喜欢看电视、上网、打游戏机等久坐的娱乐方式，不喜欢参加各种形式的运动。最后将社会认知理论中提供的策略、方法落实为实用的、有意义的、能在实际生活中起作用的干预措施。

3.2.2 创新扩散理论

创新扩散理论（Diffusion of Innovations Theory）是美国学者埃弗雷特·罗杰斯（Evere Rogers）提出的。Rogers认为创新（innovations）是“一种被个人或其他采纳单位视为新颖的观念、事件或事物”。一项创新应具备相对优越性、兼容性、复杂性、可靠性和可感知性五个要素。

创新扩散是指创新在一定的时间内通过一定的渠道在某个社会群体中进行传播的过程。

创新的传播是一个过程，它涉及创新的自身特性、传播渠道、传播时间、社会人群心理行为特征和社会系统等诸要素。

1. 创新的特性：相对优越性（较原有事物具有优势的程度），兼容性（与采用者原有的价值观、经验和需求相吻合的程度），复杂性（理解和使用的难易程度），可靠性（可经得住验证的程度），可感知性（对结果的预见程度）。

2. 传播渠道：传播是人们为了相互理解而制作、传递和分享信息的过程。传播渠道主要包括大众传媒和人际交流。Rogers 认为，创新扩散总是借助一定的社会网络进行的，在创新向社会推广和扩散的过程中，信息技术能够有效地提供相关的知识和信息，但在说服人们接受和使用创新方面，人际交流则显得更为直接、有效。因此，创新推广的最佳途径是将信息技术和人际传播结合起来加以应用。

3. 传播时间：一项创新的推广需要时间，群众对创新的采用要经历一系列的心理过程，包括目标人群对创新的感知、兴趣、体验、决策和尝试等。Rogers 把创新的采用者分为创新者、早期少数采用者、早期多数采用者、后期采用者和迟缓者。根据采用者的分布，可以将创新采用曲线分为五个类别：（1）创新者：是社会系统中最早采用创新的人。创新开始的传播往往局限于小圈子内，是创新者突破这种限制向不同地方传播。（2）早期少数采用者：作为行动楷模，对他人起着角色示范的作用，他们对周围人传达创新的自我评价，影响他人的行为。（3）早期多数采用者：他们是有思想的一群人，也比较谨慎，较之普通人群更愿意更早地采用创新，在传播过程中具有承前启后的作用。（4）后期采用者：他们是持怀疑态度的一群人，只有当社会大众普遍接受了新鲜事物的时候，他们才会采用，群体规范的力量对他们的采用起了很大作用。（5）迟缓者：他们是保守传统的一群人，习惯于因循守旧，对新鲜事物吹毛求疵，只有当新的发展成为主流、成为传统时，他们才会被动接受。

4. 社会系统：社会规范、社会风俗、社会状态影响着个体行为，同时个体的个性、态度和交流行为也影响着创新的传播过程。

创新扩散的传播过程可以用一条S形曲线来描述。在扩散早期，采用者很少，进展速度也很慢；当采用者人数扩大到居民的10%～25%时，进展突然加快，曲线迅速上升并保持这一趋势，即所谓的起飞期；在接近饱和点时，进展又会减缓。整个过程类似于一条S形的曲线。在创新扩散过程中，早期采用者为后来的起飞作了必要的准备。这个看似势单力薄的群体能够在人际传播中发挥很大的作用，劝说他人接受创新。在罗杰斯看来，早期采用者就是愿意率先接受和采用创新事物并甘愿为之冒风险的那部分人。这些人不仅对创新初期的种种不足有着较强的忍耐力，还能够对自身所处各群体的意见领袖展开游说，使之接受以至采用创新。之后，创新又通过意见领袖们迅速向外扩散。

创新扩散研究起源于农业社会学，早期应用于新的农业技术在农民间扩散情况的调查。随后在医学领域得到应用，如计划生育方法和保健创新，采用者是客户和患者。在健康促进领域，创新不仅可以是一种个人的行为（系安全带，戒烟等），也可以是一种组织改变或一个健康项目。健康项目作为创新时往往涉及组织的改变，这时创新扩散的程度便取决于实施健康项目的组织数目的多少。近年来，人们成功地在多个层面将扩散理论应用于帮助吸烟者戒烟。在烟草控制中应用了媒体策略，社会压力的作用，戒烟项目活动，烟草控制政策法规，通过实施上述的策略和活动，很多发达国家如美国和澳大利亚，在近 20 年来人群吸烟率显著下降。另外，成功应用扩散理论，通过避孕套的使用等措施，还推动了人们不安全性行为的改变。2004 年在浙江省开展的“青少年防治疾病相关知识及行为研究”项目，即应用创新扩散理论将健康教育知识向目标人群儿童青少年传播并使之采纳，取得了良好效果。该研究选取了浙江省五个经济较发达地区的在校小学生作为重点人群，通过确定创新扩散内容（《青少年健康读本》系列丛书），优化扩散内容（读本编写从青少年身边常见的案例出发，简化健康教育知识等），找准扩散时间点（寒假期间），采用媒体和人际传播相结合的扩散途径，向特定的目标人群传播，结果通过评价几个制定的效果指标（购买读本数量，自愿参与某些活动的人次，“健康教育干预方案”的知识知晓率等）反映出创新扩散理论对提高健康教育的成效。由于人的行为是个人与环境交互影响而发生的，创新扩散理论是在系统的层面上来阐明现象的传播规律。

3.2.3 社会网络和社会支持理论

社会网络和社会支持理论（Social Networks & Social Support），1954 年贝姆斯（Bames）首先提出了社会网络概念，社会网络是以人为基本子系统所组成的各种形式的社会主体，有正式和非正式之分。社会网络是人与人之间的联结，这种联结可以提供社会支持，有时候也可以发挥其特有的功能而不单单是提供支持，社会网络可以从动态特征角度进行描述，也可以把网络作为一个整体进行描述。这个网络不仅有一般网络系统的基本动力学性质，而且包含了经济、政治、文化等多种网络性质。

社会网络由结点组成，它可以是一个人、一组人、或一个机构。在网络结构的结点之间存在某种特殊的联系，可以将联系分为三类：其一为符号，如信息、观念、价值、规范等；其二为物质流，如金钱、实物；其三为情感流，如赞赏、尊重等。在社会交换网络中的联系常被看作为资源，社会学家视其为社会资本。

在不同结点之间流动的各种资源有一定的模式和结构，有以下特点：

（1）联系的数量：它是网络分析中的主要信息，依赖于结构中结点的数量和相关结点中所包含的资源的数量。

（2）方向：网络资源流动有一定的方向性。

（3）互惠性：指两个结点之间资源的相互流动。

（4）传递性：是指子网络之间的转换程度。

（5）联系的密度：指一个网络联结的程度指标，可以由存在于网络中直接结点占所有可能的结点比例来衡量。

（6）联系的强度：表示两个网络成员之间的资源数量，网络的整体结构明显受到强弱不同的联系丛及其结构的影响。

（7）桥梁：将不同的亚级密度小网络连接起来的联结关系，这种联结对形成更大的结构至关重要。

（8）中介：将不同的小网络由一个特殊的结点联结起来。通过这个结点操纵着两个亚群之间的资源流动起到中介作用。

（9）中心：位于网络中间位置的结点是网络的枢纽，网络中的许多驱动力以中心的性质和模式为主轴。

(10) 等效：当某些结点与其它结点有相同的关系时，可以认为这些结点是等效的。

社会关系是人类存在的功能，而社会网络的概念是理解社会关系的分析性框架，网络可以看作由个体组成，或由多个子网络组成，当以个体的观点看待时，社会网络对社会支持的研究有特别的用途。以个体为中心的社会网络，它可以被定义为以人为中心的社会关系网络，通过这样的结构网络可以提供社会支持。社会支持是通过社会关系帮助和协助资源的交换和人际间交往。与其他类型的人际交往，如批评、支配，社会支持总能对实施社会支持的人也有很大的帮助。

社会支持主要有四种类型：(1) 情感支持：包括爱、同情等。(2) 物质支持：包括金钱、实际的帮助和服务，如婴儿保护，借钱给某人。(3) 信息支持：信息、意见、建议的给予。(4) 评价支持：特殊形式的认知支持，如赞赏。自我评价信息在维持个人身份起到重要的作用。这些信息包含了结构性反馈、信心的确立、价值观、社会比较。

社会网络不同，社会支持也会随之有所不同。当社会网络小、紧密、位置相近时，主要提供感情和评价上的支持；当社会网络大、广泛时，主要提供更多的信息支持和社会外展服务。在需要帮助的人中，不同时段的社会支持也会有所不同。例如，对于一个失业者，最初阶段情感支持是最重要的，让他感到仍然是被关爱的；之后是信息支持，如关于其他工作机会，改变职业的可能性；在找工作的同时，实际的物质支持如提供贷款、照顾婴儿等也可能是需要的。

社会关系的广度与性质和健康状态有一定的联系，社会支持的健康效益得到广泛肯定，各类社会网络干预被用来提高健康质量，可以应用下列干预措施来加强社会支持。首先，加强已经存在的社会网络联系；其次，通过指导程序、同伴圈等发展新的社会网络联系；第三，利用当地的帮手来加强网络，尤其健康问题；最后，在社区水平通过参与问题解决的过程来加强社会支持。

3.2.4 人际行为理论

在理解行为采纳过程的社会心理学理论中，特兰狄斯（Triandis）的人际行为理论（Theory of Interpersonal Behavior）不但包含了其他理论模式中所有的行为决定性因素，还包含了其他理论所没有的社会、文化、和道德因素（图 3-8）。

根据 Triandis 的观点，行为由三个维度的因素决定：

(1) 目的，指个人执行某一特定行为的个人动机。

(2) 促进条件中被感知到的因素，它们能减弱或阻止某一特定行为的实现，也有起相反效果的因素。

(3) 习惯，指一个特定的行为常规化的水平，习惯直接影响行为的发生，但它也影响感情。

Triandis 认为社会因素和情感是在形成目的时起关键作用，他也强调了过去行为的重要性。基于以上的观察，他认为像其他模型一样，目的是行为直接的前提条件。但事实上，习惯也调节行为的出现，并且所有的这些影响因素又受到促成条件的调节。

Triandis 的观点，任何情况下的行为都受行为的目的、促成条件和习惯的影响。目的受到社会因素、情感及态度的影响。情感是指由于执行特定行为而被唤起的情绪状态，被认为是行为在情感上感知到的结果。行为还受到道德信念的影响，但是这种影响会受到情绪和认知限制的调节。社会因素包括标准、角色和自我概念。标准是关于什么应该做什么不应该做的社会规范；角色反映个体认为一定性别、年龄、社会地位的人是否应该有某些行为表现，它是适合一组特定人的行为集合。自我概念涉及个体的观念，适合于个体追求或避开的目标，参与或不参与的行为，指个体的自我感知与行为相关特点的适合程度。情绪反应来自于对结果进行合理的评价，它包括不同程度的积极和消极的情绪反应。

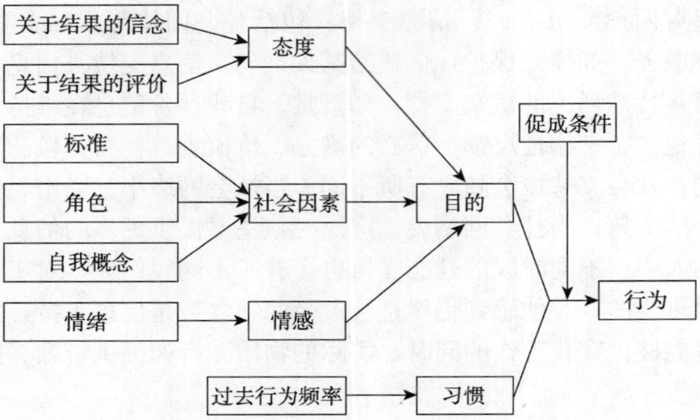

图 3-8　人际行为理论

引自：http://www.energy-behave.net/pdf/Triandis theory.pdf

人际行为理论一直被用做经验分析的框架，在各种不同的情况下，分析出构成因素影响的强弱。虽然在应用上远不如合理行为和计划行为理论，但却在应用时候能够表现出更多解释能力，尤其，它包含角色信念和习惯。

3.2.5 健康控制点理论

罗特（Rotter）在 1966 年提出健康控制点（Health Locus Of Control，HLC）理论，该理论在社会学习理论的基础上发展形成。社会学习理论认为人们行为的学习是在他/她过去所经历的积极或消极的强化刺激的基础上获得的。在过去强化的基础上，会产生一般性的期望、行为内在或外在的控制感，即人们对生活中决定其行为是否得到强化的影响因素的总体信念。健康控制点是人们相信他们的健康受内部或外部因素控制的程度。人们的控制点一般可以沿着非常内在的和非常外在的连续体进行划分。有内在控制点感觉者，易于自发行为改变；反之易受别人影响。因为有内在控制点感觉者相信成功和失败取决于自己的努力；相反，有外在控制点感觉者相信成功和失败是由运气、机遇或其他人所控制的。

最初罗特编制了内部-外部等级量表来预测健康行为，在后来的应用中很多人认识到该量表预测关于一般期望的健康行为存在一定困难，沃林斯顿等人（Wallston & Wallston）编制了一维的健康控制点（HLC）量表以测量人们一个维度信念，即他们的健康是否由自己的行为所决定。里维森（Levenson）质疑将健康控制点的概念一维化的结构，并预言将健康由命运和机会控制与健康由有能力的其他人控制的两个外部控制点独立研究能更好地理解健康控制点。因此，里维森编制了IPC（internal-external-chance）量表，用来测量一般性的健康控制信念。

随后沃林斯顿综合了一维量表和IPC量表的特点编制了多维度健康控制点（Multidimensional Health Locus Of Control，MHLC）量表。MHLC量表包含三个维度：（1）内部控制点（internalHLC）相信健康或疾病是由内部因素控制的；（2）有能力的其他人控制点（powerful others HLC）相信健康是由有能力的其他人所控制的；（3）机会控制点（chance HLC）相信健康不是由自己控制的，是由命运和机会控制的。内部控制点得分高的人可能更容易采用健康行为，而机会控制点得分高的人则采用健康行为的可能性小很多；对于认为健康受有能力的其他人控制的人而言，他们可能接受专业人员的健康信息，采纳健康行为，但也有可能因为听从专业人员而不采用健康的行为。

健康控制点与健康相关行为的研究有很多，多数报道内部健康控制与健康相关行为存在正性的关联，但是这种关联强度是微弱的；有人提出只有当人们对健康有很高的追求时，健康控制点和行为间才有较强的关联。还有研究表明，健康价值在健康控制点和健康行为之间起到一种缓和剂的作用。

目前越来越多的研究转向健康控制点的测量研究，并把它作为研究健康和病人行为的首选。健康相关的控制点的测量已经应用于评估健康促进项目。健康控制点也强调健康教育者的重要性，需要给病人也包括自己建立更多的内部信念。

3.3 机构层面理论

3.3.1 组织变化阶段理论

研究发现影响变化的核心因素在不同的阶段是不同的，组织变化阶段理论（Stage Theory of Organizational Change）解释了组织如何创造出新的目标、项目、技术和观点，该理论的核心点是认为组织的创新要经历一系列的步骤或阶段。在其中某个阶段有效的策略可能并不一定适合于另一个阶段。要成功地运用阶段理论，必须对创新目前所处的发展阶段其创新性进行准确的评价，并根据这个特定的阶段的特点选定相应的策略。

阶段理论源于两个学派的研究，第一个学派为社会心理学家里温（Lewin）的研究工作，Lewin的模型强调阻碍改变发生的因素，包括：（1）对旧的行为和态度进行“解冻”；（2）通过融入新的信息、态度、理论从而进一步发展；（3）通过对改变的强化，巩固和支持进行“重新冻结”。

第二个学派为创新扩散理论。该理论认为个体通常是作为组织成员来采纳创新，往往直到组织接受了新理论，个体才会采纳这项创新。罗杰斯将此定义为“有条件的创新决定”，因为个体对一项创新的采纳和执行往往是以组织的采纳为先决条件的。

拜尔等（Beyer & Trice）（1978年）提出了一个7阶段的较完善的现代阶段理论模型：

（1）觉察到系统无法满足需求，已经注意到相关问题。

(2) 探索可能的反馈信息寻找解决问题的方法。

(3) 对不同方法进行评价，寻找最佳解决方案。

(4) 决定采取行动，从中选择适当的应对策略。

(5) 在系统内启动行动，这需要政策以及必需的资源支持。

(6) 实施改变，根据改变的实施对资源进行分配，创新执行开始。

(7) 将改变制度化，这种改变应包括在策略计划、工作任务描述和预算当中，成为机构常规工作的一部分。

创新从一个阶段移向另一个阶段的可能性机制还是一个尚待解决的问题，休伯曼（Huberman）和迈尔斯（Miles）的研究表明，做出采纳和制度化的决定实质上是政治性的策略问题。因此管理者发挥着最主要的作用。不同级别的管理人员所发挥的作用有所不同。较高级别的管理人员在问题出现的初期需要具备发现问题寻找可能解决方法并做决策的能力；中级管理人员主要是在采纳和早期实施阶段发挥主要功能；而后期的实施是更为技术性的工作，要求较高的专业技能而对于管理技能和政治技能的要求则相对较低。因此，学校健康促进工作者应根据创新的不同阶段应用不同的策略。

有研究人员运用组织变化阶段理论，对以预防和控制青少年吸烟行为为重点的学校控烟干预项目实施四阶段的组织改变模型，对每个阶段相应配置了不同的策略。(1) 意识阶段：由于高层管理者对新项目的采纳最具有影响力，为此该研究旨在提高学校尤其是管理者和教师对于学校控烟的认识和关心程度，包括对领导的动员、个别访谈、对教师的问卷调查等。(2) 采纳阶段：利用外部力量开发组织内部资源，促使组织变化来适应项目的需要，为项目的深入和扩大作准备。这一阶段还对干预组提供过程咨询，着重于探讨项目执行过程中遇到的障碍和解决方案。(3) 实施阶段：根据制定的干预计划进行实施，对实施过程进行评价，对出现的问题不断修正。(4) 制度化阶段：通过对干预效果的评价，对学校高层领导进行干预咨询，使活动制度化。

3.3.2 组织发展理论

一般来说，组织发展为通过机构诊断结构调整或人力过程改变来寻求改善工作质量，最初来源于应用社会心理学。组织发展理论主要是一个行动理论，它具有双重目标，即提高组织性能和提高工作质量。干预通常由一名由管理阶层聘请的组织发展外部专家发起，并执行一系列的策略来帮助组织诊断，评价和解决所存在的问题。

组织发展理论（Organizational Development Theory）起源于20世纪30年代出现的“人际关系”观点。霍桑（Hawthhorme）研究表明，加强对职工的关心程度会导致生产能力的提高，从而使人们意识到组织工作的有效性主要受工人积极性的影响。

20世纪40～50年代卢因（Lewin）的阶段模型，即“解冻”、“发展”、“重新解冻”，为行为研究提供了基础，并成为大多数现代组织改变理论的先驱。

1987年，鲍瑞萨（Porrsa）和罗伯逊（Robertson）将组织改变理论分成两个派系：改变过程理论（change process theories）和实施理论（implementation theories）。见图3-9。健康教育者能够应用这两个理论来确定组织的改变是否成功。

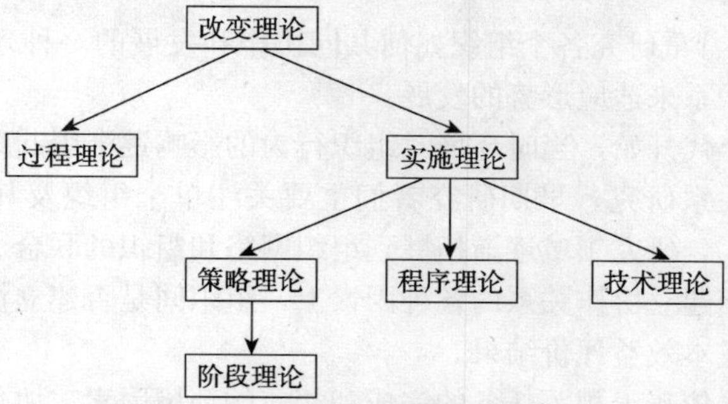

图 3-9 组织改变理论分类

引自：傅华，李枫主编．现代健康促进理论与实践．上海：复旦大学出版社，2003.

（1）改变过程理论

改变过程理论详细说明了改变发生可能性机制，但 Porrsa 和 Robertson 的改变过程理论并没有充分的解释变化的过程，它定义了实际工作在实践中影响的变量，促进变量和其它协变量，以及各变量之间的关系。

（2）实施理论

实施理论强调为保证改变成功所采取的活动。

- 策略理论为实施改变提供了宏观的视野，但并未对干预进行详细指导，该理论描述了组织因素和其他因素怎样影响改变的发生，但很少涉及如何来影响改变。
- 程序理论主要阐述如何通过行动来产生改变。因而，有更强的实际指导作用。
- 技术理论阐述了一系列可被卫生人员采用的具体活动组成，保证了改变过程从一个步骤向另一个步骤迈进。

（3）扩展的实施理论

Porrsa 和 Robertson 分析了几种主要的实施理论所共有的步骤，提出影响改变的核心步骤有四个，即诊断、行动计划、干预及评价。

- 诊断　一个经过特殊训练的人，通常由外部的专家进行诊断，帮助组织识别存在的阻碍其运行的最大问题。包括组织环境因素相关问题，组织任务、目标、策略等情况，社会和人际因素，行动的准备等情况。
- 行动计划　在这个阶段发展能够处理已经诊断出来的问题的策略。根据诊断出的问题制定所有可能采取的干预措施。
- 组织发展干预　在过程咨询中，由外部专家（往往不能提供具体的解决方案）帮助组织成员识别问题、疑问以及产生预期改变的障碍，然后与组织一起克服这些潜在的阻碍因素。
- 评价　实施理论的最后一步是评价，用来评价判断组织是否已经发生了预期变化。组织评价的任务是使改变继续向下一个阶段顺利推进，并判断是否继续改变。通过评价，可以使组织中已经发生的改变固定下来或“重新冻结”。

3.3.3 组织间关系理论

组织是一种合作伙伴关系，并由合作伙伴共同管理相关事务，这些合作可以是非正式的、暂时的或高度有组织的，一起发挥决策和领导作用。组织关系理论（Interorganizational Relationship Theory）是着重研究各个组织如何共同协作和发展的一种理论，探索各个组织之间开始通过加强组织联系来适应形势的发展。

自从 20 世纪 60 年代开始，当时环境对组织行为的影响逐渐引起人们的关注，进而促使研究人员开展组织间关系研究。早期研究者们主要关注单个组织及其与其他组织之间的关系，随着对研究的深入，研究领域逐渐拓展到组织网络和组织的联合。现阶段，对组织关系的研究主要集中在影响建立协作关系的各种因素上，组织间是否建立协作关系主要取决于组织对建立协作关系的成本效益评价结果。

最有效的协作关系依赖于相关任务的完成和相应的环境因素。协作关系可能带来的效益主要有对新的信息、观念、物资和其他资源的可及性及可获得性；权力的最大化；提高解决问题的能力；各个组织分担对复杂或冲突性问题的责任。

建立协作关系的潜在成本主要有各组织资源向组织协作体的分流；各个组织与组织协作体采取政策分歧和地位差异；因在组织协作体之间达成共识需要花费更多的时间，因而有可能造成行动的延迟。

一些对建立组织协作有重要影响的其他因素主要有是否意识到组织之间开展协作的必要与重要性；是否通过协作更易于达到组织目标；是否有明确的共同目标；各组织之间是否有相近的兴趣和价值观；是否对协作持积极的态度；是否具有共同工作的成功经验；是否具备足够的协作时间、人力和专业知识；是否认识到可能的合作伙伴；是否有外部的投资或管理机构的支持。

近来，研究的重点由影响组织间关系建立的因素转移到了对组织间关系的发展和维持方面。阶段理论可以用来解释这些协作关系的发展，格蕾（Gray）提出了 3 阶段协作过程模式较具有代表性：（1）确定共同关心的问题和参与协作的各个组织，作出协作的承诺。（2）确定协作方向，设立机构，分配任务，制定基本规则，安排工作日程，达成协议。（3）建立外部支持，完善内部结构，以保障协作活动的可持续发展，监督协议的执行。1993 年，艾特（Alter）和哈格（Hage）提出了一个从非正式协作到正式协作的网络发展 3 阶段模式，组织间关系的结构和运作过程受特定环境特征和工作性质条件的影响，反过来组织间关系的结构和运作也会影响参与协作的各组织之间的关系及其对协作网络的预期效果的判断；而福罗林（Florin），米歇尔（Mitchell）和史蒂文森（Stevenson）则提出了发展社区联盟的 6 阶段模式，强调加强组织的结构和过程，组织间的结构反映了各个组织所处环境的复杂性。这些都是阶段理论对组织间关系理论发展的影响。一般来讲，每个阶段均具有其特殊性，并需要具备不同的技能和资源，以支持相应阶段的发展。

组织间关系结构受环境的影响，这其中除了外部控制力的大小，还表现它会因协作是根据指令还是自愿进行的而有所不同。当协作主要是按照指令进行时，组织间关系会高度集中。当协作是出于自愿，并且有多方面的资金来源时，组织间协作网络更利于进行协调。另外，新资源的注入会进一步促进协作关系，减少摩擦，取得更好的协作效果。组织间关系结构和运作过程还受到需求影响，需求量越大，网络就越大，组织间关系结构就越复杂，组织间的联系就越松散。

组织间关系理论可用于指导组织间关系的协调与发展，建立多部门合作和社区联盟，然而该理论尚有一些需要完善的地方。

（1）需要进一步对组织间生态系统进行分类。

（2）需要进一步对组织间关系发展的阶段进行合理分类。

（3）需要进一步对组织间关系发展各个阶段的影响因素进行研究。

（4）需要进一步对组织间关系效果的测量和评价进行深入研究。

3.4 社区层面理论

3.4.1 意识觉醒（Conscientization）

巴西批判教育学家保罗弗雷勒（Paulo Freire）在解放教育工作中形成了赋权模型的基础。小团体中的个体出于他们自身的现实考虑和经历限制，将导致对社会力量理解存在着根本问题以及关系到他们自身的责任执行。在这个模式中，促进者与学习者参与讨论揭示他们自己生活经历中的社会根源问题。通过倾听、磋商和行动这个周期性的过程，参与者对他们所处的社会和政治现实以及如何转变这些状态增进了理解。为了便于交换意见，诸如图画、照片或歌曲之类的学习材料用来集中于要共同讨论的主题。这些讨论导致参与者了解自身所处的现实环境包括生活中的种种限制，以便为社会变革采取行动。在这个过程的特定应用上，项目参与者制作的照片小说已被用于帮助新英格兰农场工人，纽约某街道，建筑行业工人和中国农村妇女来影响计划和关系到他们生活的政策制定。

瓦勒施泰因（Wallerstein）和桑切斯梅尔基（Sanchez－Merki，1994 年）从与青少年社会行动项目组合作中确定了个体从漠不关心到拥有社会责任采取行动要经过三个阶段（图 3－10）。

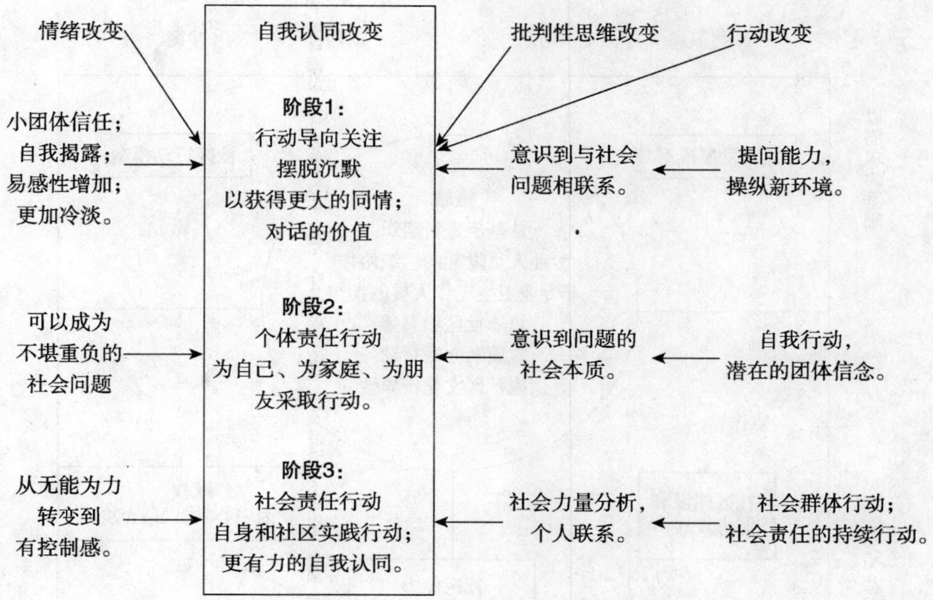

图 3－10 意识觉醒的三个阶段

引自：Wallerstein N，Sanchez-Merki V. Freirian praxis in health education：research results from an adolescent prevention program [J]. Health Educ Res. 1994，9（1）：105－118.

第一个阶段涉及个体开始注意到问题，彼此以及他们在社会中行动的能力。这个阶段通过小团体范围的讨论和自我揭露以及使用质疑来实现。在下一个阶段，个体责任行动，个体自我效能交谈和帮助他人的增加是由于从事参与和关心与经历了酒精或药物滥用问题的社区成员的讨论。最后一个阶段，社会责任行动，涉及批判性思维的存在潜在问题的社会力量，并承诺进行自我和社会改变。这三个阶段的转变导致个体和社区的赋权。

3.4.2 社区组织

社区组织理论（Community Organization Theory）强调社区参与和社区发展，注重在计划、评价和解决社会问题时依靠社区自己的力量，该理论来源于生态学、社会系统论、社会网络和社会支持等理论，罗斯曼（Rothman）提出社区组织理论由区域发展、社会计划和社会行动三个部分构成。区域发展是一个过程导向性模型，要求社区居民积极参与识别和解决他们自己所面临的问题，强调舆论的作用、能力建设的重要性和有明确的任务方向，同时认为外部力量的协调和帮助也是非常重要的。社会计划是一个问题导向性模型，除了提供技术帮助外，主要提出任务目标和实质性问题的解决方案。社会行动则包括上述两个部分，即问题导向和过程导向，主要针对解决问题能力的改善和对于社会弱势群体的援助，它关注居民的集体意识和行为能力，把信息和技巧也作为重要元素。沃尔特（Walter）等学者在 Rothman 分类的基础上，提出了社区建设（community building）模型，与传统的社区组织相比，社区建设强调社区对自身关心的问题进行组织活动以创建健康和更为公平的关系。社区组织和社区建设是提高社区能力和实现赋权的工具。社区组织和社区建设模型类型见图 3－11。

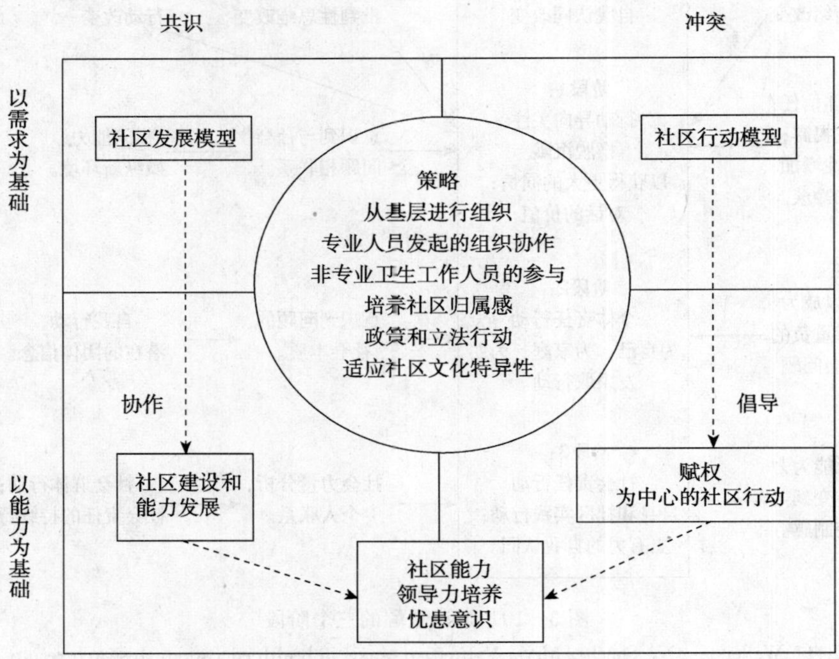

图 3－11 社区组织和社区建设模型类型

引自：傅华，李枫主编．现代健康促进理论与实践．上海：复旦大学出版社，2003

社区赋权是指对某些状况获得影响力的一个过程，这些状况对于共同拥有居住小区、工作场所以及经历类似的事情和关心共有的问题的社区居民非常重要。当然，赋权不只是发生在社区层面，也可以是在个体层面、机构层面等。个体层面的赋权表现在人们对社区活动的积极参与；社区层面的赋权表现在社区的意见得以重视，自身的能力得以增强，政策和支持条件改善，资源增加等。社区组织的任务就是围绕着社区的需要和问题，社区被组织起来，来解决自己的问题。个体层面与社区层面的赋权之间的联系通过培养忧患意识得到强化。创造忧患意识最初由巴西教育家保罗弗雷勒（Paulo Freire）提出，即通过使人们体察到影响他们集体利益和健康的问题，产生忧患意识，进而共同承担解决这些问题的能力。

社区能力是一个复杂的、多方位的和动态的概念。通常是指在某一社区，能促使社区问题的解决或保持社区健康和幸福的人力资本、组织资源和社会资本的相互作用。社区能力建设最早出现在史密斯（Smith）的社区发展模型中，后不断被完善。一般认为，社区能力的纬度至少包括 10 个方面：社区参与、领导能力、广泛的社会网络、清楚表达价值观的能力、历史判断力、社区判断力、反映批评意见的胆识、获得资源和技能的本领以及运用权利的能力。在社区能力建设中最重要的是社区中各种力量的联合，其次是开发领导层，建立和利用有效的社会网络也是重要的。

社区人群往往面临着共同的问题，他们对实施某些项目也会有共同的兴趣。应用社区组织方法实施的健康行动很多都得到了成功尝试，如美国斯坦福三社区进行了以社区为基础的心血管疾病预防研究，其目的在于通过健康教育改变人们的行为习惯，最终使心血管疾病的发病和死亡减少。

3.4.3 格林模式

Precede-Proceed 模式由两个部分组成，前一部分为 PRECEDE，英文全称是 predisposing，reinforcing，and enabling constructs in educational diagnosis and evaluation，指教育诊断和评估中的预示、强化和促成因素；后一部分为 PROCEED，英文全称是 policy，regulatory，and organizational constructs in educational and environmental development，指教育和环境改变中的政策、管理、组织策略。该模式的创建者是劳伦斯·格林（Lawrence Green）和马歇尔·克罗伊特（Marshall Kreuter），他们于 20 世纪 70 年代首次提出了 PRECEDE 框架旨在为健康教育工作者提供一个系统的规划制定程序，帮助他们提高健康教育干预的质量，这是从纯教育理论的角度考虑如何改变一个人的行为。在以后的研究与实践过程中，他们逐渐认识到健康促进的重要性，认识到除了传统的教育手段之外，要改变一个人不健康的行为，政策法规、环境、组织等健康促进的方式与手段也是非常重要的因素。因此在 1991 年时又提出了 PROCEED 框架，这样就构成了完整的 PRECEDE-PROCEED 框架。PRECEDE-PROCEED 模式共有 9 个阶段，PRECEDE 框架包含了社会诊断、流行病学诊断、行为和环境诊断、教育和组织诊断、管理和决策诊断 5 个阶段，这 5 个阶段为诊断阶段；PROCEED 框架包含了实施过程、过程评价、效果评价和结局评价 4 个阶段，这 4 个阶段为评价阶段。

PRECEDE-PROCEED 模式应用的基本步骤见图 3－12。

阶段 1：社会诊断（social diagnosis）

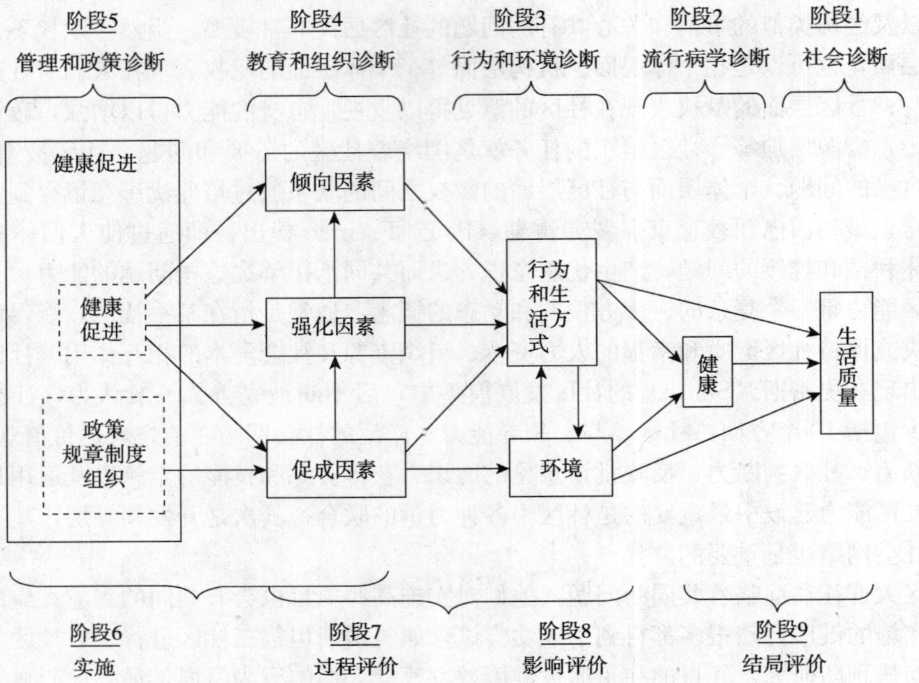

图 3-12 Precede-Proceed 模式的基本框架

引自：黄敬亨主编．健康教育学［M］．第 4 版．上海：复旦大学出版社，2003

社会诊断，也称之为社会需求，是评估社区居民的需求和生命质量。社会诊断是通过居民的广泛参与，利用各种途径来源的信息来增进人们对其生活质量及共同利益的认识和关注。社会诊断在整个规划的形成过程中是非常重要的一部分。因为，首先在确立优先项目时必须要了解社区的情况；其次，通过社会诊断可以促进社区参与，这样所确立的优先项目可以最大限度的反应社区自身的需求，可以最大限度的利用有限的资源。

阶段 2：流行病学诊断（epidemiological diagnosis）

流行病学诊断主要分三步进行：（1）评价各健康问题的重要性。（2）确定优先解决的健康问题。（3）确定拟达到的健康目标。

阶段 3：行为和环境诊断

行为和环境诊断包括两个方面，一个是行为诊断，另一个是环境诊断。行为诊断是指系统的分析与社会诊断和流行病学诊断所鉴定出的目标和问题有联系的行为，环境诊断是指分析与行为评价中鉴定出的行为有因果联系或直接影响个体健康的社会和物质环境因素。通常情况下，行为因素往往受到环境因素的影响。行为诊断可以分为 5 个步骤：（1）鉴别导致健康问题的行为和非行为因素。（2）建立一个行为的分类目录。（3）依据行为重要性分级整理，通常可以遵循两个原则，一是行为发生频率，二是行为与健康问题联系的密切程度。（4）依据行为可改变性整理。（5）选择行为目标，主要依据行为的重要性和可改变性来进行综合评价。对于环境诊断而言，可以采取与行为诊断相同的方法。

阶段 4：教育和生态诊断

这一阶段的核心任务是确定与选择行为发生或改变的因素。Green 和 Kreuter 将这些因素分为倾向因素（predisposing factors），促成因素（reinforcing factors）和强化因素（enabling factors），并认为这三类因素具有共同促进行为或环境发生改变的可能性。倾向因素是指产生某种行为的原因或动机，存在于行为之前，如个体的知识、态度、信念、现有技能、自我效能等；促成因素是指促使动机得以实现的因素，也存在于行为之前，如干预项目、服务、行为和环境改变的资源。强化因素是指促使已经形成的行为得以巩固或削弱的因素，紧随行为之后，如社会支持和同伴影响等。

阶段 5：管理和政策诊断

管理和政策诊断是通过分析组织机构内可能促进或干扰健康促进项目发展的政策、资源和情景，以帮助规划制定者了解并关注一些可能影响项目实施的关键性的管理和政策因素。管理诊断是指能推动或阻碍健康促进干预项目发展的有关组织、政策、资源与情况的分析；而政策诊断则是用于组织指导或是行政机构活动的目标和规章制度的分析。

阶段 6～9：实施与评价

实施是将前期通过诊断形成的计划落实到操作过程。评价包括过程评价、效果评价和结局评价。过程评价是帮助确定项目在多大程度上按照规定实施；效果评价是评价干预措施所导致的倾向因素、促成因素、强化因素以及行为、环境因素的变化。结局评价是判断项目对健康和生活质量方面的作用。

PRECEDE-PROCEED 模式是一个可综合应用多种理论来制定干预计划的理论模式。既有固定的框架又非常灵活，可以从任何一个阶段开始，在任何一个阶段结束，不一定需要从第 1 个阶段开始到第 9 个阶段结束。实际应用时，应该将其看做是一个综合性的计划制定模式，而不是一个预测行为改变的单一理论。美国一项旨在减少低收入家庭儿童意外伤害的干预试验——“安全家庭项目”（safe home project）即应用了 PRECEDE-PROCEED 模式及社会心理学理论。在该项目中，PRECEDE-PROCEED 模式的前两个阶段主要依靠对现有文献和目标人群中意外伤害相关数据的综述和分析评估。在阶段 3 和 4，数据收集和计划制订应用了许多理论框架和健康促进原则来收集大量资料：如意外伤害患病率资料、父母及儿科医生对于预防意外伤害的知信行水平、儿科医生有关预防意外伤害的咨询技能。按照 PRECEDE-PROCEED 模式的要求组织收集到的资料可以分为倾向因素、促成因素和强化因素。发现该项目中的倾向因素为父母和儿科医生对预防意外伤害的态度与信念等；强化因素为社会支持网络与儿科医生在日常诊疗时针对意外伤害的咨询服务等；促成因素为获得安全物品及有外界帮助或掌握有效使用这些物品的技能等。在阶段 5 和 6，鉴定出所需的资源以促进父母们采纳预防儿童意外伤害的行为。该阶段确立了 3 个干预措施：提高儿科医生预防意外伤害的咨询技能；建立一个以诊所为基础的安全促进资源中心；提供家庭访视服务。最后 3 个阶段是用来评估干预过程、产生的影响及结局效果，具体每个步骤都确定了一个可测量的目标。严格地说，PRECEDE-PROCEED 模式本身并不是一个独立的理论模型，但是它却为项目人员找出最合适的干预策略并为项目实施提供了一个应用理论模型的组织框架。

3.5 社会与政府层面理论

3.5.1 议题建构理论

议题建构理论（Agenda-building Theory）是在议题设定理论（Agenda-setting Theory）的架构下延伸出来的理论。根据科布（Cobb）和埃尔德（Elder）（1983 年）的分类，政策议题有两种。一是系统议题，包含政治家认为值得公众关注的问题和在合法范围内管辖的政府权威；一是机构议题，包含政治决策者积极认真审议的可利用的问题。议题建构有三种模式：外主动模式，内主动模式和动员模式。外主动模式指公众支持某个问题，要求采取行动解决这个问题的意见落入政府机构层面，则问题首先被带入到系统议题，随着公众持续的施压，而后进入机构议题；内主动模式指来源于政府系统的倡议不能涉及更广泛的公众，往往很快从系统议题进入机构议题；动员模式指在政府内部制定的政策提议，而后在公众寻求支持以使政策正式通过并成功执行。

影响政策过程的手段依赖于哪个模式最好地描述了一个过程以及在这个过程中存在的问题。期望获得政策议题上问题解决的群体必须得到媒体的关注以及意见领袖和政治领袖的支持。媒体倡导为社会团体提供了一个框架和一套工具用来影响政策走向。一般媒体倡导有 3 个步骤：(1) 设定议题 (2) 形成争议 (3) 通过明确提出解决方法和向政策制定者施压来推进政策制定。

当某个问题在系统议题上时，Cobb 和 Elder（1983 年）认为如果有较高的和长期的社会相关性时，它更有可能被政治家们放在机构议题上。

而从内部倡导的问题并不需要获得广泛的公众支持。在这种情况下，由内部利益相关者的狭小团体来审查提议。健康教育者可以和立法人员合作来拟定问题，这样问题就既能支持寻求到的健康政策，又能达到机构议题层面。在动员模式中，问题由政府产生，公众对该问题的支持对政府决策是很重要的。而健康教育者的作用就是影响公众的态度。

朗氏夫妇（Lang & Lang）将议题建构过程分成以下几个阶段：

a) 将事件的精华部分呈现出来，吸引受众注意。

b) 在媒体集中火力报道某一议题时，仍须注意外在氛围的配合情形。

c) 将事件与次象征符号联结在一起，使发生利益集结，议题更具争议性。

d) 压力团体必须巧妙操纵媒体。

议题建构理论的关键概念：

➤ 天花板效应

指当一个议题被报道了一段时间以后，则议题重要性不会发生在那些对议题最有兴趣的人身上，反而是那些对议题没有兴趣的人会认为议题重要。

➤ 饱和报道

饱和报道的操作型定义有两个：一是指其具有醒目的地位，刊载在报纸的第一版或是在电视上连续出现 60 秒以上。二是指其具有连续性，七天中有五天不间断的报道或是持续报道三天以上。

➤ 共鸣效果

此概念的提出是学者诺尔纽曼（Noelle-Neumann & Mathes，1987 年）等在研究 1968 年伦敦的反越战示威时，发现存在意见领袖媒体的现象，即一些主流媒体最先报道相关的新闻后，其他的报纸才跟进；且意见领袖的内容为其他报纸所采纳，形成一股连锁反应，诺尔纽曼称这现象为议题间的共鸣现象。

3.5.2 政策窗口理论

金顿（Kingdon，1995 年）提出政策窗口理论（Policy Windows Theory），这个理论描述了一个问题是如何转变成政策议题的（图 3-13）。政策议题是政府、政策决策人（包括公众）密切关注的问题，成为政策议题这个过程被认为是一个政策窗口开放的过程，包括三条趋向于会聚的流：

（1）问题流：指基于指标或焦点事件的问题的定义、比较、评价、分类。问题存在于各种政策部门中，比如，全球变暖、国家债务、卫生保健成本、少女怀孕、特殊疾病、低劣的住房条件等。

（2）政策流：指各独立的组织团体提出的办法或建议。比如，污染的控制、普及健康保险、学校医务室、生存标准、技术可行性等。

（3）政治流：指影响议题的政治因素。包括公众意见变动、管理机构的改变、政策接受各团体、权力、资源、组织的力量、民族情绪等。

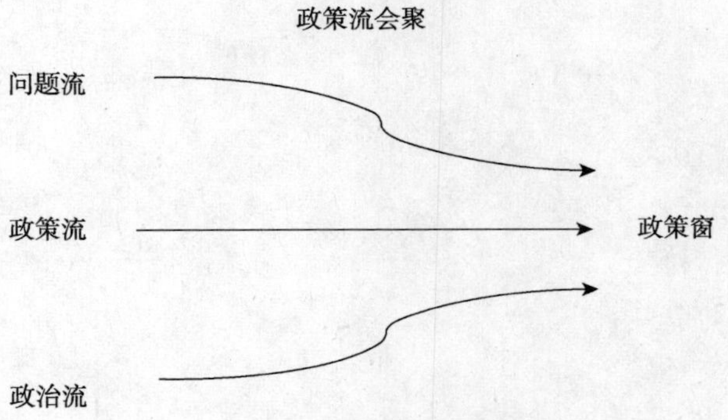

图 3-13 政策窗口理论图

引自：L. kay Bartholomew，Guy S. Parcel，Gerjo Kok，etc-Intervention mapping-designing theory and evidence-based health promotion programs [M]. California：Mayfield Publishing Company，2001

每个流都是独立向前进行的，并且受到不同的驱动因素影响，但在影响议题设置或提倡政策建议时，在特定的时间点，这些流会被政策提出者连结起来。其中一个流发生改变，如在政府内部的事件，一件大事的出现或一个新的政策提议，这时在流之间就出现一个政策窗口，由此，一个问题可能进入政治流中，也有可能一项政策与一个问题产生了联系。实质上，一个政策窗口既可以出现在政治流中也可以出现在问题流中，他们都促使一部分政策提出者连结各个过程和一个决定议题。但如果当一个问题或建议办法成为政府议题而连结却没有发生，能够产生实际行动的决定议题的可能性会大大减小。因此，当识别出一个问题后，政治环境良好，政策过程产生可行的建议是至关重要的。

政策提出者或提倡者的任务是创造、监察、利用机会。当政策窗口开放时，政策提出者或提倡者要提升建议和所对应的问题，促进各过程间的连结，把问题、政策和政治机会联系起来。有效的政策提议的特点是权威性、显著性、较强的政治性、能够应用于策略性计划、创新性、持续性、在内容和结构上相对独立性。

（王书梅　徐文燕　邹金良　尹明敏）

4 美国、澳大利亚、日本及中国台湾学校健康教育的现况与比较

4.1 美国学校健康教育现况

4.1.1 学校健康教育的发展

4.1.2 学校健康教育的课程体系

4.1.3 学校健康教育课程标准及特点

4.1.4 学校健康教育教材的内容构成

4.1.5 学校健康教育评价

4.1.6 美国学校健康教育的启示

4.2 澳大利亚学校健康教育现况

4.2.1 健康促进学校的实施

4.2.2 健康教育课程标准的制订

4.2.3 澳大利亚学校健康教育特点与启示

4.3 日本学校健康教育现况

4.3.1 与学校保健教育有关的法规法令

4.3.2 学校保健及其构成领域

4.3.3 学校保健教育（健康教育）的特点

4.3.4 学校健康教育内容及实施

4.3.5 学校保健能力培养与教育模式的探讨

4.3.6 学校健康教育评价

4.3.7 学校健康教育值得借鉴的经验

4.4 中国台湾学校健康教育现况

4.4.1 小学、中学和高中学校健康教育课程的演变

4.4.2 中学健康教育课规划与实施

4.4.3 健康教育专业人员培养与发展概况

4.4.4 台湾学校健康教育值得借鉴的经验

学校健康教育的实施不仅可以促进学生的健康状况，提高学生的学习效率，并且可以促进社会文明，提高人们的生活质量。为此，以人为本的学校教育一定是关注健康教育的，并将健康教育作为学校教育中不可缺少的一部分。这点也从一些经济发达国家以及我国台湾地区的学校教育发展轨迹得以印证。

随着我国的改革开放和经济建设以及人们生活水平的提高，学校健康教育越来越受到重

视。学校健康教育得到了长足发展，但是目前我国学校健康教育的实践中还存有不少问题，我们希望通过介绍美国、澳大利亚、日本三个国家以及我国台湾地区学校健康教育状况，从中获取可供借鉴的经验和做法，以促进我国学校健康教育更好地发展。

4.1 美国学校健康教育现况

4.1.1 学校健康教育的发展

美国是比较早在学校开展健康教育的国家。由于受社会经济、教育理念、卫生发展状况等多方面因素的影响，美国的学校健康教育的发展经历了下列几个阶段。

(1) 19 世纪末 20 世纪初：学校健康教育开始进入课堂

1885 年，美国成立了美国体育教育协会。该协会的著名医学人员在学校中实施科学体育活动和学校卫生计划。1916 年，美国霍特博士（Dr. LH. HHt）主张建立儿童健康协会，并在学校加授个人卫生课。此后，美国大多数州规定学校必须开设卫生课程，一些学校开始教授了卫生课，内容包括解剖学和生理学。

1919 年儿童健康协会召开的会议上首次提出以健康教育来代替卫生教育。由卫生教育转向健康教育。学校健康教育由教育部门主管，从幼儿园到中学进行系统的健康教育，教授健康知识。一段时间后，教育者开始根据健康信息对学生健康态度和健康行为的影响效果来评价健康信息的质量和数量。这都成为学校健康教育发展的基础。1922 年，美国医学会和美国教育协会开始制定学校健康教育计划，计划包括健康教育目标、课程内容、教材、师资培训等。这个时期健康教育的内容限于卫生知识的传授。

(2) 二战后到 20 世纪 80 年代：学校健康教育缓慢发展

二战后，美苏争霸，美国认为在科学技术上落后于前苏联，因此 1958 年颁布的《国防教育法》，更加重视学术标准，在中小学课程改革中，强调学术科目教学。20 世纪 80 年代美国兴起了教育改革的浪潮，在教育革命中，所强调的是语言、数学、社会、自然科学和写作，健康教育并未得到同等的重视。在很多学区，一旦出现预算赤字时，常常就会减少健康教育这一部分的预算。但是，由于国民健康状况出现一系列问题，社会对健康重要性的认识程度还是在不断增长，美国学校健康教育因此得以继续缓慢发展。

20 世纪 70 年代，美国教育联盟课程委员认为，在教育的基本原则中，健康应居于首位，其次才是掌握基本学习方法（即读、写和算）、良好家庭、职业才能、公民品行、合理安排闲暇、道德品性等，由此健康行为日益被看做是学生生活的重要内容。

美国注重从幼儿园到 12 年制学校的系统健康教育，以帮助学生们在可塑性最大的十几年中，接受全面的健康教育，从而养成良好卫生习惯，形成正确的健康观等。据 20 世纪 80 年代末期资料称当时美国有 36 个州将健康教育作为高中毕业生的必修课。

1983 年，美国教育优异委员会公布了《国家在危急中，教育改革势在必行》的报告，该报告认为健康教育是“教育自助餐”，指出健康课程是“无力”的，缺乏对学生的影响作用。

(3) 20 世纪 80 年代后：随着预防疾病时代的到来，美国学校健康教育迅猛发展

1979 年，美国卫生总署第一次出版了《健康促进及疾病预防报告》，其中题为《健康人

民：关于健康促进与疾病预防的报告》是美国健康教育发展历程上的一个重要的历史性文件。报告的主题是“美国国民健康的进一步改善能够而且将可以达到——不只是增加医疗照顾及费用——而是国家重新对于疾病预防以及健康促进所做的努力”。

社会各界充分认识到健康对于个人和社会的重要性，学校健康教育被赋予了极高的位置，得到了社会各界的广泛支持，学校健康教育成为美国基础教育的一个重要部分。1995年，联邦政府制定了“国家健康教育标准”。对中小学健康教育作出了明确规定：要求从幼儿园到12年级，每年至少有50个课时。各州依照“国家健康教育标准”采用了必修、选修等不同方式实施学校健康教育。

美国学校健康教育的发展有两个主要标志：首先，大量的调查研究和示范项目的开展为明确健康教育的定位和作用提供了实证的依据。例如，研究和实验结果表明：健康教育能够对青少年的卫生知识和态度行为起到积极的影响作用；其次，学校健康教育专业蓬勃发展。据统计，在美国有近300所高校开设健康教育课程并授予健康教育学士学位，有20多所大学培养健康教育硕士、博士研究生。由此可见，学校健康教育的发展需要以扎实的研究和相关的教师教育为基础。

4.1.2 学校健康教育的课程体系

美国的学校健康教育课程的确立，是建立在课程基本理念和对健康整体性理解这两个基础之上的。从课程理念的高度来构建健康教育的内容，不仅使得美国学校健康教育在注重学生个人经验方面尤为突出，同时课程结构更加科学。健康在美国的学校健康教育体系中成为一个整体性、综合性的概念。

培养每个儿童具有健康的身心是美国学校教育的目标，也是确定健康教育目标的基础，具体体现在形成最初的个性、养成相对的独立性、发展必要的社会技能三个方面。

美国最近的几项研究和调查发现，学生健康行为和技能的形成与课程内容的设置和实施之间有着十分密切的关系，高质量的健康教育课程有利于增加学生的健康知识、提高学生对健康活动的理解和接受能力。美国一些课程研究者指出，有效的健康课程应该具有以下8个方面的特征：

（1）以研究为基础，以理论为支持。

（2）包括基本正确的健康信息。

（3）利用学生能够参与的、互动的、亲自体验的活动。

（4）为学生提供机会来模仿和实践相关的社会技能。

（5）强调社会和媒体对学生行为的影响。

（6）加强促进健康行为的个人价值观和集体规范。

（7）保持连续性以使学生获得必要的知识和技能。

（8）为提高健康教育的效果做好教师培训。

另外，课程实施至少包括四个方面的内容：

（1）学校所在社区所有成员（包括全体教师、学生家长及其他相关的社区服务人员）的广泛参与。

（2）教师培训及教材的配备。

(3) 家庭和社区的组织与支持。

(4) 阶段性的课程成果评价。

4.1.3 学校健康教育课程标准及特点

课程标准是确定一个国家学校课程水准、课程结构和课程模式的纲领性文件。20 世纪 90 年代之前，美国的教育权归地方（州政府）所有，国家没有统一的教育标准和教科书，教什么、怎样教，地方学区拥有相当的决定权。但是这种模式导致了各州的学习发展不平衡的状况，到 1989 年，乔治·布什总统和 50 个州的州长们提出了 2000 年的教育目标，联邦政府制订了一系列策略和措施，其中最重要的当数建立全国及州的教育质量标准和测评标准。比尔·克林顿总统及联邦政府多次强调“实现国家教育目标的关键之一是建立一个自愿采用的、挑战性的全国和各州的教育标准体系”。

美国在 20 世纪 90 年代开始设定全国课程标准。课程标准制定的具体运作方式是：联邦政府提供资助，首先由在全国具有代表性的学术团体或研究机构主持，订出全国的各学科的课程标准。健康教育课程标准是由美国健康教育标准协会制订的。该协会的主要成员来自健康教育发展协会（Association for the Advancement of Health Education）、美国公共健康协会（American Public Health Association）、美国学校健康协会（American School Health Association）等组织机构。

虽然美国已经有了国家健康教育标准，但是各州政府还要根据本州的实际状况制定各州自己的健康教育标准，因此，本节重点介绍美国学校健康教育标准及其中一州的学校健康教育课程。

国家学校健康教育标准

1995 年国家健康教育标准协会制定的美国学校健康教育标准规定：健康教育目标就其总体目标而言是促进学生健康，培养有健康素养的人。具有健康素养的人应该是：具有批判思维和解决问题的人；有责任心和具有生产能力的公民；具有自我管理能力的学习者和有效的交流者。为了达到该目标，对学生应掌握的知识和能力做了如下规定：

(1) 学生能掌握有关健康促进与疾病预防的概念。

(2) 学生具有获得真实有效健康信息、健康促进产品和健康服务的能力。

(3) 学生能养成良好健康行为习惯和减少危害健康的危险行为。

(4) 学生能分析文化、大众媒体、科学技术及其他因素对健康的影响。

(5) 学生具备运用人际交流技巧增强健康的能力。

(6) 学生具备运用目标设定和决策的技巧增强健康的能力。

(7) 学生具备倡导个人、家庭和社区健康的能力。

国家制订的课程标准只确定了各课程的基本目标和要求，是框架性的，其目的是给各州根据自己的实际情况再制订更为具体的课程标准留有余地，联邦政府鼓励和资助各州在国家标准的基础上制订高质量的州课程标准。实际上，真正对公立中小学教学起约束作用的，是各州所制定并且通过州立法付诸实施的州级课程标准。因此，从标准的统一层面来看，除了极少数州将制定课程标准的权力下放到地区外，基本上是由州一级政府负责。各州制定的健康教育标准对该州的学校健康教育具有更大的操作意义。到 1998 年底，全美制定健康教育课程标准的已经有 28 个州。为了更加详细的了解美国健康教育标准的使用情况，本节选取南达科他州健康教育标准和指标进行更加详细的说明与分析。

南达科他州制订的课程标准

2000 年 3 月美国南达科他州颁布的《健康教育标准》试用范围是 K（幼儿园）～12 年级的学生，并按水平程度分为 K～2 年级，3～5 年级，6～8 年级和 9～12 年级四个学段。每一个学段规定相应的基本知识、基本技能、评价指标以及参考样本。

根据“国家健康教育标准”，南达科他州的健康教育有以下五级标准，每级标准下面有三项评价指标。标准和评价指标在各个水平都是一样的。这样可以保证 K～12 年级课程的连贯性和一致性。

一级标准：学生理解健康促进和疾病预防的概念和行为。三项评价指标为：

(1) 学生可以评价个人行为将会如何影响自己、同伴以及家人的健康。

(2) 学生可以评价心理、精神、社会、身体健康将会影响互相联系的身体系统。

(3) 学生分析医学研究、政府机关和公共健康政策将如何影响健康促进和疾病预防。

二级标准：学生评价健康信息、健康产品和健康服务。三项评价指标为：

(1) 学生将评价文化、媒体和技术对个人做出健康决定和个人健康行为的作用，并学会评价健康信息、健康产品和健康服务。

(2) 学生会评价个人为达到和保持健康目标所实施的策略。

(3) 学生分析医学研究、政府机关和公共健康政策将如何影响健康促进和疾病预防。

三级标准：学生了解实施促进健康的行为将可以减少健康危险系数。三项评价指标为：

(1) 学生了解实施促进健康的行为将可以促进健康。

(2) 学生会评价个人为达到和保持健康目标所实施的策略。

(3) 学生可以评估个人在做出有关健康决定应有的责任。

四级标准：学生运用人际交流能力来提高个人健康水平。三项评价指标为：

(1) 学生可以评价交流将如何影响家人、同伴和公众的关系。

(2) 学生会评价和选择有效的交流方式以提高个人健康水平。

(3) 学生会分析健康交流中的冲突和问题的解决策略。

五级标准：学生可以对家人、同伴、学校、社区和环境的健康做出贡献。三项评价指标为：

(1) 学生在有效可信的信息基础上分析社会和环境健康问题。

(2) 学生会评价介绍社会和环境问题不同策略的影响作用。

(3) 学生会提倡和支持可以促进社会和环境健康的行为和实践活动。

课程标准规定，在每一项评价指标下面还有评价基准，评价基准的内容在概念上是一致的，但是，针对不同年级的学生提出非常明确、具体的不同要求。我们现在选取一级标准“学生理解健康促进和疾病预防的概念和行为”中的第一项评价指标为例，即“学生可以评价个人行为将会如何影响自己、同伴以及家人的健康”来表明不同年级的评价基准的差异。

K～2 年级的评价基准：

(1) 认识到情感的重要性和造成的结果。

(2) 知道良好的个人卫生习惯。

(3) 知道良好的健康行为可以影响自己和他人。

3～5 年级的评价基准：

(1) 能够找到表达自己感情的方式。

(2) 了解个人卫生的重要性和有效性。

(3) 知道正确与不正确的健康行为如何影响自己和家人的健康。

6～8 年级的评价基准：

(1) 能运用不同方式表达自己的感情。

(2) 能养成积极健康的卫生习惯。

(3) 能分析不同的行为如何影响自己和家人的健康。

9～12 年级的评价基准：

(1) 在与他人交往过程中，能运用恰当的方式表达自己的情感。

(2) 养成积极的个人卫生习惯，并可以对其进行评价。

(3) 能评价健康的行为对个人或家人的影响。

在每一项评价指标之后，根据评价基准，课程标准还给出了参考评价样本：每个评价基准有一个或两个参考目标。标准明确指出：在地方课程开发中，各个学区必须根据每个年级的评价基准确定不同的具体目标。

从以上不同级别的标准到其具体指标，以及对其具体指标的评价基准的确定，使我们感到健康教育目标指向既有扩展性又有深入性。五个级别的标准显示了健康教育目标的广度，具体指标和评价基准使健康教育要求更为明确，评价更为具体。

4.1.4 学校健康教育教材的内容构成

课程内容主要体现在学校健康教育的教材之中。在教材方面，美国各州可以由教育局决定基本内容，重点也有所区别，但其基本内容均应包括“国家健康教育标准”所规定的相关内容。美国至今尚无统一的全国教材，但学校多使用出版社发行的教材。下面以《Health-Making Life Choices》(National textbook company (1998) Frances Sizer Webb，Eleanor Noss Whitney，Linda Kelly Debruyne）为例，认识了解美国学校健康教育教材编写的情况。该教材供 7～9 年级学生使用。从该书的目录可知有下列六个板块：

(1) 教材主要内容：健康与个人行为的关系、社交与心理健康、身体健康、药物的合理使用与滥用、家庭生活、急救与安全、环境与健康等。

(2) 生活选择调查表（Life Choice Inventory）：比如你的寿命有多长？你的心理健康吗？你能很好地表达自己的想法吗？

(3) 消费技能（Consumer Skills）：比如如何理解健康信息、“夸大其词”的广告、如何阅读食品上的商标、有利健康的药物、虚假与欺骗。

(4) 实话实说（Straight Talk）：如青年人与暴力、处理同伴压力。

(5) 青年视角（Teen Views）：你遇到过什么同伴压力？如果减少吃快餐的次数，你会更加健康吗？如果有同学感染艾滋病，你会像以前那样对待他吗？

(6) 健康策略（Health Strategies）：健康信息的阅读、目标设定的步骤、情绪的处理、作决策的一种方法、提高自信心、结识新朋友、如何举办一个没有酒的舞会、如何避免酒后驾车事故等。

在教材的编排体系中，每章包括下列内容：

(1) 在正文之前，通过“是真是假（Fact or Fiction）”部分引入。在每一章的开始部分有一些有趣的小测试，其目的是让学生能够确认或者改正本章将出现的一些概念。

(2) 将课文中出现的重要概念收入迷你辞典（Mini Glossaries）之中：教材的右下角有一个小框，其中会有一些小辞典，使学生在需要这些关键词汇时很方便地了解其意。

(3) 在每节内容后有“中心内容”（Key Points）。这部分可以使学生很快地复习和巩固重要概念。

(4) 生活选择调查表（Life Choice Inventories）。通过这些调查表，学生可以自测健康状况。

(5) 健康策略（Health Strategies）。这部分主要介绍一些能将所学知识运用到日常生活中的技巧和行为。

(6) 消费技能（Consumer Skills）：主要是引导学生如何对自己听到和看到的健康信息或健康产品进行判断。

(7) 青年视角（Teen Views）：学生对健康教育课的想法和观点。

(8) 实话实说（Straight Talk）：该部分主要对学生可能产生疑问的概念进行交流。

该教科书的作业系统也设计完整，它主要包括下列几类：

(1) 复习学习过的基本内容。包括：词汇、概念或者课文中介绍的事实与观点。这部分主要是检查学生是否理解课文内容。主要考察学生对基本知识、基本概念的掌握程度。比如：说出当前有多少生活方式的疾病与选择的生活方式有关；列出你可以做到的有益健康的生活方式等此类事实呈现的考察。

(2) 在基本内容的基础上，鼓励学生对自己、对社会的健康问题进行思考。比如下列这样的问题：完成生活选择调查表后，你是否对其结果满意？你如何将消极行为变为积极行为？你如何保持积极行为？

(3) 活动类习题。在学生掌握一定的知识后，培养学生的各种能力。比如：记录你的日常活动，一周后，写出你为促进自己的健康状况做出哪些改变？需要多做点什么？少做点什么？研究你所居住的环境是否存在污染问题？是否有足够的医疗人员和医疗设施？总结环境中的不利因素，并说说你可以为其改变做些什么？请你找出一些在杂志和报纸上刊登可以提高身体健康的器械广告，为班级报刊写篇稿子，分析讨论广告中的宣传内容以及内容中相互矛盾的地方等。

(4) 给出一个情境做出健康选择。通过这种方式培养学生的实际应用能力。如教材中有这样一题：“如果有朋友告诉你，她现在有一份可能给她带来麻烦的友情，即她新认识的朋友有一些危险行为，如吸烟、喝酒、吸毒。她现在虽然意识到了与新认识的朋友交往会有一定的危险，但同时她也有点喜欢这些新鲜和有点刺激的活动，她需要能及时改变自己行为的建议。根据你所学习的知识，你可以给她提出哪些建议呢？请列出你将改变的某些行为，你准备怎样改变这些行为？你采取哪些步骤，为什么？”等。

总体讲，该教材的作业系统具有以下三个特点：

（1）题量大、类型多。每一章中都会有若干问题，采用多种形式让学生进行复习。

（2）对教学目标的全面考察。既有对基本概念、基本事实的考察，也有对学生行为方面的考察。

（3）教材在每节、每章课文之后都有很多练习题，有些练习内容反复重复，以强化知识和能力的学习。

4.1.5 学校健康教育评价

有效的评价模式是学校健康教育的有力指导，经过多年的发展，美国学校健康教育的评价模式已经相对比较成熟。

（1）评价模式的确立

各地学校健康教育的成功经验表明，只有把健康教育与有力的政府支持的承诺相结合，才能最终保证健康教育各项目标得以落实、收到成效。

学校健康教育评价模式的确立也需要来自政府的支持，政府的支持和承诺主要体现在：政策上的明确、法律上的保证、组织机构的健全和运营通畅以及财政上的保证。可是如何积极稳妥地评价现行的学校健康教育？美国疾病控制与预防中心认为，应该对此采取过程性评价，即在执行健康计划方案的行动中，看学校是否在下面诸多方面做了积极的工作：

①将健康教育作为一个核心学科来建设，支持和观察与国家健康教育标准相一致的政策和计划。

②是否在财政方面给予足够的支持。

③是否对从事健康教育的中小学教师进行严格的资格认定；并同时开展专门培训。

④是否积极地支持学校健康教育课程和健康教育的相关计划，并为此提供教材。

⑤开展和支持持续性的健康教育研究。

（2）健康教育的新理念和评价原则

学校健康教育的评价建立在健康教育的核心理念基础之上。目前，美国学校健康教育非常重视和加强人力资源开发，着眼于以人为中心，开展以“个性化”为服务目标的健康教育，即充分尊重服务对象的健康需要和基本权利。以此为指导，美国学校健康教育的评价原则除了经常采用定性与定量评价、绝对与相对评价、教师评价与学生评价以外，还非常注重以学生发展为中心来评价学校健康教育，也就是将学校健康教育目标、教学内容、教材与教学活动等都与是否促进学生发展相关联。具体的评价指标和考察点有：

①关于健康教学目标的评价，既有一般目的又有具体目标，具体目标使一般目的更为清晰明了。

②关于学科内容与组织的评价。为方便健康教育内容的组织与理解是否运用了概括性的表述；健康教育内容是否有逻辑顺序；所涉及的健康教育主题之间是否有逻辑顺序；健康教育内容和其他科目是否有机地结合起来了；这些学科内容在科学性方面是否准确。

③关于教学活动与教学材料的评价。班级活动与学生的兴趣是否有关；在教学中使用了哪些方法；在教学中是否使用了各种材料和教学辅助设施；对个体差异和个别化教学是否有具体的准备；学生在学习过程中是否经常能得到积极的反馈。

④关于日常教学过程的评价。教室的气氛是否有利于学习；学生在健康课的教学中是否表现得活跃；是否感兴趣；是否给学生提供了充足的参与课堂教学的机会；课程的教学进程是否经常性地得到评估与修订。

4.1.6 美国学校健康教育的启示

通过对美国“国家健康教育标准”的了解，我们可以看出美国学校健康教育具有以下四个特点：

第一，学校健康教育目标包含了认知目标、态度与价值观目标、技能目标和行为目标四个方面。

(1) 认知目标：即学生应掌握的健康知识。美国国家健康教育标准协会所制定的课程标准的第一点就是要求学生掌握有关健康促进与疾病预防的概念。因此，国家课程标准要求每州的健康教育课应该包括下列内容：个人健康、心理健康、疾病预防与控制、营养、物质使用与物质滥用、意外事故的预防和安全、社区健康、消费健康、环境健康以及家庭生活教育。这些内容涉及有关身体健康、心理健康等健康领域。其基本要求是使学生掌握有关健康促进与疾病预防的概念，了解影响健康的因素，促进学生健康。

(2) 态度和价值目标：即对知识的融会贯通并在此基础上帮助学生确立正确的态度和价值观。主要是在学生学习知识的同时，帮助他们确立几种意识和态度。如作为公民应具有的健康意识；个人应该为自己的健康负责的责任意识；作为家庭和社会的一员，应具有对家人和社会负责的健康意识等。

(3) 技能目标：即在对学生进行健康知识和健康态度培养的同时，对学生进行相关能力的训练。主要包括：①人际沟通能力。比如：如何倾听别人的意见，清楚地表达自己的意见和观点；在家庭和社区内向他人进行健康宣传的能力。②学习分析的能力：能分析文化、媒体、技术及其他因素对健康的影响。③目标设定和决策的能力。④缓解压力和抵抗消极社会压力的能力。

(4) 行为目标：即学生在掌握知识、技能、形成健康态度后对学生良好行为的培养。目标中明确提出要培养学生养成良好健康行为习惯和减少危害健康的危险行为。主要包括三方面内容，一是减少学生有害健康的行为，比如不吸烟、不喝酒；二是培养学生有利健康的行为，如锻炼身体、能放松自己、正确面对压力等；三是学生面临健康威胁时，能积极采取相应措施。

第二，美国学校健康教育实行分阶段目标。针对不同级别的标准，每个阶段学生有不同的评价指标。这既保证了内容的衔接和连贯，也对不同年级的学生提出了不同的要求。以南达科他州的健康教育目标为例，我们可以看出对低年级学生一般要求“知道”或者“了解”，而到了高年级，则要求学生“学会分析”。

第三，美国健康教育目标比较注重学生综合能力的培养，不光以传授健康知识为主，更重要的是培养学生的一种能力和行为。美国健康教育目标所体现出来的这一特点，深受美国课程一体化思想的影响。所谓课程一体化就是对学生进行综合性教育和训练。综合性的教育可以提高学生学习效率和学习质量，特别是在基础教育中，不仅加大了课程的综合性，使一门课程包含有多种学科的内容，同时，各门课程间又进一步相互配合，相互渗透。如在科学课程中，包含有社会科学知识的内容，使学生在提高阅读能力的同时，学到了相关的知识。社会课程中的综合性训练表现为在学习社会科学知识的过程中，通过让学生自己翻阅资料和图书，写调查报告等，培养阅读、写作能力，在收集信息资料的过程中，学会计算机技术和网络技术，在课堂讨论中培养与人合作、分析和表达能力等。当然，综合性的教育和训练，并不意味着失去本学科的特定教育目标。美国的教育者们特别指出，综合性的教育和训练只是一个教育对策，而不是教育的目的。在健康教育课程中，学生的分析能力、批判性思维的培养都是在学习和探索健康知识和问题的过程中实现的，教学要着眼于本学科的特定学习目标。

第四，在课程标准中，更加注重标准的多维性、可测性、层次性和表述的精确性，以便为全国测量学生的知识和技能提供科学的依据。为了有效地促进教学质量的提高，更全面地体现学校教与学的结果，无论是全国性的标准还是州级标准都力图从多个角度对课程标准进行规范。

因此，美国学校健康教育标准目标具有阶段性以及具有注重学生健康知识、健康态度和价值、健康技能以及健康行为全面、综合培养的特征。

通过对美国教材的介绍可以使我们感受到教材中的知识学习与日常生活行为以及个人健康观念的建立结合的紧密性，学习方法的多样性。这些都是建立在尊重学生个性和注重学生发展基础上的教育方式，学校健康教育的评价更是突出了这一点。

当然，美国的学校健康教育也存在一些问题，仅以美国的课程标准来讲，首次制定的全国课程标准难免存有不完善的地方；学校课程设置的地方化和多样化色彩突出，全国健康教育标准与各州标准的关系尚未理顺，两者有时出现矛盾甚至是冲突。

4.2 澳大利亚学校健康教育现况

澳大利亚受欧美文化影响，是一个比较重视学校健康教育的国家。澳大利亚学校健康教育的实施方式主要有二种。一是州政府制定整套完备、详细、易操作的健康促进学校政策与策略以实施健康教育；二是联邦政府对基础教育提出8个核心学习领域，其中有“健康与体育”领域。随后，州政府以此制订相关课程与标准供学校实施健康教育。本节从健康促进学校的实施和课程标准的制订了解澳大利亚的经验和做法。

4.2.1 健康促进学校的实施

在过去若干年里，昆士兰州的健康促进学校工作取得了较好的实际效果，在此进行概括性的介绍。

昆士兰州在其“健康促进学校”政策文件中指出：有效的健康促进学校工作必须使协作范围超越卫生领域，健康促进学校是指学校社区内的全体成员，为促进学生健康而奋斗，给学生提供完整的积极的经验和知识，包括设置正式和非正式的卫生课程，创造安全健康的学校环境，提供合适的健康服务，让家庭和更广泛的社区成员参与，以促进学生健康。昆士兰州政府结合渥太华宪章关于健康促进的内容，制定出了本州健康促进学校的原则、政策及基本内容框架等，为健康促进学校工作的普遍开展建立了良好的基础。

昆士兰州卫生局与教育局共同管理和协调这一工作。卫生专家担任协调人，与教育部门密切联系与合作，在一个强有力的社会支持体系上，动员全社区广泛参与，通过部门合作以制定出适宜的、切实可行的健康促进学校规划加以实施。

昆士兰州健康促进学校工作的基本内容框架包括课程的设置、学校组织、社会风气及环境、合作与服务等几个方面。学校开设健康教育课，有计划地教授与学习健康知识，吸收学生与社区成员共同制定课程计划，逐步将健康主题纳入其他学科；倡导采用安全和有益健康的行为，在社会公平原则的基础上，消除暴力、歧视和欺小凌弱，保持良好的人际关系，建立一个安全的自然环境和健康的学习环境，包括反吸烟、意外伤害预防、限制饮酒、垃圾处理和安全供水等；与卫生、福利和当地社区组织，包括政府和非政府组织形成同盟并共同工作，创立良好的合作关系。学校社区成员参与学校卫生政策及项目的制定和执行，当地卫生部门对学校健康提供一定的服务。

健康促进学校的活动过程总体分为六个步骤：(1) 准备阶段，取得关键人物的支持，如校长、家长，建立工作组等。(2) 制定预期目标并确定学校、社区目前的需求。(3) 选择优先考虑的问题。(4) 制定行动计划。(5) 将计划与实践相结合。按计划执行，任何时候可根据需要调整和更改计划。(6) 进行结果评价和再计划。

健康促进学校的步骤是循环的，在执行中可随时检查，有足够的伸缩性，可以适应所有学校需求。不同学校可根据现状和不同需求在不同点开始这一活动。换言之，学校可在他们最适合的阶段进入这一过程，何时开始和参与程度没有正确错误之分。不管从哪一点迈入，参与是最重要的。健康促进学校步骤的划分使这一工作的执行变得较为容易，有计划可循。

健康促进学校工作开展的方式，除课堂讲授健康知识和开展保健技能培养的课外活动外，通常还根据学校不同时期优先考虑的不同健康问题开展项目活动。如一个以降低学校传染性疾病的发病来增进健康的项目，其突出特点是鼓励学生间的自我教育与同伴教育，较年长的学生指导较小的学生正确的卫生实践，以保持学校清洁和卫生，降低传染病的发生。通过让学生自己学习掌握技能，使他们能够对学校卫生尽责。而且每个学生都有机会成为同伴教育者。又如以降低10～14岁孩子伤害为目的项目，学校成立防伤害组织，对行为安全进行检查，制定策略进行伤害预防。关注男孩健康项目则是通过角色扮演，制定对策重点，解决形体塑造和欺小凌弱问题。这些学校健康促进活动都取得了显著成绩。

事实上，昆士兰州政府把健康促进学校视为一种工作方法，而不是需要启动和结束的项目来抓。健康促进学校内容广泛，还涉及人际关系，传播技巧、行为约束，公路安全等，已成为学校工作不可分割的部分。

4.2.2 健康教育课程标准的制订

澳大利亚作为一个联邦制国家，只是在全国范围内统一规定基础教育阶段必须开设的八个核心学习领域，即英语、数学、外语、科学、技术、社会与环境教育、健康与体育、艺术。具体到每个领域的课程和标准则由各个州自行编定，以供学校实施。

本文所介绍的是维多利亚州目前所使用的《课程与标准框架》第二版，这是由大量的一线教师共同参与制定的澳大利亚最新的教育科研成果。因为该州有着发达的文化教育传统，在一定程度上代表了澳大利亚教育发展的水平。该框架旨在帮助教师和家长满足所有学生的学习需求，就进入学校教育的最初10年需要学习包括健康与体育的8个核心学习领域，课程规定了教学重点，标准描述了期望学生获得的成就。

课程框架体现着社会对下一代所抱有的期望，这个框架明确了学生应该知道什么，能够做什么，学校可采用最佳方式，根据政府的政策和学校所在社区的优势、资源及专业条件组织自己的教学活动。

维多利亚州的“健康与体育”领域课程标准的结构包括：课程的基本理念、课程目标和分支、标准的水平划分、学习结果概览以及对学生特点与学习的说明、各分支各个水平的课程重点提示、学习内容、学习活动样例、学习结果和提供评价指标。

(1) 课程的基本理念

健康与体育这一核心学习领域的基本理念，来自健康的动态和多维的本质与体育活动在个体和群体生活中的重要性。通过该课程的学习，学生不但可以理解个体行为和群体行为在促进人类健康及终身参加体育活动的重要性，而且也可以理解积极的物质环境和社会环境在促进个体健康和群体健康发展过程中具有的关键作用。

该课程帮助青少年了解和掌握包括营养在内的能够促进和保护个体、家庭和群体生理健康、社会适应和心理健康的因素，并了解社会所提供的与健康相关的服务和健康产品；学生可以了解和识别特定情景和行为对健康的危害，并且知道如何将危害减到最小。此外，鼓励学生思考个人和群体的权利和义务，以及本国在健康和安全方面存在的社会和文化多样性，从而能够为自己和他人的生活进行明智的决策。

该课程帮助青少年建立良好的人际关系，掌握应对各种变迁和不断变化要求的方法，认识自己的责任与角色，理解和应对自己可能经历的竞争与矛盾。强调人的应对能力是可变的，这种能力取决于信任感和安全感、有效交流的机会和技巧，以及对自我能力和价值的认同。

体育活动、运动和娱乐是生活的重要组成部分，参加体育活动可以为人们提供更多的休闲、享受、娱乐、健身、社会交往和竞争的机会。

该课程的意义在于通过健康与体育课程的开展，为社会培养积极的有知识的成员奠定基础，使人们能够终身参加体育活动，在追求健康和幸福的过程中，妥善处理个人与社会、个人与文化、个人与组织、个人与环境之间的相互关系。

(2) 课程目标和分支

课程目标主要是让学生获得以下10种能力：

①能够从生理、社会和情感三个层面来理解健康。

②理解对个体、家庭、群体和社区健康与安全产生直接或间接影响的因素。

③掌握如何计划、实施和评价促进个体、家庭、群体和社区的健康与安全行为的知识和技能。

④能理解人一生中的生理发育、社会性发展和心理发展对一个人健康和幸福的促进作用。

⑤能理解人际关系的发展和变化，并掌握建立有效人际关系的知识和技巧。

⑥具备熟练地参加游戏、比赛、舞蹈、体操、水上运动、户外活动和娱乐活动的技能。

⑦能够从生理学、生物学及社会文化学等角度理解运动与健康。

⑧理解食物为人的能量和成长提供营养价值的方式及其对人的生活所起的重要的社会

作用。

⑨能够掌握有利于健康和成长的饮食结构知识和技巧。

⑩了解和掌握促进人类健康、发展和参加体育活动的各种健康信息、产品、资源和设施。

课程分支是指将以上的10种能力，分成三个分支。(1) 个体健康和群体健康。(2) 自我意识和人际关系。(3) 运动与体育活动。每一个分支又都列出主要的关注点，也就是提出和强调的教育内容。下面是三个分支的关注点。

个体健康和群体健康分支的主要关注点是：

- 健康和幸福的生理、社会和心理三个维度
- 儿童青少年在不同发展阶段的健康需要
- 不同活动与环境中的安全
- 在特定环境和行为中的危害因素，以及如何将这些危害减到最小
- 个体和社会为创造和维持有益于健康与安全的物质环境和社会环境应承担的责任
- 具有计划、实施和评价对个体、家庭、群体和社区健康安全起促进作用的行为措施的知识和技能
- 掌握为自己或他人寻求帮助的知识和技巧
- 选择满足人类营养需求、促进健康和预防疾病的食物知识和技能
- 了解能够促进和维护人类健康的信息、产品和服务，影响人们获取这些资源和如何使用这些资源的因素，以及使用这些资源的技巧
- 在促进健康、治疗疾病、参加娱乐、休闲和运动的资源配置上考虑经济和伦理因素

自我意识和人际关系分支的主要关注点是：

- 个体身份和文化身份的获得和发展
- 人一生中的生理发育、社会性发展和心理发展以及影响因素
- 在人的成长和发展过程中不断变化的角色、期望、责任和人际关系
- 人如何应对发展过程中的转折期
- 发展有内在一致性的个人价值观和个人原则
- 性别、种族、性以及文化等如何影响人的角色及个性特点和人际关系
- 影响友谊和人际关系的个体期望和群体期望
- 家庭关系、社会关系、人际关系和两性关系的特征，建立相应的积极有效关系的技巧，及其与工作、娱乐和运动的相互关系
- 食物在提供人体能量和个体成长所需营养方面的作用
- 食物在满足人们心理需要和社会需求方面的作用，包括饮食在不同群体、不同仪式和不同社会事件中的作用

运动与体育活动分支的主要关注点是：

- 运动的基本概念
- 不同场合和环境下的运动方式和动作

- 在不同环境中开展有效运动所必需的运动方式和决策
- 体育活动的益处
- 哪些因素影响人们参与体育活动的态度
- 从生物学、社会学以及文化学的角度来理解健康的内涵

(3) 标准的水平划分

依据儿童与青少年的不同发展阶段，将健康与体育的教育目标划分为以下六个水平：

- 水平 1～水平 3 为低年级（学龄前～4 年级）目标；
- 水平 4～水平 5 为中年级（5～8 年级）目标；
- 水平 6 及水平 6 的拓展为高年级（9～10 年级）目标。

(4) 学习结果概览

健康与体育课程学习结果概览是将本课程要达到的 10 种能力，通过三个分支进行的六级水平的描述（表 4-1）。

表 4-1 健康与体育课程学习结果概览

水平	个体健康和群体健康	自我意识和人际关系	运动与体育活动
1	1.1 描述健康的含义以及环境因素是如何促进健康的。 1.2 识别维持人类健康的人、服务及项目和设施。	1.1 从个体、家庭和社区的角度来描述自我。 1.2 描述在日常生活中与不同人之间的关系。	1.1 展示简单的运动模式。 1.2 识别运动过程中和运动后的感受。
2	2.1 描述人们居住、工作和运动的场所如何影响人的健康和安全。 2.2 描述与健康相关的服务、产品和人，以及如何安全正确地利用它们。	2.1 描述个体与群体的共性和个性。 2.2 明确不同情境下会有不同规则和期望。	2.1 熟练展示运动技巧。 2.2 认识参加体育活动的益处。
3	3.1 解释人们改进物质环境、社会环境以及改善个人行为促进健康和安全的方法。 3.2 了解哪些因素影响人们选择满足健康和安全所需的服务、产品和信息。	3.1 了解人生的主要发展阶段。 3.2 识别影响个性特征的因素，以及这种影响可能引起的反应。 3.3 识别改善人际关系的因素。	3.1 熟练展示操作性技巧。 3.2 识别影响参加体育活动的因素。
4	4.1 比较人们心目中不同的健康形象，以及它们如何影响个体和社区健康的目标和策略。	4.1 解释人在发展过程中的重要转折时期及人们的应对办法。	4.1 熟练展示复杂的运动技巧。

(续表)

水平	个体健康和群体健康	自我意识和人际关系	运动与体育活动
	4.2 计划和实施促进个体和环境健康与安全的策略。	4.2 描述人们说明自己与他人个性特征的方法。 4.3 解释群体中的不同角色如何影响人际关系和交往行为。	4.2 了解鼓励人们参与体育活动的策略。
5	5.1 描述青少年在健康方面做出的决策并描述他们保持和促进健康的策略。 5.2 描述国家提供的可供个人和群体利用的健康资源、设施和服务，以及考虑如何利用它们促进健康。	5.1 描述影响人发展的遗传因素和环境因素。 5.2 描述家庭期望和社会期望对人的个性和价值的影响。 5.3 描述随着时间的推移，人际关系是如何发生变化及如何受到成就、角色和责任等因素的影响。	5.1 熟练展示某一游戏、活动和运动的运动技巧。 5.2 描述影响体育活动参与的动机因素。
6	6.1 分析各种个人行为和社会活动对健康产生的积极和消极结果。 6.2 分析政府机构和非政府机构提供的健康服务和设施，以及它们是如何满足青少年的健康需要的。	6.1 评价为促进个人发展而制定的具体措施。 6.2 识别影响个性特征形成的主要事件。 6.3 从友谊和人际关系的角度分析个人和群体是如何影响他人行为的。	6.1 评价个体和群体为了在比赛、体育活动和运动中有良好表现而采取的策略、技巧和运动方式。 6.2 评价为鼓励人们参与体育活动和提高个人健康状况而制定的各种方案和策略。
6 拓展	6.3 拓展　了解国家或州为解决当前存在的健康问题而制定的政策。 6.4 拓展　了解主要健康教育机构为满足特定群体的健康需求制定的政策和优先待遇。	6.4 拓展　调查科学和医学的创新与发现给人类发展带来的影响。 6.5 拓展　分析和评价家庭、社区对个体特征中的独立性格的影响。 6.6 拓展　分析传统模式不断变化的本质及其如何影响个人、家庭和社会期望。	6.3 拓展　评价一次体育活动和设计一份能提高运动水平的计划。 6.4 拓展　评价为提高运动水平而进行的体育活动对体能的要求。

(5) 对学生特点与学习的说明

为了有效实施教学，在《课程与标准框架》中，对不同学段的学生分别进行身心发育特点的说明，并针对各个分支的不同水平的课程重点提示、学习内容与方法提出建议等。下面以水平 1～水平 2 的第一分支为例，予以说明。

例如在对低年级学段（从学龄前到 4 年级）身心发育特点的分析中指出：学龄初期的儿童一般是通过将新概念与亲身经历结合的方式来认识世界。他们对于健康意义的最初探究是通过自己在家庭和学校的亲身经历进行的，家庭和学校生活提供了许多具体形象的例子，比如爱、家庭和亲戚的关系、食物、活动、安全、关心、快乐、疾病以及从家庭到学校所经历的变化等。

随着成长和发展，他们了解更宽广的世界，更多地了解他人的观点和看法、人们之间的差异以及自己生活、学习和游戏的自然环境和社会环境。他们在观察影响周边环境是否安全、是否健康方面更有技巧了。他们日益提高的提问能力使他们的思考在健康和安全受到威胁时的情景中怎样随机应变。

这个时期，学生对世界不断增长的见识也体现在他们日益提高的社交技能方面。学习包括教室中的学习、户外活动、娱乐和体育活动促进了密切的合作关系和小组协作的学习方式，小组合作使学生情感的发展得到加强，由此也使他们开始变得更有责任心，更加相互依赖、对他人也更加关心、逐渐懂规则、守规矩。

在这一阶段，学生一般都精力充沛并且具有冒险意识。这时期，游戏是他们学习中的一个重要方面。在大多数情况下，男女生在身高、体重、力量和速度等方面几乎没有差异。在本阶段初期，学生能做简单的运动，比如跑步、单足跳跃、跨步、踢腿等，之后他们逐渐掌握由这些简单、多种组成的一系列复杂、可控的动作。他们操作器械的能力日益增强，因此，在该阶段的末期，他们就能够比较熟练地接球、投球、拍球和踢球等。学生从简单的游戏到有策略的、有规则、有组织的体育活动这一过程，体现了他们的运动技能方面的进步。

儿童注意力的日益提高，对外界认知程度的提高以及他们的好奇心都使得他们变得更会思考，并把自身经历置于家庭和社区之中。例如，他们学习和了解对自身健康和体育活动选择和行动产生影响的因素、身体在体育活动中是如何反应的、不同场合人们寄于他们不同期望值的原因、提高自我在他人心目中的价值的方法以及人一生中不同发展阶段的不同特征和需要。

随后，分别在不同水平层面上，对三个分支分别提出课程重点和学习内容与学习活动样例。同时，将与水平相应的学习结果给予描述性的可观测的评价指标。

（6）范例——水平1

每个分支的各个水平都有课程重点的陈述。它概括出应包括的主要内容以说明课程设计的恰当背景。教师可以根据自己学生的特定需求采用多种不同的方式设计和实施课程。本部分以水平1为例，提示出有关的学习内容、学习活动。

个体健康和群体健康分支

■ 课程重点

在这一水平，学生讨论健康的含义，并且能简单地描述什么是生理健康、心理健康和社会适应良好。

学生了解为了维护和促进自身的健康和安全、预防疾病和伤害、促进自身成长和发展，他们基本的健康需求必须得到满足。他们知道保持自己生理健康、社会适应和心理健康都需要什么，并且了解对所有人来说都是必不可少的东西（如爱、友谊、食物、水、锻炼、休息等）。他们理解积极而健康的生活方式所需食物的基本特征，同时还要了解某些群体的特殊需要，比如说药物、器材、特殊锻炼或者是特殊食谱。他们能够辨别促进健康和安全的健康服务和健康产品。

他们能够描述疾病是如何影响他们的，并且能够识别生病时可以帮助他们的人、服务和产品。能够描述人们居住、工作和娱乐的各种不同环境，讨论他们对不同环境的感受和看法。能够识别令他们感到愉快和积极的环境，以及使他们感到非常不安和害怕的环境。他们能够在不同环境下识别当地的安全提示标记以及可以保护他们安全的设施。他们会接受一些安全教育，了解安全地参加运动的步骤以及进行体育运动的环境。他们练习如何应对危险的环境，最重要的是学会识别可以帮助他们的人。

■ 学习内容和学习活动

- 运用语言和图片来描述不同的情绪状态，比如高兴、悲伤、精力充沛、精疲力竭、孤单和气愤等，并且说明这些情绪产生的原因。
- 从不同活动的图片（如吃水果、慢跑、刷牙、看电视）中指出哪些行为有利人们保持健康。
- 讨论特殊的事件、活动、庆典和日子以及感受。
- 一起就餐并讨论所吃的食物，识别食物的特征以及它们是如何维护健康的。
- 描述人们为保持健康和生长发育而需要的基本要素（比如食物、娱乐、锻炼、住房、休息、爱等）。
- 了解特殊需要来维护健康的人群（例如，饮食需要注意的人和患气喘的儿童）。
- 询问不同年龄家人的健康需要，如婴儿和老人等，并将结果向全班同学做一个报告。
- 判断学校是如何满足学生的健康需求的，比如阳光计划（Sunsmart）的实施和安全的操场。
- 把你在健康时所做的和生病时能做的进行比较，判断你生病时，谁和什么可以帮助你。
- 描述你或者你的亲朋好友曾经患的疾病，并说出你或者他们接受了哪种护理。
- 识别在家庭之外维护人们健康和安全的人和服务（如医生、警察、保安、护士、消防队员、公园的巡逻人员）。
- 根据个人经历、故事或者远足体验来描述人们生活、工作、娱乐的不同环境以及人们在这些环境中的感受。
- 识别家里、操场上和上学途中的安全隐患，并且说出减少隐患、增加安全的措施（比如：锁好家中的药箱、收拾好废弃的针头、骑车带好头盔、走人行行道和安全使用操场上的体育器材等）。
- 识别普通药物和其替代品，并且讨论安全用药的原则。
- 识别和解释保护人身安全和健康的路标和标记（比如交叉路口的标记和海滩的旗等）。
- 为保证学生在游戏和运动中的安全，设计一套班级规则。
- 运用角色扮演方法为学生在道路上安全地行走提供策略。
- 描述令你感到安全或者危险的人，了解当你害怕、走失、危险、烦恼或者受到欺负时你的生理反应，并且明白在你遇到上述问题时可以倾诉的对象。
- 知道将让你感到紧张的情境改变为安全情境的方法（比如单足立地或在海滩散步时拉着别人手）。
- 识别能够保证人们在水里及水边安全的人员、建筑物和设施（比如救生人员、游泳池的工作人员、栅栏、梯子、救生圈等）。
- 描述一些安全的游乐场所，以及演示如何正确使用该场所的游乐设施。

■ 学习结果和指标

每个分支都提供了学习结果。它要回答的是在该水平，学生应当获得什么知识以及具备怎样的能力。学习结果反映课程的广度、深度和复杂程度，同时还要运用评价技术，使用评价术语来陈述。每个学习结果都有一套指标。指标要回答的是如何知道学生获得了特定的学习结果。指标并不以狭义限定的方式来指定一些必须完成的任务，也不决定教师应如何评价。如一个指标设计某个重要思想或概念的解释，可以通过书写、陈述、测验或作业等不同形式完成。

表 4-2　水平 1 中“个体健康和群体健康”的学习结果和指标

学习结果	指　标
水平 1，学生应能够	当学生获得这和学习结果时，他们能够：
1.1 描述健康的含义，以及环境因素是如何促进健康的。	·明确健康的几个方面； ·描述人们为了维护健康而实施的行为、锻炼和活动； ·识别儿童熟悉环境中所具有的安全或不安全特点； ·描述学生安全地上、下学需要什么； ·描述食物的特点，以及食物在人们拥有积极而健康的生活方式中的作用。
1.2 识别能够保证我们健康和安全的人、服务和产品。	·识别家庭、学校和社区中能够保证我们健康和安全的人员； ·识别维护一些人健康的特殊服务和产品； ·简要说出如何认清那些可以帮助焦虑、生病或感到不安全的学生的人员； ·识别人们常用来维护健康的项目和设施。

自我意识和人际关系分支

■ 课程重点

这一水平的学生开始了解个性特征的形成和发展，能够从个人、家庭和社区的角度描述自己及自己和重要的人、场所或习俗间的关系，并且说出带给他们积极情感体验的经历。

学生描述自己在家庭或群体中的不同角色，知道他与家庭或群体中的主要成员之间的不同关系。

他们体会友谊的内涵，学习倾听、分享、帮助本人、与人协商和关心他人的技巧。他们懂得人们以不同的方式表达发展和维护良好人际关系的基本原则。在与重要人物交往时，他们能够表现出良好的沟通技能和合作行为。讨论当失去朋友、失去心爱的玩具或宠物时自己的感受。

学生思考与成长紧密相连的事情，认识到他们能够完成的新任务和应该承担的新责任。他们思考在成长和发展过程中身体所发生的变化，并描述自己在这个过程中是如何改变的。

他们开始意识到人与人之间存在着相同点和差异，并且学会评价这些相同与不同之处。开始学会尊重他人的权利、情感和努力。

■ 学习内容与学习活动：

● 通过姓名、住址、年龄、性别、文化背景、所在社区、宗教信仰以及兴趣等特征来描述自己。

- 运用图画或语言来表达自己的独特之处以及自己与他人相似或不同之处。
- 运用图画、语言或图表描绘出你的家庭成员，并讨论是否每个人的家庭结构都是一样的。
- 解释说明人的多样性的意义
- 掌握与人交流、与人合作及关爱他人的方式
- 与他人合作完成集体目标
- 在资源共享的环境下一起游戏和活动，并鼓励他人参与活动。
- 在校庆或特殊节日与他人一起进餐
- 比较你现在和过去的身高、体重等指标以及运动技巧方面发生的变化，列出你现在可以比以前做得更好的事情。
- 开学之初制定一个成长记录表
- 在与人交流中，运用适当的人际交流技巧，比如称呼他人名字、排队、邀请他人加入、倾听他人意见、不要羞辱他人等。

■ **学习结果和评价指标**

表 4-3 水平 1 中“自我意识和人际关系”的学习结果和评价指标

学习结果	指 标
水平 1，学生应能够	当学生获得这种学习结果时，他们能够：
1.1 从个体、家庭和社区的角度来描述自我	·识别个人和家庭成员的姓名、家庭住址、年龄、父母或其他抚养人的姓名和联系方式 ·从性别、身高、文化背景、所在社区、信仰和兴趣等方面了解自己的特征 ·与以前的自己比较，说出或画出自己的变化 ·明白随着年龄的增长应有的成就与义务
1.2 描述在日常生活中与不同人之间的关系	·识别建立积极的人际关系的重要要素 ·认识家庭中或朋友间快乐的来源 ·学习与他人进行有效地合作和交流的方法 ·讨论人们在人际关系发生变化时的感受

(7) 范例——水平 2

为了了解水平间的差别和递进程度，我们对水平 2 的个体健康和群体健康这一分支进行的课程重点与学习内容及学习活动样例等也做一点介绍。

■ **课程重点**

水平 2 的个体健康和群体健康分支的课程重点是：在这个水平，学生学习和了解人们工作、生活和娱乐的场所是如何影响健康状况的，包括生理健康、社会适应和心理健康三个方面。学会思考如何使他们自己周围的环境更加安全，更能有利于促进健康。使学生把安全的情景、场所、活动和行为模式与那些不安全和威胁健康的情景、场所、活动和行为模式进行比较，并且讨论在这些情景下个体的反应。学生也思考自己怎样才能为学校创造良好的社会

环境做点贡献。开始认识到不安全行为可能会产生的不良后果，掌握可以促进自己和他人健康与安全的行为。思考制定安全守则和设置安全设施的必要性，学习适当的安全技能和安全活动的步骤，比如参加体育活动、行走、乘车，在家、在学校或者在社区中。了解当地出产的食物，以及积极健康的生活方式中饮食多样性和均衡性的重要性。

学生了解到当地的许多健康资源，包括健康服务人员、健康服务、健康产品以及健康信息，并且知道如何利用这些资源治疗和预防疾病。认识并且能够将正规的健康产品与健康服务和预防疾病的方式进行比较，如合理饮食、良好的个人卫生、充足睡眠、休息或放松等。熟悉社区内可以利用的健康资源和服务，以及如何合理、安全地利用它们。

■ 学习内容和学习活动

- 借助图片或电影来认识某个熟悉环境（例如：厨房、浴室或院子）可能给婴幼儿、老人和自己带来危险的地方。
- 描述家庭中安全、卫生储藏食品的基本方法（例如：哪些食品应该放在冰箱里）。
- 画出常见的危险标记（如有毒气体、化学制品和药品的标识，以及路标）并解释其含义。
- 识别一些侮辱性或骚扰性的行为，描述当人们受到欺凌或受到挑衅和排斥时的感受，并知道自己愿意倾诉的对象。
- 描述当有人的眼神、语言或触摸令你感到不舒服时，你应该怎么说，怎么做。
- 描述可以在操场上创造一个安全环境的行为方式（比如确保有足够的空间来荡秋千、只在空地上投球）。
- 参与资源共享的集体活动项目，这样大家都能参与其中。
- 说出在炎热或寒冷天气下进行体育活动应该做好哪些准备。
- 品尝食物、与全班同学一起吃午饭，从而了解不同品种的食品；讨论人们选择不同食物的原因、食物的来源以及某种食品是否适合每天食用。
- 互相了解上学和放学的情况，列举出这个过程中存在的安全和危险的情境与行为。
- 识别社区内可以维护交通安全的人员，并就交通安全问题采访校车司机或当地警察。
- 参与具有挑战性的活动，如挖掘石窟和探路，了解这些情况下的安全事项，以及设计和训练安全参与活动的步骤。
- 讨论不同环境和不同活动中的行为准则（如交通规则、游泳馆的规定）以及为什么要遵守这些规则。
- 练习简单的急救方法，比如对用冷敷的方法处理灼伤，或者在操场上发生意外时知道应该向谁求救。
- 识别和讨论不同年龄人群的常见疾病，如哮喘、腮腺炎、水痘和感冒等，并且讨论如何预防（比如，提高免疫力和良好的个人卫生等）和治疗这些疾病（药物或休息）。
- 调查当地出售的食品，注意其种类和有效期。
- 列举常用药物的名称，知道何处出售这些药物，并且讨论为什么一些药品是处方药或者只能到药店购买。
- 列出本社区提供的健康服务，并且说出他们的具体工作（如家庭护理、医生、安全居所、社区健康中心）。
- 描述危险情境下的简单急救方式，如拨打急救电话110、与教师或信任的成人联系。

- 识别水边安全和危险行为（如在游泳池边、河边和湖边时要步行，不要奔跑）；
- 识别人在没有安全感时生理上的反应。
- 探索各种不同的安全嬉水方法。

■ 学习结果和评价指标

表 4-4 水平 2 中“个体健康和群体健康”学习结果和评价指标

学习结果	指　标
水平 2，学生应能够	当学生获得这种学习结果时，他们能够：
2.1 描述人们生活、工作和娱乐的场所给健康和安全带来的影响。	· 描述人们生活、工作、娱乐和上学的场所，并且说出这些场所如何影响他们的生理健康、社会适应和心理健康。 · 了解某种行为对健康产生的积极和消极后果。 · 解释说明不同环境下的规章制度在促进健康和安全中的必要性。 · 描述当地供应的食品以及饮食多样化的重要性。 · 知道安全受到威胁或危险的情况下可以采取的措施。
2.2 描述各种健康服务、健康产品和从事健康工作的人员，以及掌握安全合理地利用以上资源的方法。	· 了解本社区的健康护理人员和健康服务，并描述他们为预防和治疗疾病以及减少伤害所做的工作。 · 识别安全合理饮食、服药、使用化学制品和有毒物体时的程序和方法。 · 识别产品上简单的健康警示和标记，并解释其含义。

《课程与标准框架》中还提出了灵活实施与进一步考虑的问题。在灵活实施中提出：学校可以采取多种方法来设置涵盖三个分支的综合性课程，并指出“这些综合性课程应该包括健康教育、家政、户外教育、体育和交通安全教育等五个方面的内容。”进一步考虑的问题是社区问题与关键的新措施。因为灵活性和时代性的关系，可以将目前和未来的新措施纳入正在实施的课程中，如健康促进学校、预防毒品教育、预防自杀、用水安全、营养、道路安全策略等。

《课程与标准框架》中还提及了敏感问题，提示学校与家庭的关系特别重要，指出“健康与体育课程的准备与实施应该与学校法规、社会和父母的期望以及教育部门的指导方针一致”。

澳大利亚学校课程没有统一的模式规定，学校享有相当大的课程自主权，它们可选择特定的课程元素来适应本地区、本学校的特点，还可决定大多数学习领域的具体内容。如有的学校将健康与体育课程，划分为体育理论、体育运动、健康教育三个子课程，这样的设置主要是试图在有限的学习领域内纳入或综合尽可能多的科目。

(8) 健康与体育是评估学生的重要指标

学生所学的每门课程都要进行持续的评估，评估的主要依据是书面作业、测试、指定作业、课堂讨论、完成的模型、课题等。除了对每门课程提供可记载的作品以外，还有对学业进步和发展、出勤、行为规范、家庭学习、守时、参加小组活动和讨论等的行为表现。教师将评定学生通过学习有哪些进步，给予评分划等级，并由一系列的课程标准来决定学生是否升级。其中，第一位为身心成熟状态，随后才是家庭或社会背景、学习态度、潜力、课程选择、出勤记载、同伙同学的影响等。而身心成熟状态，无疑在很大程度上和健康与体育课程的学习有关系。

学校健康教育作为核心课程之一，虽然在全国范围内没有统一要求，但是在课程教学的学时安排上，绝大部分州（地区）政府还是规定在 10 年级结业时，学生必须修满相应的课时，才能获得毕业证书。

4.2.3 澳大利亚学校健康教育特点与启示

澳大利亚的学校健康教育特点是：

（1）形式多样。包括健康促进学校、专门的课程设置和综合性课程等。

（2）健康与体育合为一体被规定为国家基础教育核心学习领域。

（3）各州对国家规定的核心学习领域制订课程标准，为学校实施相应的教育提供依据和借鉴。健康与体育课程标准是其中的必修课程。

通过对维多利亚州的《健康与体育课程和标准框架》的了解，我们认为以下几个特点比较鲜明：

（1）课程理念清新。该课程的基本理念来自健康的动态和多维的本质与体育活动在个体和群体生活的重要性。课程意义在于为社会培养积极的有知识的成员奠定基础，使他们能够在追求健康和幸福的过程中，妥善处理个人与社会、个人与文化、个人与组织、个人与环境之间的相互关系。这样的课程理念充分体现了知识与技能的人本价值，是一种以人的全面与健康发展为核心的综合性教育体系。

（2）课程标准既有整体的概括性，又有具体的可操作性，既有理念与标准的统一性又有应用的灵活性。整体的概括性和统一性表现在课程从对健康与体育的理解，提出了 10 个方面的能力目标，并将其分为三个分支与六个水平。具体的可操作性及灵活性，则表现在学习结果的评价指标和课程的学习内容、学习活动的样例。这样的课程标准可以为不同地区编写教材和教学提供很大的操作空间。

（3）课程标准不仅提出学习内容与评价要求，还针对不同学段的学生特点给予详实的教学提示。如对低年级学生指出，学龄初期的儿童一般通过将新概念与亲身经历结合的方式来认识世界。并提示“他们对健康意义的最初的探究是通过自己在家庭和学校生活的亲身经历的许多具体形象的事情进行的。如爱、家庭和亲戚关系、食物、活动、安全、关心、快乐、疾病以及从家庭到学校所经历的变化。”等，这既有利于理解课程要求，更易于教师自觉把握教学环节。

（4）课程标准重视饮食与营养教育。不仅关注食物在提供人体能量和个体成长所需营养方面的作用，而且关注食物在满足人们心理需要和社会需求方面的作用，包括饮食在不同群体、不同仪式和不同社会事件中的作用。通过对营养的认识实现综合教育，即不仅增进学生的健康，促进生长发育、培养科学的饮食观念及正确的饮食习惯，而且培养学生热爱劳动的习惯，感恩教育，促进人与人之间的感情交流。如低年级有描述食物的特点，以及食物在人们拥有积极而健康的生活方式中的作用，了解当地出产的食物，以及积极健康的生活方式中饮食多样性和均衡性的重要性等内容。

(5) 课程标准中对于学生自我意识的发展更多的是从社会的角度进行分析。例如水平 1 的学生，在开始了解个性特征的形成和发展时，提出能够从个人、家庭和社区的角度描述自己及自己与重要的人、场所或习俗间的关系，并且说出带给他们积极体验的经历；描述自己在家庭或群体中的不同角色，知道自己与家庭或群体中的主要成员之间的不同关系。只有在社会的背景下，个人的自我意识与人际关系的发展才有支持和意义。

通过了解澳大利亚学校健康教育以及维多利亚州的《健康与体育课程与标准框架》，对我们如何做好学校健康教育有以下几点启示：

(1) 将健康促进学校视为一种工作方法，而不仅仅是为开展一时性的项目。我国有一些学校曾经参与过健康促进学校的项目活动，为此，他们建立过一系列的相关制度并取得过很好的效果。但是，项目过后保持和继续发展的并不多。如果学校能够将健康促进学校制度化，一如既往地实施健康促进学校的做法，必将会取得很好的学校健康教育效果。

(2) 将健康与体育两个与学生身心健康成长密切相关的教育合为一体地制订课程标准，有益于教师、学生和家长对健康与体育关系的理解，更有益于提高健康教育和体育教育的效果。例如，认识和理解为了维护健康而实施的行为、锻炼和活动；识别日常环境中所具有的安全或不安全的特点；体验体育活动是如何使人们产生不同情感的，如激动、害怕、安全感、气喘吁吁、疲劳、愉悦、发热和寒冷，而这些又对健康有何影响等。

(3) 在突出行为培养的课程中也反映出对人类文化和民族文化的认识水准。课程标准作为全国的指导性文件，不仅要重视学生应有的知识和可观察性的行为表现，更应明确为何要了解和掌握其知识与技能，并将其知识和技能的学习与人类文明和民族文化相联系，使其健康与体育教育内容更具有文化性、民族性。如通过运动识别和体验相同或不同的文化，讨论不同文化群体的某些陈旧习惯可能带来的负面影响，认识在某些场合下，人们对男孩和女孩的行为期盼的不同，并讨论这种不同期望是否必要或公平等。此外，还让学生思考个人和群体的权利和义务，以及本国在健康和安全方面存在的社会和文化多样性，从而能够为自己和他人的生活进行明智的决策。

(4) 健康与体育作为学校教育的一部分，要体现先进的教育理念。现代教育理念最突出的是积极发挥受教育者的主体性，澳大利亚的课程标准很好地体现了这一点。这主要表现在学习过程与结果评价时，重视学生的参与、引发学生思考、提高学生对事物的判断能力等方面。如在学习活动样例中，要学生品尝食物、与全班同学一起吃午饭；解释说明不同环境下的规章制度在促进健康和安全中的必要性；比较自己和同伴最喜欢的体育活动；讨论人们选择不同食物的原因、食物的来源以及某种食品是否适合每天食用；识别一些侮辱性或骚扰性的行为；识别社区内可以维护交通安全的人员，并就交通安全问题采访校车司机或当地警察等活动。

4.3 日本学校健康教育现况

日本学校健康教育课始创于 1872 年，当时称为“养生法”。二战后日本政治、经济、科学技术快速发展，人们生活环境急剧变化，生活水平不断提高，使学校健康教育意义和目标都有了重大改变。无论是文化渊源、经济发展模式还是人们的生活习惯等与我国有很多相近之处，了解日本学校健康教育发展和现状对我国会有所借鉴，本节我们对日本战后有关学校健康教育进行概括性地介绍。

4.3.1 与学校保健教育有关的法规法令

日本二战后成为法制国家，在教育方面也不例外。

《日本国宪法》是日本国民实行权利与义务的根本大法，宪法中与教育有直接关系的事项主要是23、26、29条：即学问自由；教育机会均等；义务教育无偿等。日本体育教育学家认为：《日本国宪法》第25条“所有国民享有健康的、文化的最低限度的生活权利，国家必须对生活的各方面努力提高社会福利、生活保障及公共卫生。”规定了个人的社会基本权利，是学生能得以受到“保健体育”教育与指导的依据。

《教育基本法》建立于1947年，以宪法的理念为基础，为明确教育目的和确立日本教育基础而制定。《教育基本法》对教育的目的、教育方针、教育机会均等、义务教育、男女同校、学校教育、社会教育、政治教育等十个方面非常概括性地提出规定。随着进入21世纪的日本教育改革，对《教育基本法》也进行了增加和修订。如增加了“个人尊严”理念、增加了家庭教育、幼儿教育和特别支援教育等，使这些教育都具有了法律上的依据。

《学校教育法》与教育基本法同时公布实施。依据教育基本法的精神，《学校教育法》对各级学校的办学与教育要求等给予了较为明确具体的规定。如对小学、初中、高中以及幼儿园、特殊教育等各级各类学校中的有关教育各种事项，如教育行政、教育人员、教育目标等都提出了具体规定。随着教育基本法的修订（2006年），《学校教育法》也作出了部分修订。

有关健康方面的规定，《学校教育法》总则中提出：学校必须依据有关法律的规定，为保持和增进儿童、学生及教职员工的身体健康，实行健康诊断和采取其他必要的保健措施。除此之外，各级各类学校在教育目标上都有培养学生健康安全幸福生活所必须的习惯，力求使学生身心得到协调发展，以及设置与健康教育有关的课程，如保健体育课等。

《学校保健法》公布和实施于1958年，它是建构在日本宪法、教育基本法和学校教育法的基础上的学校保健制度的专门法律。《学校保健法》的构成有八个部分：①目的；②学校保健安全计划；③学校环境卫生、安全；④健康诊断；⑤健康相谈（心理咨询）；⑥预防传染病；⑦学校保健职员；⑧保健室。

《学校保健法》第一条指明学校保健的目的是：决定学校保健管理及安全管理有关的必要事项，以为保持和增进儿童、学生及教职员工的健康，很好地实施学校教育和确保教育成果。

《学校保健法》施行令是对保健法内容，特别是对重要事项做出的详细规定。如学生就学时的健康诊断时间；健康诊断的项目；向学生保护者的通知；健康诊断记录表以及对学生停课的指示和报告等具体事项。

学校保健法实行规则是对学校保健法施行令和保健法中重要事项的技术要求与操作方面做出详细规定，使其测试、测查规范化。如对不同学段学生及教师规定就学时的健康诊断方法及技术的基准；诊断记录表；诊断时间；检查项目；环境卫生与安全检查；校医、校牙医、校药剂师的职责、准则等给予明确规定。

另外，与学生保持和增进健康有关的法规还有“日本体育·学校健康中心法”；“学校安全会法”；“学校给食法”等。在此，不多加叙述。

《学习指导要领》是日本文部省制订的指导学校教育的纲领性文件，具有权威性。它如同我国的课程标准或教学大纲。日本的学习指导要领之所以具有权威性，不只是因为它是为教育行政部门所发布，更为重要的是，它是依据以上有关各项教育法律而制成。

图 4－1 表示出的是日本学习指导要领的法律背景（具体条目为旧版本）。在表中可以看出教育基本法是依据日本国家宪法中的有关规定和精神提出。如对各级、各类教育目的的提出分别在教育基本法的第 17 条、35 条、41 条等。学校教育法又是依据教育基本法而制订，其中最为重要的是各级各类学校的教育目的。

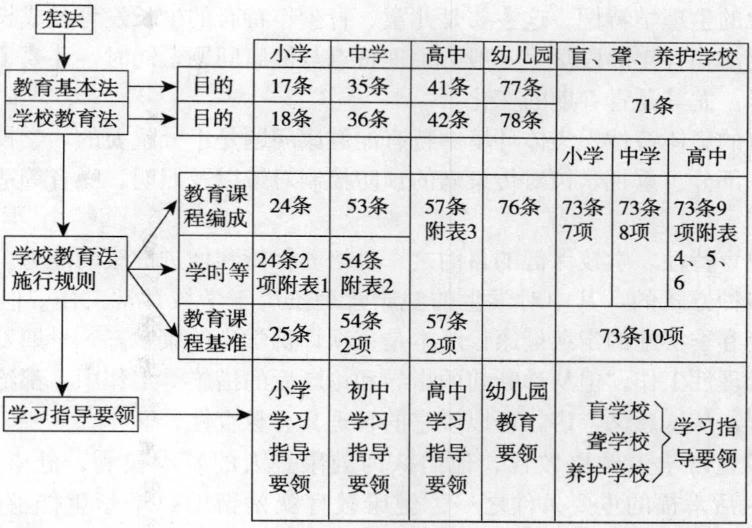

图 4－1　学习指导要领（旧版）的法律背景

为了实现学校教育法的教育目的，还专门制订有学校教育法施行规则，其中与指导要领有关系的规定有教育课程的设置、学时和课程的基本标准等。

最后颁布制订的各级各类学习指导要领，其教育要求和各项教育规定等都具有坚实的法律依据。

4.3.2　学校保健及其构成领域

（1）日本学校保健的目的和意义

了解日本学校保健和学校保健的构成领域，有助于我们全面理解日本学校的健康教育。

日本《学校保健法》中提出了三项学校保健目的：

①保护和增进学生和教职员工的健康。

②对作为集体性教育活动的场所，具有教育活动时所必须的保健、安全措施。

③培养能保持和增进自己健康的能力。

第一项是保健活动的全部目的。学校保健的直接对象是在学校接受教育的学生和进行教育工作的教职员工。依据年龄划分，学校保健活动大部分是儿童青少年保健，少部分是成人保健。

第二项是依据学校这一集体教育的特性和为保障受教育者的权益，要装备适当的教育环境和在开展具体的教育活动时应考虑的保健措施。

第三项是从教育投资的角度讲的学校保健目的。健康不是别人给予的，应该由自己把握。为保持和增进健康，怎样把握自己的健康状况，怎样规律地生活，如何改善周围环境和获得正确知识，培养学生以上各方面基本的实践能力，以便在急剧变化的社会中能适应生活是保健教育的任务。

日本学校保健突出了以下三个方面的特性：

①保健对象的生理学特性。这主要是儿童、青少年特有的生长发育及成长特点。学校管理者与教育者要深知各年龄段学生一般的生理特点与健康问题，同时，还要了解各年龄段发育中的个人差异。尤其是青春期的变化。

②学校具有的集体特性。集体环境中特有的健康问题是十分重要的，学校保健活动是公共卫生活动的一部分。重视学校对传染病的预防控制对策以及照明、噪音等适宜的教育环境的维护等。

③学校的教育特性。学校保健的目的之一是培养保持和增进健康的能力。学校对此开展的教育活动是多种方式的，其中对学生的健康管理虽属于学校日常工作，但也要考虑到教育。例如，每年春季实施的定期健康诊断本是一项评价学生健康状态，早期发现潜在的有损于学生健康的管理性工作。但从诊断前的指导和诊断后的措施等工作中，都给予相应充分的卫生与健康教育，从这意义上讲，可以说它的管理具有教育性。

日本的学校重视学生健康教育，他们认为健康是人的基本权利，健康是人人都期望的事，健康是生活幸福的重要条件之一。健康教育就是帮助每个学生能够获得人的最基本权利的教育。但是，在人生的各个不同阶段，人们对健康状况的实际感受是不同的，这也使学校健康教育内容难以定位。从教育的现实性和前瞻性讲，无论如何应该让身体发育旺盛没有疾病的学生知道家族、友人等自己周围有身心不健康的现象；让他们知道并重视身边多发的交通事故和公害等都是有损于健康的社会问题；使学生建立健康观念和维护健康意识。

(2) 日本学校保健领域的构成

日本学校保健主要由保健管理和保健教育两大领域构成。保健管理包括主体管理和环境管理；保健教育包括保健学习和保健指导。保健管理的目的是：保持和增进学生和教师的健康，保障实施学校教育，确保教育成果，维持和改善学校教育环境。保健教育的目的是：培养学生拥有保持增进自己健康的能力。

保健管理和保健教育两大领域的性质、要求、内容不同，管理实施者也不相同。具体的保健领域分类、主要内容及管理实施者详见表 4－5。

表 4-5 日本学校保健领域分类及性质与担当者

<table>
<tr><th></th><th colspan="2">领域分类</th><th>主要内容</th><th>性质</th><th>管理实施者</th></tr>
<tr><td rowspan="3">保健管理</td><td colspan="2">环境管理</td><td>环境卫生检查
环境安全等</td><td rowspan="3">管理</td><td rowspan="3">专门教员：校医
养护教谕
保健主事
年级教师</td></tr>
<tr><td rowspan="2">主体管理</td><td>健康管理</td><td>健康状态评价
疾病管理、安全管理</td></tr>
<tr><td>生活管理</td><td>校内外生活管理、指导等</td></tr>
<tr><td rowspan="2">保健教育</td><td colspan="2">保健指导</td><td>个别指导　集体指导等</td><td>指导</td><td>年级教师
养护教谕</td></tr>
<tr><td colspan="2">保健学习</td><td>保健学科，与其他有关学科的学习等</td><td>教授</td><td>保健课教师</td></tr>
</table>

环境管理不仅是围绕人周围的物理、化学及微生物等环境，还考虑包括人际关系的心理环境。为此，环境管理的目的集中在三个方面：（1）预防疾病和防止伤害事故。（2）增进学生健康。（3）提高教育活动的效率。

学校生活管理主要包括日常课程安排、授课时间中的保健、教学课程之外的学校各项活动时的保健措施等。家庭生活管理主要是预防疲劳、营养与睡眠、衣、食、住的保健卫生等。

不论是保健管理还是保健指导的管理实施者都见到养护教谕，这是日本中小学校负责学生健康管理与指导的专业人员，他们是由教育大学或综合大学的教育学部或体育大学等培养。养护教谕在促进中小学生健康方面起到很大的作用。

4.3.3 学校保健教育（健康教育）的特点

日本中小学保健教育（健康教育）的特点是：（1）学校健康教育落实于学校全部教育活动中。（2）中小学健康教育目标的连贯性强，教育内容衔接的好。（3）课内学习与课外指导相结合。（4）注重保健行为和态度的培养。这些在日本的《学习指导要领》中均具有规定。

（1）保健教育与学校整体化教育相融合

从学校保健的领域构成就可以看到，日本学校的健康教育是通过全部教育活动来进行的。这也是日本的《学习指导要领》中提出的基本要求。健康教育不只是一门课程、一些活动，而是深入渗透到各教学课程的知识学习和学校开展的各项教育活动中。健康教育不只是传授知识，更为重要的是建立健康生活的态度和行动能力。为此，他们注重在学校范围内的一切活动中对学生进行健康行为的教育与指导。

如何在一切活动中实施健康教育，这里列举一些日本学校教育经验及实施计划，以便从中了解并得以启发。图 4-2 是一所小学结合学科、道德和特别活动组成的健康教育综合单元的构造图。

从图 4-2 中可以看出，以保健指导和保健学习为核心，不断扩展与各学科的联系，与道德教育的联系，通过多种方式提高增进健康的意愿。首先，以保健学习和理科、家

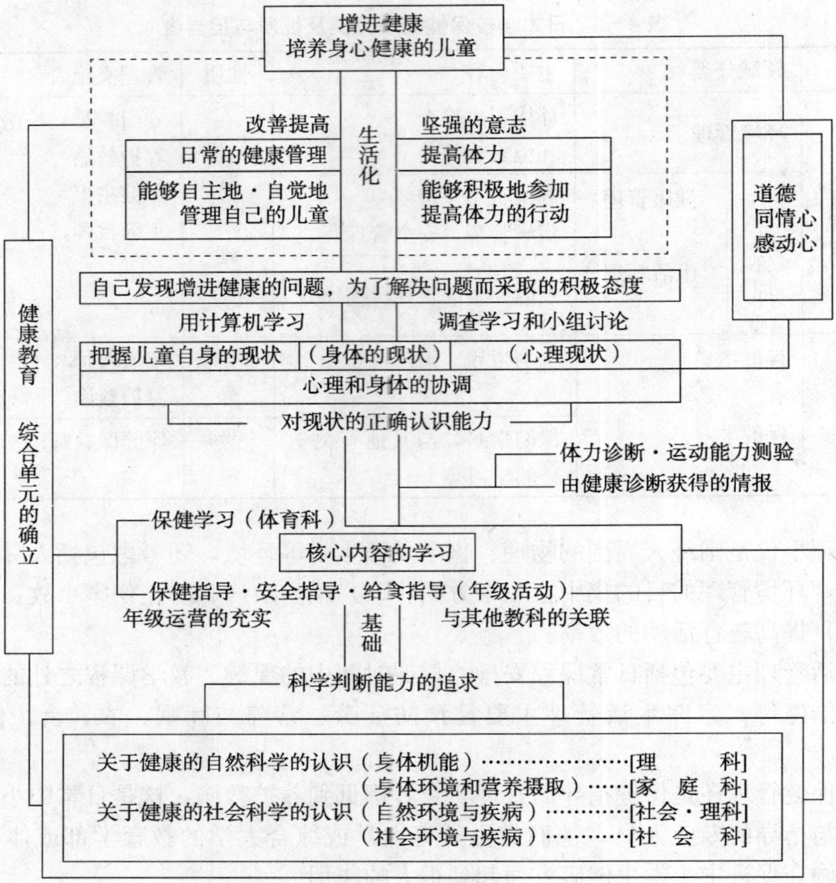

图 4-2 推进健康教育的构造图

庭科、社会·理科、社会科等各学科为基础，以追求科学判断的能力为目标；然后，通过学校定期健康诊断、运动能力测验等获得正确的认识自己健康现状的能力；再通过道德教育中的情感教育和具体方法或技术的指导等达到调节身心，学会发现身心健康问题和解决问题的方法，在实现自主的管理和积极提高体力行动中使健康生活化，最终培养出身心健康的学生。

图 4-3 是一所小学利用计算机进行健康教育的实例。日本学校定期进行健康诊断、运动能力测定和体力诊断，能否使用和如何使用这些测定结果，是关系到测定效果和其意义的问题。

我们知道，如果一个人只知道自己身高是 1.50 米是没有太大意义的，因为没有比较。只有了解到比较对象的情况才可使 1.50 米这个测定结果有其价值。如了解了与自己同性别，同年龄，以及同地区或同民族等人群的身高平均值等，就可以分析自己的发育水平。对测定结果进行分析比较，这不仅是掌握健康信息的问题，也是科学方法的教育。对此，从运用计算机对其测定结果进行评价分析入手，学习发现健康问题和解决其问题的方法，同时也可以培养获得健康的能力。

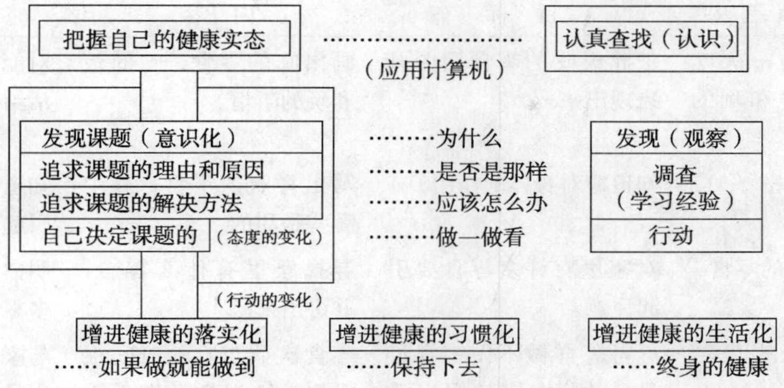

图 4-3 应用计算机达到健康教育和增进健康的过程

具体做法：首先，学校准备有关各项健康指标的数据库，使学生能运用计算机，把握自己的健康实态，对自己健康问题认真查找；然后，通过计算机的分析，有意识地发现课题，也就是提出"为什么"，引起自己注意，并进行观察。进而探索产生课题的原因和解决课题的方法，也就是提出"是因为这个吗"和"怎么办呢"等，并应用以往的经验分析、判断和进行调查。之后，决定自己的课题，也就是提出"试着去做"的态度和具体行动。在应用计算机对健康诊断进行分析的过程中，发生了健康态度的变化和健康行动的变化。最后，对想试着去做的事情要制定计划，再去实践，坚持下去便会逐步形成增进健康的习惯。应用计算机进行健康教育和指导，是学校健康教育与健康管理相结合的好方法。

(2) 中小学保健教育目标的延续性与内容的衔接

从日本的《学习指导要领》对保健体育课程教育目标的表述，可以明显地表现出中小学保健体育教育目标的延续性，或称为"教育目标的一贯性"。教育目标的一贯性对很好地实现教育目的和终身教育具有一定的保障作用。

(3) 课内学习与课外指导相结合

日本的保健教育领域包括有保健学习和指导，保健学习以课堂教学为主，是通过知识的学习与教授发展认识和思考、判断能力；保健指导以课外指导为主，通过力求解决身边实际生活中的健康问题，是以发展实践能力为目标。保健知识的学习是建立保健行为的认识基础，对生活中具体事情的指导是逐渐建立行为、习惯和进行态度的培养。

通过各学科有关健康教育知识的学习，培养科学认识与判断能力是健康教育的基本立场，在重视理论的系统性、关联性的同时，在学校各项教育活动中有针对性地指导学生建立健康行为，培养健康习惯，用健康知识指导学生的日常生活，最终提高学生健康生活的实践能力。表 4-6 是一个课内外相结合对肥胖小学生进行保健教育的计划。

表 4-6 对肥胖爱吃零食学生的指导计划

	题目	目标	内容	评价
第一周	回想前一天吃的零食和玩的事情。	把昨天吃的零食用图画表现出来	画出吃的零食、吃的饭和玩的事情。	对能回顾起自己的生活给予肯定。
第二周	糖的秘密	知道糖对身体的作用	写出喜欢的零食，其中哪些是甜的	知道摄取糖量太多会引起的疾病。
第三周	找家里的零食	对家里有许多零食要引起注意。	寻找家里有什么零食，并讲出来。	明白了自己是在有许多零食的环境中。
第四周	对家长提出希望	思考怎样做不使零食过量，对此向家长提出希望和建议。	零食次数与吃的时间很重要，给为自己准备零食的人写一封信。	与家长见面时了解学生是否有行为变化。

引自《健康教育への招待》高桥浩之大修馆书店

在该指导计划中，第一周是导入阶段，让学生高兴地回忆自己前一天吃了多少零食；第二周以吃甜食过量为中心活动；第三周将学生引向对自己零食环境的认识和怎样控制；第四周给家长写一封信，设想安排自己吃零食。教师在这四次教育活动中给予必要的指导和评价。

①通过学生们的调查结果让他们知道和理解自己被什么样的零食包围着，并让他们考虑怎么办，是否与家长说说。分析零食过多的原因，甚至可以讲，儿童生活在被许多零食包围着的环境中。

②对全班学生讲少吃零食的重要性，在让学生在理解肥胖原因的过程中学习有关知识。但要解决儿童肥胖问题，是指导他们如何减少引起肥胖的直接原因。

③评选出较好的或比较突出的作品让学生相互分享。

④确认学生行为是否改变？制定一个使学生主动减少零食环境为中心的指导计划。对体重的变化，要让学生知道减肥要有一个过程，它与运动有直接的关系，可以指导他们做一个表，记录零食与运动情况等。

（4）注重保健行为和态度的培养

保健行为是在一定技能和态度的基础上形成的。通过健康教育，培养学生对有关健康方面事情的独立思考、判断能力的同时，培养学生正确的健康观念和积极的生活态度。

重视态度的培养是日本近些年来教育改革的一个特点。这与他们教育基本法中提出的培养人格，完善人格的教育目的相一致。此外，日本在多年的健康教育实践中也认识到，受教育者能否主动、自觉地学习知识和习得技能，教育过程中的情感、情绪具有十分重要的作用。尤其是最终教育效果要落实到行为的改变，没有态度的支持是难于见效的。当前日本十分重视体验性的学习和问题解决式的学习，通过社会调查、实验、讨论等活动对所学知识深入理解的同时，提高行动能力和积极的生活态度。

4.3.4 学校健康教育内容及实施

日本学校健康教育内容主要有：保健体育课程中的保健领域部分；包括预防艾滋病在内

的性教育；安全教育；饮食生活教育（包括营养和进餐）。

（1）日本保健体育课程特点与目标、内容

日本的保健体育课程是由保健和体育两个领域组成。在《学习指导要领》中明确提出的教育目标分为保健体育课程的总目标，和保健分目标与体育分目标。这种总目标与分目标的设置，使这一课程既明确了各自的任务，又体现出了保健和体育的联系。

2000年后实施的《学习指导要领》在保健教育领域变动最大的是小学由原来5年级开设保健课改为从3年级开始，小学阶段保健教育比以前增加了4学时。中小学保健教育内容及学时安排详见表4-7。

表4-7 中小学保健学习项目与学时要求

区分	小学		中学	
课程	保健体育科 保健领域		保健体育科 保健领域	
指导时间	第三、四学年共8学时 第五、六学年共18学时		三个学年共48学时	
各学年的学习项目	第三学年	1）健康的良好的生活方式	第一学年	1）身心机能发展与心理健康
	第四学年	2）心理发展、不安、烦恼的解决方法	第二学年	2）健康与环境 3）防止伤害
	第五学年	3）防止伤害与处理 4）心理发展与不安、烦恼的解决方法	第三学年	4）健康地生活与预防疾病
	第六学年	5）预防疾病		

下面是《学习指导要领》中提出的保健学习目标及内容构成：

小学第三学年保健学习的目标是：认识健康重要性的同时，理解健康的良好的生活方式。内容构成有：

①为每日健康生活，保持膳食、运动、休养及睡眠的协调。

②为每日健康生活，保持身体清洁，装备明亮、通风的生活环境。

小学第四学年保健学习的目标是：能够理解身体的生长发育。内容构成有：

①身体伴随着年龄变化。为使身体更好地发育，平衡膳食、适当运动、休养及睡眠。

②身体在青春期时的发育会接近成人，伴随着身体变化，出现月经初潮、遗精的同时，开始对异性关注。

小学第五学年保健学习的目标是：理解防止受伤和能对小伤简单地处理；理解心理发展与焦躁，理解烦恼的应对方法。内容构成有：

①在防止交通事故，学校生活的事故等方面，意识到周围的危险，在正确判断下安全地行动，把环境整理得符合安全要求。

②受了伤，需要尽快处置。能够进行简单的处置。

③心理是通过各种生活经验，随着年龄发展的。

④心理与身体有着密切关系，相互影响。

⑤解决焦躁和烦恼，可以有与朋友和家长商谈，和朋友玩，运动等各种各样的方法。

小学第六学年保健学习的目标是：能够理解预防疾病。内容构成有：

①疾病是因病原体，身体的抵抗力，生活行动，环境因素引起。

②预防因病原体引起的疾病，防止病原体侵入体内和提高机体对病原体的抵抗力。

③预防由于生活习惯等行为引起的疾病，营养均衡地饮食和注意口腔卫生，学会正常的生活习惯。吸烟，喝酒，乱用药物等行为是损害健康的原因。

对小学第三、四学年的内容教学时，还特别提出两项要求：①对健康的良好的生活方式的教学要在学校健康诊断、学校营养配餐等各种活动中进行。②在教授心理发展与解除焦躁及烦恼方法的教学内容时，要使学生注意自己与他人生长发育的不同。

初中阶段的保健教育目标是：①能理解身心机能的发育与心理健康；②能理解健康与环境；③能更深地理解防止伤害；④能更深地理解健康生活与预防疾病。教育内容依照教育目标的不同构成如下：

目标 1：能理解身心机能的发育与心理健康的内容构成有：

①身体机能随年龄发展。

②青春期由于内分泌的作用生殖系统在成熟。适当地应对这种变化是必要的。

③智能，感情，社会性等精神机能受生活经验的影响而发展。在青春期加深对自己的认识，形成自我。

④为了保持心理健康，正确处理欲望和紧张，保证身心的调和很重要。适当的欲望和紧张的应对方法会对精神和身体产生各种影响。

目标 2：能理解健康与环境的内容构成有：

①身体对环境有一定程度的适应能力。为舒适和有效率地生活，对生活环境的温度、湿度和亮度要有一定的要求。

②因饮用水和空气与健康密切相关，对水和空气要符合卫生基准管理。

③人类生活产生废弃物，同时必须要考虑卫生和保护环境。不污染环境地处理废弃物。

目标 3：能更深地理解防止伤害的内容构成有：

①自然灾害与交通事故等伤害事故，是因人的与环境因素产生。如能安全行动和改善环境，许多伤害是可以防止的。

②对伤害事故适当的及时处置，能防止伤情恶化。

目标 4：能更深地理解健康生活与预防疾病的内容构成有：

①健康受主体和环境的共同作用。疾病是在个体因素和环境因素相互影响下发生的。

②保持和增进健康与年龄、生活环境等相应的膳食、运动、休息及睡眠是密不可分的。膳食的质与量不合理，休息和睡眠不足等不良的生活习惯，都是健康受损的原因。

③吸烟、喝酒、乱用药物等行为对身心产生各种影响，是损害健康的原因。这些行为影响个人的心理状态和人际关系及社会环境。

④传染病主要是由于病原体发生。很多传染病能够通过消除发生源，切断感染途径，提高主体的抵抗力进行预防。

⑤个人健康与集体的健康有着密切的关系并相互影响。为保持和增进健康，有效地利用保健、医疗机构。

从以上中小学保健教育的目标与内容，可以感受到日本教育目标的一贯性和内容的连续性。

(2) 包括预防艾滋病在内的性教育

在学校性教育方面，提出要依据学生性发育的程度、性意识和性行为的实际状态，提出基本的教育目的。

①准确地认识自己的性别，并具有健全的异性观。

②以尊重人的精神为基础，以男女平等为前提建立男女关系。

③掌握在家庭和社会生活中必要的性方面基本知识，掌握主体判断和行动的能力。

学校性教育的途径主要是渗透于各学科的教育课程中，以及道德与特别活动的指导及其他教育活动等。具体途径和方式如图 4-4 所示。

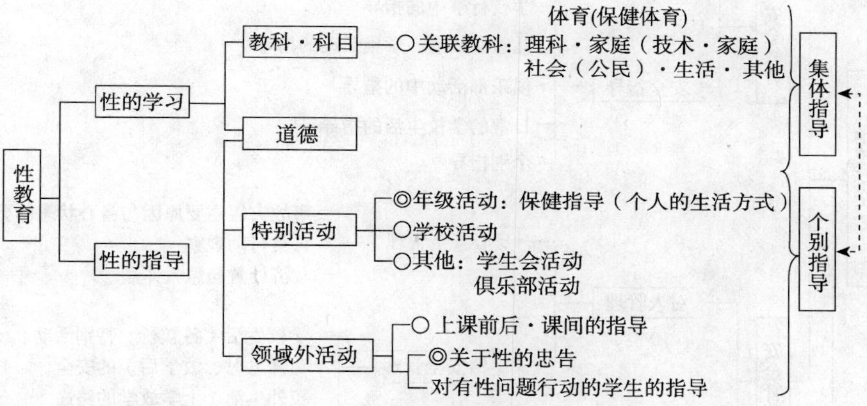

图 4-4 学校性教育途径与方式

从图 4-4 可以知道，性教育中性知识学习主要在各学科中渗透，更广的教育方式是对学生的性指导。在对学生有关性指导方面，文部省发行《学生性指导—初中、高中编》年度刊物。这个刊物具有一定的权威性，从此刊物来看，对学生的指导主要是依靠个别指导来补充完善教育课程的指导。即对性发育不适应者，要适当地给予特别的指导，帮助克服其问题。

日本的性教育不只是性知识的教授，还重视培养学生对性的正确判断力和采取正确的行为。预防艾滋病教育不只是对艾滋病具有正确的认识，能对艾滋病给予适当的注意，掌握预防感染艾滋病的能力，同时，还要求学生对艾滋病患者、艾滋病感染者不要有偏见，要尊重他们的人权。在指导艾滋病预防教育时，灵活运用有关艾滋病的最新资料，考虑到指导内容与学生发育阶段相适宜，考虑到以人的尊严和尊重生命为基础的指导。

学校对有关预防艾滋病的指导作为强化性教育的一个环节。因此，预防艾滋病教育在性教育方式之中，即在各学科和各种教育活动中，并与一切教育活动配合进行。如小学在特别活动中的年级活动，进行预防疾病和环境清洁卫生的保健教育指导时，可以同时进行艾滋病预防教育，告诉学生艾滋病是传染病，但在日常生活中不会传染；告诉学生遇到破伤、流血时，要用自来水冲洗。在道德指导时，教育学生不歧视患有艾滋病的人，要关心他们，与他们友好相处。在保健体育预防疾病的教育中，告诉学生流行性感冒和结核等传染病症状中，有时有艾滋病的症状；进行健康生活教育时，教育学生积极参加保健所的预防艾滋病的活动等。总之，艾滋病教育的内容可以贯穿于学校教育的全部活动当中。

(3) 安全教育

日本的学校安全教育包括安全教育和安全管理。安全教育是作为对外部健康存在的各种各样的危险给予制约，以能采取安全行动为目的的安全学习和安全指导。安全管理是为保持安全的外部环境所实施的各种活动。日本学校安全教育领域的构成如图 4－5 所示。

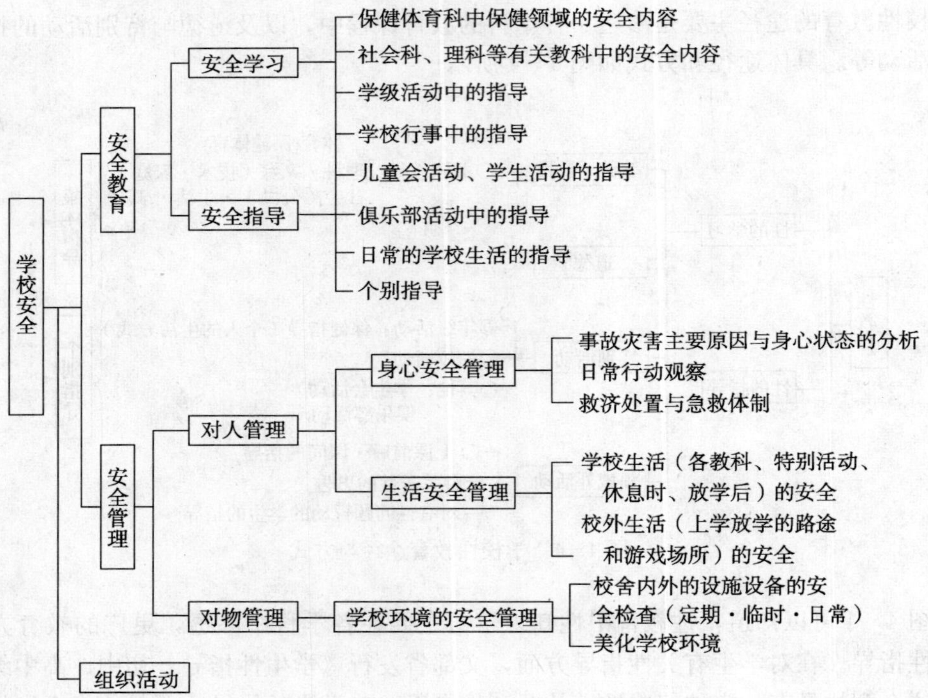

图 4－5 学校安全教育领域的构成

安全学习以习得安全知识和技能为目的，它主要是在保健体育的时间内学习。安全指导不仅习得有关知识和技能，更注意学生日常生活中存在的各种危险，正确地判断这些危险。同时，培养学生能适当地处理和应对的能力。尤其是培养一旦发生事故，能恰当应对的能力和态度。

安全管理是早期发现学校环境中的事故隐患，以及学生在校生活中的危险行为。在对以上事项尽早排除的同时，建立一旦发生事故时实行安全措施的体制，以确保学生的安全。

为了不断提高安全教育的效果，除了学校内部具有相互协作的体制外，还要建立与家庭和社区能紧密连系的组织。

为了保证学校生活安全，学校均制定安全计划。学校安全计划包括设备的安全检查；避难场所（如有地震火灾等发生时，学生积聚的地方）；避难时疏散路径的检查等。安全管理的内容与安全教育的内容统和一起，成为有关安全的综合计划。

（4）饮食生活教育（包括营养和进餐）

日本的中小学生午餐几乎都在学校进餐，有在学校食堂就餐，也有在教室吃送餐，还有一些学校既可以到学校食堂就餐也容许学生自己带餐。

日本的饮食生活教育非常注重与学校生活指导相结合，经常是有计划地针对学生在校饮食安排相关的教育内容，下面是一例学校从 4 月份开学到次年 3 月份学期结束时的学年饮食指导计划，从中可以了解该学校是如何指导学生健康饮食的。

表 4-8 学校饮食（包括午餐）学年指导计划 （小学校、中学校）

月份	主 题	目 标	指导内容
4	协助值日生	知道值日生做的事情，能有效率地相互协助工作。	* 了解值日生做的事情，并有效率地进行。 * 考虑与值日生以外的人协力进行。 * 准备清洁饭桌。 * 分小组负责要做的事。
5	掌握好的吃法	能用好方法吃。 能很好地使用食具。	* 饭前、饭后的正确礼仪。 * 正确姿势地细嚼慢咽，主食与菜、牛奶等交互地吃。 * 轻拿轻放食器，不带耳机地边听音乐边吃。
6	知道清洁卫生的必要性	吃饭前正确地洗手，能在清洁的教室吃饭。	* 知道必须洗手的原因，能正确地洗手。 * 清洁饮食的场所。 * 注意别弄脏身体和衣服。 * 饭后漱口
7	不挑剔食物，什么都吃	不挑剔食物，什么都能吃	* 知道偏食不好的原因。 * 对不喜欢的也能努力一点点地吃。 * 知道夏天应注意的饮食。
9	饭后休息	知道饭后休息的重要，能正确地休息	* 知道饭后必须休息的原因。 * 考虑饭后休息的方式。（说一些轻松快乐的说题，或针对吃饭的话题）
10	知道有关食物的功能	对红、黄、绿食物的功能有所理解	* 知道长身体的食品，体温作用的食品，调整身体的食品和其功能。 * 知道红、黄、绿食品和在一起吃的重要，努力不剩饭。
11	对给自己食物的人以感谢	感谢给自己准备食品的人们，爱护食物和食具。	* 能够知道制作食品的辛苦，对那些人有感谢之心。 * 相互交流表示感谢的具体方法，并实行。 * 不草率对待食物和食具。
12	掌握正确的进食方式	正确掌握进食时间，能高兴地会餐。	* 练习筷子、刀、勺等的使用方法。 * 高兴地交流小组会餐的方法。

（续表）

月份	主　题	目　标	指 导 内 容
1	知道冬天的食物	理解为身体供给热量的食物和脂肪的功能	*知道冬季食品与功能。 *知道冬季有价值的营养素，并慢慢地补充 *理解冬天健康与饮食的关系
2	快乐地会餐	计划可以快乐会餐的方法，并能实施	*为了快乐地会餐，考虑各种会餐形式是必要的。 *饮食中的话题是全员能参加的。 *饮食后的休闲交流。
3	总结饮食	总结一年间的饮食，对下年度起到更好的作用。	*对全盘的饮食活动给予总结。 *考虑改善自家的饮食 *建立下年度的个人目标。

4.3.5 学校保健能力培养与教育模式的探讨

20 世纪 90 年代后，日本中小学校健康教育一直是围绕着经济高速增长、生活水平的提高以及生活方式的变化所产生的新的健康问题。如产业结构的急剧变化，劳动人口的都市过度密集化，产生事故、交通、各种公害等环境问题直接影响着人们的身心健康。为使学生具有处理以上社会问题的必备能力，以使他们能终生健康、安全地生活，成为了现代学校健康教育的目标。

为提高学习健康教育的水准，有日本健康教育专家从生理水平、知识学力水平和人格水平三个方面提出和分析保健能力的构成体系。如图 4－6 所示，生理水平是指生理机能，学力水平包括保健技能和保健学科知识，人格水平是指价值认识和情感。健康教育是通过身体机能的训练，保健技能、知识的学习，价值认识与取向和情感的体验，来培养和提高学生的身体能力、认识能力、保健观和意志与信念，最终达到提高健康生活的实践能力，也是自觉的行动能力。

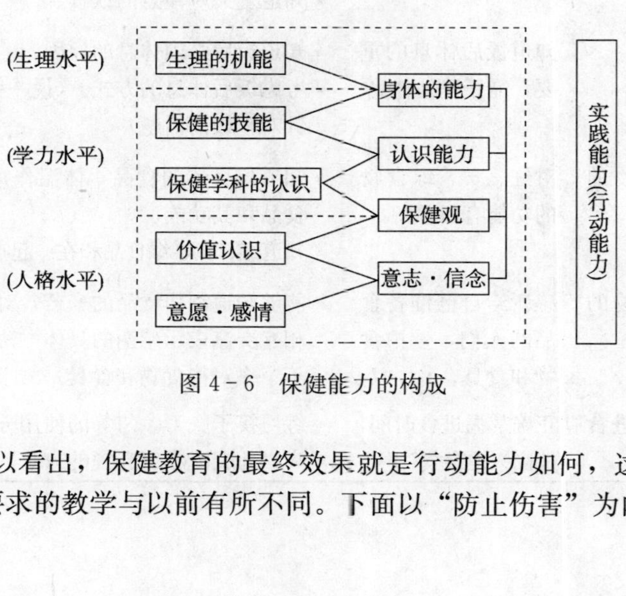

图 4－6　保健能力的构成

从图 4－6 中可以看出，保健教育的最终效果就是行动能力如何，这是保健教育的最大特征。对这样教育要求的教学与以前有所不同。下面以“防止伤害”为内容的保健课教学为例，列举三种不同的教育模式的比较（表 4－9）。

表 4－9 三种不同的教育模式（防止受伤内容的教学）

类 型	授 课 计 划
外表式	日常生活中有很多人发生伤害事故。 ↓ 要注意事故的发生。 ◆ 没有给予科学的认识。
学科式	日常生活中有很多人发生伤害事故。 ↓ 事实是，事故的原因应从自己行为和周围环境两个方面考虑。 ↓ （要注意事故的发生） ◆ 没有将科学的认识用到实际生活中
典型的保健教育式	日常生活中有很多人发出伤害事故。 ↓ 事实是，事故的原因应从自己行为和周围环境两个方面考虑。 ↓ 练习对每个要因实行对策。 ◆ 遵守源于生活，用于生活的原则。

称为外表式的健康教育只是因为生活中会发生许多伤害事故，而命令式地提出“要注意事故的发生”而不许做什么，它没有使学生明白为什么的问题。学科式的健康教育以认知为中心，它重视知识的理解而忽视了如何解决实际问题。保健教育式则强调通过学习事故原因，练习相关对策。它源于生活，又用于生活。

20 世纪 80 年代后，日本的保健教育要求学生“**理解**身心发展、心理健康和健康生活，培养合理地保持和增进健康的**能力和态度**。”强调了培养学生保持和增进自己健康的对策要求，也使学生获得自觉实践的能力。这体现出了保健教育要从生活实际的问题中来，经过学习、理解，获得实际生活需要的行动能力和态度。

通过保健教育应获得的实践能力，从《学习指导要领》中的保健学习内容看，有以下几个方面：

（1）为保持和增进身心健康，能适当地安排生活。

（2）理解环境保护的重要性，自己能对保护环境采取必要的行动。

（3）理解人生各个阶段的健康课题，能理解不同阶段保持与增进健康的方法，并能用于实践。

（4）能预测潜在的危险，安全地行动。

（5）能恰当地应急处置，预防疾病的恶化。

（6）了解本国公共卫生活动和保健医疗制度，并能积极地协力。

当然，对以上几个方面的能力要求，对不同年龄段的学生在程度上有所不同。

4.3.6 学校健康教育评价

在激烈变化的社会中，培养学生的思考和行动，重视培养生存能力的素质是日本教育中十分重视的问题。针对那种只掌握知识、技能的教育，日本有学者提出了“新的学力观”。新的学力观把关心、意欲、态度、思考力、判断力、表现力等素质和能力作为基本学力，教育指导与评价也都围绕着这些方面进行。

(1) 关心、意欲、态度是指对外界主体地促进联系的关心，积极地追求活动的意欲，特别是对实现自己认为更为美好事情的态度。

(2) 思考力是指有自己的想法，并理性地思考和在创意方面下工夫。

(3) 判断力是对各项事物进行分析、综合判断，找到适当解决方法的能力。

(4) 表现力是指正确地表现事实，对自己特点进行表现的能力。

新学力观的核心是重视学生能力的培养，这些能力是各学科都有责任促进发展的共同能力，健康教育也不例外。也就是在习得健康与安全必要知识的同时，提高学生的思考力、判断力，培养保持和增进健康的实践能力与态度。特别是在强调实现终身健康的教育观时，在保健教育中唤起学生内在的学习欲望，培养学生终身学习的态度，独立思考力、判断力和行动的基本能力，并以此作为健康教育评价的重点内容。

4.3.7 日本学校健康教育值得借鉴的经验

(1) 学校健康教育与管理等都有法律可依

日本是一个法制国家。日本的学校保健管理或学校健康教育并不是文部科学省（相当于我国教育部）提出规划与意见，而是依据国家法律规定，按照法律程序制定教育法规，最终使得颁布制订的《学习指导要领》及教育要求等都具有坚实的法律依据。这其中就包括学校保健制度和健康教育。

(2) 学校健康教育要有稳定的得以保障的教育途径

日本学校比较稳定的健康教育途径主要有 3 个，一是小学和初中的保健体育课程，二是学校特别活动，三是与其他相关学科教育的渗透。

日本的保健体育课程是分体育教育和保健教育两个领域实施教学。《学习指导要领》提出的教育目标，分别为课程的总目标和保健领域与体育领域的分目标，《学习指导要领》还明确规定小学三、四年级健康教育为 8 课时、五、六年级 18 课时；初中三年共 48 课时。初中的健康教育约占保健体育课程的七分之一。

学校特别活动是指学校的年级活动、学生会活动、俱乐部活动和学校行事。与年级活动相关的健康教育活动有培养健康安全的生活态度和习惯、与性发育相适应的指导、饮食教育活动等；与学生会活动相关的健康教育活动主要是保健关系委员会开展的活动；与俱乐部活动和学校行事有关的健康教育主要是保健俱乐部活动和学校组织的有关健康安全教育活动及旅行、集体外出的教育活动等。

与其他相关学科教育渗透的健康教育内容主要是性教育和安全教育。实施的教师多为小学教师和中学的体育、理科、社会科的教师，这些教师往往还负责学生年级工作。

总之，日本将健康教育置于学校一切教育活动之中，视保健管理与健康教育和指导为学校整体教育的一个组成部分，是实现教育基本法提出的以人格完善为目标，尊重个性发展，提高人的能力，培养自理的人的教育内容和手段。

（3）师资条件是学校健康教育的重要保障

日本学校教师的健康素养普遍比较高，这源于日本的教师教育有他的独特性。与我国相比较，其独特性表现在 3 个方面。一是综合大学的教育学部或体育大学等都在培养养护教谕这一专门的学校健康指导与管理人员；二是体育专业的大学也在培养学校健康教育教师；三是教育大学培养的小学教师是全科教师，他们在体育与健康教育方面都具有一定的水准。

养护教谕是接受大学三年健康管理与健康教育的学校保健室工作的专业人员。养护教谕的任务主要是对学生进行健康指导（包括心理咨询）和学生的健康管理。这是日本中小学重要的健康教育与指导队伍。

在中学担任保健体育课程中的保健领域教学的教师，主要是体育专业毕业的大学生或研究生。因为保健体育课程分为体育和保健两个领域，体育专业的大学开设的课程，除了有围绕着科学体育运动而设置的各种相关理论课程和运动课程以外，还有大量的与保健和健康教育相关的课程。我们从日本体育大学 2000 年的教学计划可以看到与健康教育相关的专门课程有：学校保健、学校安全、营养学、急救护理、精神保健、公共卫生学、健康管理学、预防医学、健康教育学、免疫学、公共卫生学实验实习、劳动卫生、养护实习等。有些体育专业学生在具有一技之长的体育运动项目外，还可以获得很多的有关健康教育的学分，使他们到中学在教授一、二项体育运动的同时，兼任学校保健教育课程。需要说明的是，为学生获得保健体育教师资格，学校还专门为他们开设保健科教育法、体育科教育法、人权教育、学习指导论、特别活动的研究、生活指导论、教育实习等课程。

全科式的教师培养主要是小学教师。这些教师在小学可以担任所有学科的教学，其中包括体育和健康教育。尽管小学健康指导主要是养护教谕，但是，接受全科教育的小学教师对体育的理解和健康教育能力都比较高，这对他们在学校其他的教育活动中渗透健康教育具有积极作用。近些年来，为了提高小学的体育与健康教育水平，不少学校给小学高年级增加了专业的体育教师。

4.4 中国台湾学校健康教育现况

4.4.1 小学、中学和高中学校健康教育课程的演变

中国台湾中小学校健康教育课程经历了一系列的演变过程，从其课程的演变，可以让我们比较系统地认识其课程设置的发展（表 4-10）。

表 4-10 中国台湾中小学健康教育课程实施简史

<table>
<tr><th>年份</th><th>小学阶段 1～6 年级（课时）</th><th>中学阶段 7～9 年级（课时）</th><th>高中阶段 10～12 年级（课时）</th></tr>
<tr><td>1932</td><td>单独设科：卫生 1～6（1）</td><td>卫生 7（1），8（1），9（1）</td><td>“卫生”课程标准</td></tr>
<tr><td>1936</td><td rowspan="2">与社会、常识、自然及公民与道德等合并</td><td>生理卫生 7（1）</td><td rowspan="3">依附“军训与护理”</td></tr>
<tr><td>1948</td><td>生理及卫生 8（2）</td></tr>
<tr><td>1968</td><td>健康教育 1～6（1）</td><td>健康教育 7（1），8（1）</td></tr>
<tr><td>1972</td><td></td><td rowspan="2">健康教育 7（2）</td><td rowspan="3">健康生活与疾病预防、简易急救法及健康家庭，限女性修习，三年八十节课</td></tr>
<tr><td>1993</td><td>道德与健康 1～3（2 合），
4～6（各 1）</td></tr>
<tr><td>2000</td><td rowspan="2">健康与体育学习领域 1～6（1）</td><td rowspan="2">健康与体育学习领域 7～9（1）</td></tr>
<tr><td>2005</td><td>健康与护理 10（2），11（2）</td></tr>
<tr><td>2008</td><td colspan="2">健康与体育学习领域（课程微调）</td><td>“健康与护理”10（2）</td></tr>
</table>

注：课时：小学 25～40 分钟，中学 45 分钟，高中 50 分钟。

（1）小学阶段

中国台湾小学阶段于 1968 年开始有健康教育，在这之前依《国民学校课程标准》，将卫生并入公民训练、常识、自然中实施。

1968 年依《国民小学暂行课程标准》（九年国民教育开始）独立设置“健康教育”课程，另配合“健康习惯指导”。（健康教育每周一节，每节 30 分钟；健康习惯指导每周 6 节，每节 5 分钟，与“公民与道德”合并实施。

1975 年依《国民小学课程标准》设置“健康教育”课程，另配合“健康指导”（健康教育每周 1 节，每节 40 分钟；健康指导每周 6 节，每节 20 分钟，与“生活与伦理”合并实施。

1993 年起“健康教育”又与“生活与伦理”合并为“道德与健康”，（每周 2 节，每节 40 分钟；一至三年级合科，四至六年级分科）。

2001 年实施九年一贯课程将健康和体育合并为“健康与体育”领域。

（2）中学阶段

1952 年依《中学课程标准》，中学设置“生理及卫生”课程（设在二年级，每周 2 节）。

1968 年依《国民中学暂行课程标准》（九年国民教育开始）设置“健康教育”课程（设在一、二年级，每周 1 节）。

1972 年依《国民中学课程标准》设置“健康教育”课程（设在一年级，每周 2 节）。

2002 年实施九年一贯课程将健康和体育合并为“健康与体育”领域（设在七至九年级，每周 3 节；其中 1 节健康教育，2 节体育）。

（3）高中阶段

过去没有健康教育课程，只有女生学习军训护理。2006 年的高中新课程暂时纲要加入“健康与护理”课程；而 2009 年新课程正式纲要将“健康与护理”与“资讯科技概论”、“家政与生活科技”共同列为生活领域选修课程，每科至少必修 2 学分。另外，还有“健康与休闲”等八类选修课程至少要选修 12 学分。

4.4.2 中学健康教育课程规划与实施

当前，中国台湾课程改革后的健康教育课程与体育课程合为一体称为“健康与体育”，这个课程分为健康教育和体育两个领域，分别具有课时。中学每周有一课时的健康教育课。本文在此介绍其健康教育的基本理念、要达到的基本能力、教育目标以及健康教育概论的内容。

（1）基本理念

中学健康教育课程健康的基本理念是由五个成分的安适状态（well-being）所构成，包括：

①身体适能（physical fitness），包括：了解身体发展、身体照顾，发展正向的身体活动态度与能力。

②情绪适能（emotional fitness），包括：思考清晰、情绪稳定、成功的调适压力，具备自制与自律的能力。

③社会适能（social fitness），包括：关心配偶、家人、邻居、同事和朋友，积极的与他人互动和发展友谊的能力。

④精神适能（spiritual fitness），包括：寻找个人生命的意义，设定人生的目标，拥有爱人与被爱的能力。

⑤文化适能（cultural fitness），包括：对社区生活改造有贡献，能关注文化和社会事件与接受公共事物责任的能力。

（2）基本能力

中学健康教育课程规划提出培养 10 个基本能力，包括：

①了解自我与发展潜能。

②欣赏、表现与创新。

③生涯规划与终身学习。

④表达、沟通与分享。

⑤尊重、关怀与团队合作。

⑥文化学习与国际了解。

⑦规划、组织与实践。

⑧运用科技与资讯。

⑨主动探索与研究。

⑩独立思考与解决问题。

（3）健康教育课程目标是：

①养成尊重生命的观念，丰富健康与体育生活。

②充实促进健康的知识、态度与技能。

③发展运动概念与运动技能，提升身体适能。

④培养增进人际关系与互动的能力。

⑤培养营造健康社区与环境的责任感和能力。

⑥培养拟定健康与体育策略与实践的能力。

⑦培养运用健康与体育的资讯、产品和服务的能力。

（4）健康教育概论的内容有：

①生长发育、运动与休息。

②饮食、营养。

③疾病与预防治疗，尤其是本土性疾病。

④安全（交通、校园、生活）与急救。

⑤性教育（两性尊重、性骚扰、性侵害、未婚怀孕、网吧问题）。

⑥校园暴力、情绪、压力与调适、偏差行为等心理问题。

⑦药物误用与滥用问题。

⑧消费者须知（采购食物、生活用品、健康保健食品等）。

⑨环保问题（生态、饮水、空污、水污、垃圾、噪音、农药与肥料、地层下陷、辐射废弃物等）。

（5）健康教育内容

健康教育内容分为7个主题轴，每个主题轴所具有内涵如下：

①生长、发育

第一个内涵，由出生、成长、老化、死亡的各发展阶段，开发个体生长、发育和身体功能的潜能。包括了健康的生长、发育、老化、死亡的内容及体育的身体功能开发。

第二个内涵，健康是多层面的，个人可以采取有效自我照顾的方法来增进健康。即健康之个人卫生，包括有视力保健、口腔卫生、身体姿势、健康习惯之养成。

第三个内涵，对个人身心健康与家庭、社会和谐而言，性是人类生活中重要的一部分。

②人与食物

第一个内涵，食物的价值在于提供人生各阶段身体所需的营养素及满足心理的需求。系传统的食物与营养之内容加上心理需求。

第二个内涵，食物的选择，受到社会、文化、经济、自然环境及政策等因素的影响。说明人在选择食物时受到许多因素的影响。

第三个内涵，良好的饮食习惯能使食物被人体充分利用，而安全的食物制备及保存过程，可提高食物的价值。包括饮食习惯与食物安全。

第四个内涵，饮食与运动与健康有密切关系。系体育之饮食与运动的关系。

③运动技能

第一个内涵，运动技能可透过基础性、特殊性的动作发展来培养，并能应用于日常生活中。

第二个内涵，了解各种运动概念，以提升运动技能。

第三个内涵，了解并遵守各项运动规则，进而依据规则，从事运动。

④运动参与

第一个内涵，身体活动的参与是人类生活的重要形态，具有个人、社会和文化层面的意义。

第二个内涵，运动参与是充实休闲生活、增进身体适能的重要方式。

第三个内涵，具备正确的运动概念有助于参与适当的身体活动与发展计划。

第四个内涵，透过欣赏和参与各种身体活动，了解本土及其他学习领域的体育活动。

⑤安全生活

第一个内涵，具备安全概念，应用安全资源，执行社区安全行动，以适应现代生活。系预防性安全教育。

第二个内涵，具备紧急情况处理及急救技能，以降低伤害的严重性。系意外之处理与急救。

第三个内涵，具备正确使用物质的概念，避免物质滥用，而危害个人、他人及社会健康。系物质使用与滥用。

第四个内涵，具备运动伤害预防及处理的知能，以减少运动事故伤害发生，并维护身体健康。为体育之运动伤害预防与处理。

⑥健康心理

第一个内涵，正确认识自己，肯定与接纳自己，并且能够自我实现，是心理健康的基础。系自我认识、肯定、接纳与实现。

第二个内涵，良好的人际关系让人觉得幸福、有归属感，并能增进家庭和谐、团队表现及社会支持。为人际关系，家庭生活和体育的团队表现。

第三个内涵，压力调适、情绪管理、有效沟通与问题解决等技巧，有助于行为的适应。为行为适应的技巧，亦为俗称的情商（EQ）。

第四个内涵，社会、文化中多元的价值观应被了解与尊重，并培养健全的生活态度与运动精神。为尊重多元价值观，培养健全生活态度和体育的运动精神。

⑦群体健康

第一个内涵，健康促进与疾病预防在于管理与改善健康状态，以提升健康品质。即疾病预防和健康促进。

第二个内涵，消费者能辨认健康与运动资讯的正确性，并经由合适渠道选择健康与运动的服务及产品。即消费者健康与体育运动。

第三个内涵，在营造个体、社区与环境健康的过程中，人与环境是相辅相成的。即环境教育和健康社区。

针对不同年级的学生，依据主题与内涵内容进一步分解提出能力指标，也就是分段能力指标。下面是以三年级学生生长发育、人与食物两个主题轴和内涵为例，提出的分段能力指标。

- 生长、发育
  - ■ 了解个体成长与动作发展的关系，借以发展运动潜能。
  - ■ 搜集生长、发展资料来提升个人体能与健康。
  - ■ 运用性与性别概念，分析个人与群体在工作、娱乐、人际关系及家庭生活等方面的行为。
  - ■ 解释社会对性与爱之规范及其影响。
- 人与食物
  - ■ 设计、执行并评估个人的饮食内容及饮食习惯，以符合身体成长和活动的营养需求。
  - ■ 指出需要特殊营养照顾的时期或疾病，并提出预防的策略。
  - ■ 检视媒体所助长的饮食趋势之合适性，并认识正确的饮食可降低健康上的风险。
  - ■ 以营养、安全及经济的观点，评估家庭、学校、餐厅、商店所准备和贩售餐点的合适性，并提出改善的方法。

- 明了食物的生产、制造、烹调会影响食物的品质、价格及热量，并能做明智的选择。
- 分析个人对身体外观的看法及其对个人饮食、运动趋势的影响，并拟定适当的体重控制计划。

（6）课程实施

关于课程实施方面，从原则、教材、教学及评价四个方面介绍实施要点。

1）一般原则

①学校组成健康与体育学习领域课程研究小组，依据健康与体育学习领域分段能力指标，考量学校条件、社会资源、家长期望、学生需求等因素，制订学年课程实施计划。

②健康与体育学习领域以统整教学为原则，各校视该校师资、场地、器材、设备等环境条件做弹性调整。

③学校为提升学生健康，可配合综合活动及学校自主时间，进行各项健康教学活动，如晨间检查、视力保健、口腔卫生、午餐营养教育、肝炎防治、烟害教育、药物滥用教育、环保教育、防火、防震、防台风等活动；并设立健康中心，以实施健康服务，及配合健康教学的进行。

④学校为提升学生身体适能状况及培养学生健康休闲生活的观念，应利用综合活动、学校自主时间与课外时间安排体能及其他休闲活动，每周至少实施3次，并鼓励学生参与运动竞赛、表演与欣赏等活动。

⑤依部颁各级学校设备标准之规定，充实各项健康与体育相关设备，以利教学之进行。

⑥学校指定专人定期检修健康与体育设备，教师应于教学前检视设备之安全性，预防意外事件之发生。

2）教材编选

① 教材编选须依据国民教育阶段九年一贯课程总纲、教改理念、本学习领域之课程目标与分段能力指标，及其他相关学习领域与重大议题为原则。各校教师可慎选教材或自编教材及规划教学。

② 教材选配应考量学生身心成长及动作发展的个别差异，依其能力、兴趣、经验与需求，选择适当的教材，由浅入深，由简而繁，设计有系统而循序渐进的教学。

③ 教材编选宜秉持课程统整的精神，结合学生生活经验，可采用大单元教学、融合不同主题轴的教学设计，并注意各阶段能力指标的衔接。

④ 教材内容宜适当反映当前社会关注的议题，并适时提醒学生注意生活周边的问题。

⑤ 能力指标的补充说明仅供编选教材之参考，可依学校条件、学生需求自行发展或增删。

⑥ 对身心障碍学生应成立体育特别班，给予适当的个别化指导；对运动学习有特殊能力表现的学生，应提供进一步加深、拓展的学习指导，以发挥其潜能。

3）教学方式

①“健康与体育”教学以培养学生具备良好的健康行为及体适能为首要目标，教学方法及过程应生动灵活，弹性运用。如价值澄清、脑力激荡、游戏、陪席式讨论、布或纸偶戏、演戏、角色扮演、小组讨论、实验、示范、问答、讲述等方法，并注重适度发展，以启发、创造、乐趣化的教学，让学生获得成就感，享受学习乐趣。

②教学时应多利用各种教学媒体辅助教学，如各种挂图、图片、模型、实物、幻灯片、投影

片、影片、录音带、录影带、偶戏、故事及相关读物、报刊资料、网络等，以提高教学成效。

③依学生之个别差异及不同运动项目之特征，指导学生对该项运动基本能力与正确技术的学习，采用多元化的教学原则，奠定参与运动的基础。

④ 体育教学活动宜加强运动伤害防范，如遇偶发事件应依程序紧急处理。

4）教学评价

①“健康与体育”成绩评价以能达成分段能力指标为原则，并考量十大基本能力的达成情形。

②评价可在教学前、中、后实施，范围应包括认知、情意、技能与实践等。

③评价应能兼顾形成性与总结性的结果，采用主观与客观、质与量并重的多元评价方法，并制订给分标准。

④评分方法可采用课前活动准备、上课参与、课后作业、平时观察、行为态度问卷、纪录表、自我评量、学生互评、家长评量、纸笔测验、实操及表现等方式进行。

⑤授课教师在每学期上课前，应做好评价计划，明确订定评价项目，每次评分均做成评价纪录，并力求成绩评价客观化。

4.4.3 健康教育专业人员培养与发展概况

目前台湾学校健康教育师资主要是由台湾师范类院校培养，也有部分医学院校培养健康教育专业人员，但都对教育类的课程设置有所要求。

台湾师范大学是最早开设健康教育专业的学校。他们从 1954 年的雏形到现今经历了萌芽、成长、稳定和转型四个时期的发展，目前，台湾师范大学健康促进与卫生教育学系是校内的 22 个学系之一，课程以“健康促进”为主轴设计并调整。以“营养”、“烟”、“酒及其他药物”、“家庭计划”、“体能活动与体适能”、“心理健康与心理失调”、“暴力性与虐待性行为”、“教育性与社区组织性计划”等八大项目来开设相关课程。培养的毕业生主要到各级学校从事健康教育教学、学校卫生保健等工作，或到教育、卫生行政部门管理学校卫生、健康促进工作和从事社区健康促进工作等。

按照台湾师范大学健康促进与卫生教育学系大学部课程规定，本科毕业学分为 128 分。具体包括：共同必修的基础课程 10 学分；共同必修的通识课程 18 学分；本系专业的必修课程 44 学分；本系专业的选修课程 46 学分；自由选修的外系课程 10 学分。本科生 45 名/年。

健康促进与卫生教育学系硕士班课程规定，毕业学分为 32 学分。如图 4-8 所示，其中方法学至少 8 学分；卫生教育基础课程至少 6 学分；分组课程 10 学分，或学校卫生组至少 10 学分，或公共卫生教育组至少 10 学分。硕士生 20 名/年；另外还有在职的夜间班学生(周末硕士班 25 名/年、暑期班 25 名/年)。

健康促进与卫生教育学系硕士班学生来源有学习护理、公共卫生、营养、体育等多方面，对以前没有学过相关专业的学生要增加 3 学分。

台湾师范大学健康促进与卫生教育学系开设的博士班课程规定，如图 4-9 所示，博士毕业学分为 30 分，其中方法学至少修习 8 学分；卫生教育基础课程至少修习 6 学分；卫生教育专题至少修习 10 学分。博士生 10 名/年。

从各学历的课程规划可以看出，整个学习过程比较注重教育方法的学习活动。尤其是硕

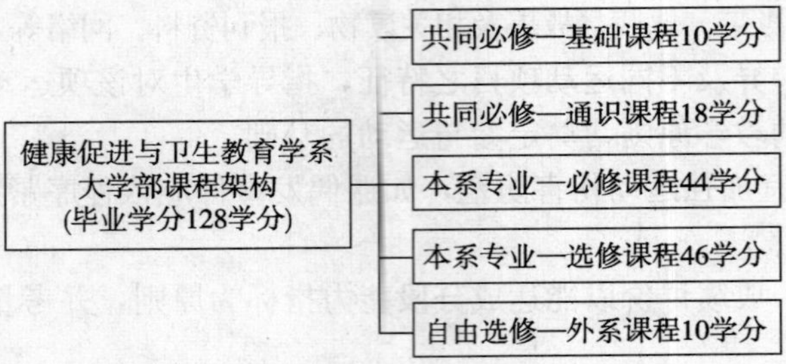

图 4-7 台湾师范大学健康促进与卫生教育学系本科生课程

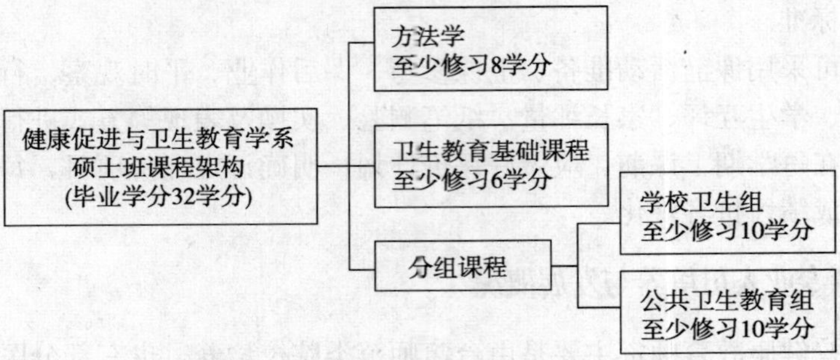

图 4-8 台湾师范大学健康促进与卫生教育学系硕士班课程

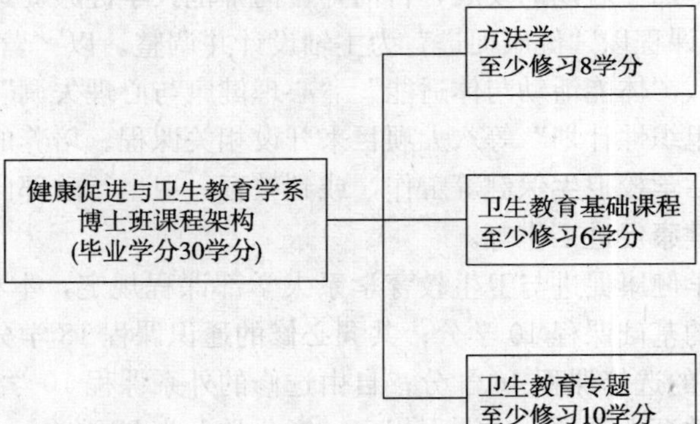

图 4-9 台湾师范大学健康促进与卫生教育学系博士班课程

士班、博士班更是重视方法学和卫生教育基础。从教师专业和开设的课程来看，学生学习的课程范围比较广泛，专业训练有特色，所以毕业生的就业面也很宽。如进入学校成为中学专职健康教育教师、高中专职健康与护理教师和卫生行政相关工作；在社区担任健康促进相关活动的计划、执行与评价者；担任医院健康促过相关行政工作；成为职场安全、健康卫生管理的相关人员；担任卫生行政、环境保护行政等相关职务；其余还有进一步深造健康促进、卫生政策、环境卫生、公共卫生、预防医学等领域的。

4.4.4 台湾学校健康教育值得借鉴的经验

（1）中国台湾与澳大利亚、日本一样将健康与体育合为同一课程

这样的设置避免了将具有综合特征、实践意义强、注重行为效果的健康教育，因受分科所限而相互分割和壁垒。但是，这个课程又是分为健康教育和体育两个领域分别培养教师和教学。该课程名称将健康、保健放在体育之前称呼，从中可以看到他们对健康与体育隶属关系的理解。

（2）中国台湾中小学校都配备健康教育教师

因中国台湾小学教师的培养与日本一样是全科教育（通识教育），为此，小学教师实行包班制，自然也就包括了健康教育。中学的健康教育全部配置健康教育的专职教师。高中以前只有女生开设健康与护理课程。自2006年以后，男女学生都要开设军训与护理课程，军训护理教师要通过健康教育专业的进修。2010年后，将军训与护理课程改为选修。

（3）中国台湾培养的健康教育专业人员突出教育色彩

我们认为这可能与健康教育专业起源于师范院校有关。他们的课程设置将医学知识与教育知识、学校生活和学生特点有机组合，如果是医学院培养的健康教育专业人员则需要获取同样的教育课程。从台湾师范大学健康促进与卫生教育系的任教科目可以看到卫生教育导论、卫生教育哲学、卫生教育研究方法、卫生教育学实习、卫生教育理论与方法、卫生教育教材教法与教学实习、学校健康服务与照护、学校环境教育计划与评价、青少年药物滥用问题与研究、创新健康教学、教师健康需求与健康促进等。这样的专业人员不仅能够胜任中小学的健康教育，就是到教育或卫生系统的行政部门也有益于他们对健康教育工作的理解与指导。师范院校源源不断地培养的健康教育专业人员不仅保障了台湾学校健康教育师资，同时还得以满足各行业领域所需要的健康教育与健康管理人员。

（4）中国台湾具有比较专业的健康教育课程与教学的研究人员

这些专业人士的最大特点是都具有很高的不同学历背景，如保健学、教育学、哲学、公共卫生学、环境工程等，同时又都聚集在关注学校健康促进、青少年的健康成长与教育之下。多学科领域相结合地研究学校健康教育不仅充分体现了现代健康理念，同时，为提高健康教育实效打下坚实基础。这其中包括健康教育课程目标与内容的设置、健康教育能力的提出以及教材编写等事宜。

（齐建国　周玲　王莉）

附录

中小学健康教育指导纲要

中华人民共和国教育部制订　2008 年 12 月 1 日

为贯彻落实《中共中央国务院关于加强青少年体育增强青少年体质的意见》（中发〔2007〕7 号）对健康教育提出的工作要求，进一步加强学校健康教育工作，培养学生的健康意识与公共卫生意识，掌握健康知识和技能，促进学生养成健康的行为和生活方式，依据《中国公民健康素养——基本知识与技能（试行）》及新时期学校健康教育的需求，特制定本纲要。

一、指导思想、目标和基本原则

1. 以邓小平理论和"三个代表"重要思想为指导，按照科学发展观的要求，全面贯彻党的教育方针，认真落实健康第一的指导思想，把增强学生健康素质作为学校教育的基本目标之一，促进学生健康成长。

2. 健康教育是以促进健康为核心的教育。通过有计划地开展学校健康教育，培养学生的健康意识与公共卫生意识，掌握必要的健康知识和技能，促进学生自觉地采纳和保持有益于健康的行为和生活方式，减少或消除影响健康的危险因素，为一生的健康奠定坚实的基础。

3. 学校健康教育要把培养青少年的健康意识，提高学生的健康素质作为根本的出发点，注重实用性和实效性。坚持健康知识传授与健康技能传授并重原则；健康知识和技能传授呈螺旋式递进原则；健康知识传授、健康意识与健康行为形成相统一原则；总体要求与地方实际相结合原则；健康教育理论知识和学生生活实际相结合原则。做到突出重点、循序渐进，不断强化和促进健康知识的掌握、健康技能的提高、健康意识的形成、健康行为和生活方式的建立。

二、健康教育具体目标和基本内容

中小学健康教育内容包括五个领域：健康行为与生活方式、疾病预防、心理健康、生长发育与青春期保健、安全应急与避险。

根据儿童青少年生长发育的不同阶段，依照小学低年级、小学中年级、小学高年级、初中年级、高中年级五级水平，把五个领域的内容合理分配到五级水平中，分别为水平一（小学 1—2 年级）、水平二（小学 3—4 年级）、水平三（小学 5—6 年级）、水平四（初中 7—9 年级）、水平五（高中 10—12 年级）。五个不同水平互相衔接，完成中小学校健康教育的总体目标。

（一）水平一（小学 1—2 年级）

1. 目标

知道个人卫生习惯对健康的影响，初步掌握正确的个人卫生知识；了解保护眼睛和牙齿的知识；知道偏食、挑食对健康的影响，养成良好的饮水、饮食习惯；了解自己的身体，学会自我保护；学会加入同伴群体的技能，能够与人友好相处；了解道路交通和玩耍中的安全常识，掌握一些简单的紧急求助方法；了解环境卫生对个人健康的影响，初步树立维护环境卫生意识。

2. 基本内容

（1）健康行为与生活方式：不随地吐痰，不乱丢果皮纸屑等垃圾；咳嗽、打喷嚏时遮掩口鼻；勤洗澡、勤换衣、勤洗头、勤剪指甲（包含头虱的预防）；不共用毛巾和牙刷等洗漱用品（包含沙眼的预防）；不随地大小便，饭前便后要洗手；正确的洗手方法；正确的身体坐、立、行姿势，预防脊柱弯曲异常；正确的读写姿势；正确做眼保健操；每天早晚刷牙，饭后漱口；正确的刷牙方法以及选择适宜的牙刷和牙膏；预防龋齿（认识龋齿的成因、注意口腔卫生、定期检查）；适量饮水有益健康，每日适宜饮水量，提倡喝白开水；吃好早餐，一日三餐有规律；偏食、挑食对健康的影响；经常喝牛奶、食用豆类及豆制品有益生长发育和健康；经常开窗通气有利健康；文明如厕、自觉维护厕所卫生；知道蚊子、苍蝇、老鼠、蟑螂等会传播疾病。

（2）疾病预防：接种疫苗可以预防一些传染病。

（3）心理健康：日常生活中的礼貌用语，与同学友好相处技能。

（4）生长发育与青春期保健：生命孕育、成长基本知识，知道“我从哪里来”。

（5）安全应急与避险：常见的交通安全标志；行人应遵守的基本交通规则；乘车安全知识；不玩危险游戏，注意游戏安全；燃放鞭炮要注意安全；不玩火，使用电源要注意安全；使用文具、玩具要注意卫生安全；远离野生动物，不与宠物打闹；家养宠物要注射疫苗；发生紧急情况，会拨打求助电话（医疗求助电话：120，火警电话：119，匪警电话：110）。

（二）水平二（小学 3—4 年级）

1. 目标

进一步了解保护眼睛、预防近视眼知识，学会合理用眼；了解食品卫生基本知识，初步树立食品卫生意识；了解体育锻炼对健康的作用，初步学会合理安排课外作息时间；初步了解烟草对健康的危害；了解肠道寄生虫病、常见呼吸道传染病和营养不良等疾病的基本知识及预防方法；了解容易导致意外伤害的危险因素，熟悉常见的意外伤害的预防与简单处理方法；了解日常生活中的安全常识，掌握简单的避险与逃生技能；初步了解生命的意义和价值，树立保护生命的意识。

2. 基本内容

（1）健康行为与生活方式：读书写字、看电视、用电脑的卫生要求；预防近视（认识近视的成因、学会合理用眼、注意用眼卫生、定期检查）；预防眼外伤；不吃不洁、腐败变质、超过保质期的食品；生吃蔬菜水果要洗净；人体所需的主要营养素；体育锻炼有利于促进生长发育和预防疾病；睡眠卫生要求；生活垃圾应该分类放置；烟草中含有多种有害于健康的物质，避免被动吸烟。

（2）疾病预防：蛔虫、蛲虫等肠道寄生虫病对健康的危害与预防；营养不良、肥胖对健康的危害与预防；认识传染病（重点为传播链）；常见呼吸道传染病（流感、水痘、腮腺炎、麻疹、流脑等）的预防；冻疮的预防（可根据地方实际选择）；学生应接种的疫苗。

（3）生长发育与青春期保健：人的生命周期包括诞生、发育、成熟、衰老、死亡；初步了解儿童青少年身体主要器官的功能，学会保护自己。

（4）安全应急与避险：游泳和滑冰的安全知识；不乱服药物，不乱用化妆品；火灾发生时的逃生与求助；地震发生时的逃生与求助；动物咬伤或抓伤后应立即冲洗伤口，及时就医，及时注射狂犬疫苗；鼻出血的简单处理；简便止血方法（指压法、加压包扎法）。

（三）水平三（小学 5—6 年级）

1. 目标

了解健康的含义与健康的生活方式，初步形成健康意识；了解营养对促进儿童少年生长发育的意义，树立正确的营养观；了解食品卫生知识，养成良好的饮食卫生习惯；了解烟草对健康的危害，树立吸烟有害健康的意识；了解毒品危害的简单知识，远离毒品危害；掌握常见肠道传染病、虫媒传染病基本知识和预防方法，树立卫生防病意识；了解常见地方病如碘缺乏病、血吸虫病对健康的危害，掌握预防方法；了解青春期生理发育基本知识，初步掌握相关的卫生保健知识；了解日常生活中的安全常识，学会体育锻炼中的自我监护，提高自我保护的能力。

2. 基本内容

（1）健康行为与生活方式：健康不仅仅是没有疾病或不虚弱，而是身体、心理、社会适应的完好状态；健康的生活方式（主要包括合理膳食、适量运动、戒烟限酒、心理平衡）有利于健康；膳食应以谷类为主，多吃蔬菜水果和薯类，注意荤素搭配；日常生活饮食应适度，不暴饮暴食，不盲目节食，适当零食；购买包装食品应注意查看生产日期、保质期、包装有无涨包或破损，不购买无证摊贩食品；容易引起食物中毒的常见食品（发芽土豆、不熟扁豆和豆浆、毒蘑菇、新鲜黄花菜、河豚鱼等）；不采摘、不食用野果、野菜；体育锻炼时自我监护的主要内容（主观感觉和客观检查的指标）；发现视力异常，应到正规医院眼科进行视力检查、验光，注意配戴眼镜的卫生要求；吸烟和被动吸烟会导致癌症、心血管疾病、呼吸系统疾病等多种疾病；不吸烟、不饮酒；常见毒品的名称；毒品对个人和家庭的危害，自我保护的常识和简单方法，能够远离毒品。

（2）疾病预防：贫血对健康的危害与预防；常见肠道传染病（细菌性痢疾、伤寒与副伤寒、甲型肝炎等）的预防；疟疾的预防；流行性出血性结膜炎（红眼病）的预防；碘缺乏病对人体健康的危害；食用碘盐可以预防碘缺乏病；血吸虫病的预防（可根据地方实际选择）。

（3）心理健康：保持自信，自己的事情自己做。

（4）生长发育与青春期保健：青春期的生长发育特点；男女少年在青春发育期的差异（男性、女性第二性征的具体表现）；女生月经初潮及意义（月经形成以及周期计算）；男生首次遗精及意义；变声期的保健知识；青春期的个人卫生知识；体温、脉搏测量方法及其测量的意义。

（5）安全应急与避险：骑自行车安全常识；常见的危险标识（如高压、易燃、易爆、剧毒、放射性、生物安全），远离危险物；煤气中毒的发生原因和预防；触电、雷击的预防；中暑的预防和处理；轻微烫烧伤和割、刺、擦、挫伤等的自我处理；提高网络安全防范意识。

（四）水平四（初中阶段）

1. 目标

了解生活方式与健康的关系，建立文明、健康的生活方式；进一步了解平衡膳食、合理营养意义，养成科学、营养的饮食习惯；了解充足睡眠对儿童少年生长发育的重要意义；了解预防食物中毒的基本知识；进一步了解常见传染病预防知识，增强卫生防病能力；了解艾滋病基本知识和预防方法，熟悉毒品预防基本知识，增强抵御毒品和艾滋病的能力；了解青春期心理变化特点，学会保持愉快情绪和增进心理健康；进一步了解青春期发育的基本知识，掌握青春期卫生保健知识和青春期常见生理问题的预防和处理方法；了解什么是性侵害，掌握预防方法和技能；掌握简单的用药安全常识；学会自救互救的基本技能，提高应对突发事件的能力；了解网络使用的利弊，合理利用网络。

2. 基本内容

（1）健康行为与生活方式：不良生活方式有害健康，慢性非传染性疾病（恶性肿瘤、冠心病、糖尿病、脑卒中）的发生与不健康的生活方式有关；膳食平衡有利于促进健康；青春期充足的营养素，保证生长发育的需要；保证充足的睡眠有利于生长发育和健康（小学生每天睡眠时间 10 个小时，初中生每天睡眠时间 9 个小时，高中生每天睡眠时间 8 个小时）；食物中毒的常见原因（细菌性、化学性、有毒动植物等）；发现病死禽畜要报告，不吃病死禽畜肉；适宜保存食品，腐败变质食品会引起食物中毒；拒绝吸烟、饮酒的技巧；毒品对个人、家庭和社会的危害；拒绝毒品的方法；吸毒违法，拒绝毒品。

（2）疾病预防：乙型脑炎的预防；疥疮的预防；肺结核病的预防；肝炎的预防（包括甲型肝炎、乙（丙）型肝炎等）；不歧视乙肝病人及感染者；艾滋病的基本知识；艾滋病的危害；艾滋病的预防方法；判断安全行为与不安全行为，拒绝不安全行为的技巧；学会如何寻求帮助的途径和方法；与预防艾滋病相关的青春期生理和心理知识；吸毒与艾滋病；不歧视艾滋病病毒感染者与患者。

（3）心理健康：不良情绪对健康的影响；调控情绪的基本方法；建立自我认同，客观认识和对待自己；根据自己的学习能力和状况确定合理的学习目标；异性交往的原则。

（4）生长发育与青春期保健：热爱生活，珍爱生命；青春期心理发育的特点和变化规律，正确对待青春期心理变化；痤疮发生的原因、预防方法；月经期间的卫生保健常识，痛经的症状及处理；选择和佩戴适宜的胸罩的知识。

（5）安全应急与避险：有病应及时就医；服药要遵从医嘱，不乱服药物；不擅自服用、不滥用镇静催眠等成瘾性药物；不擅自服用止痛药物；保健品不能代替药品；毒物中毒的应急处理；溺水的应急处理；骨折简易应急处理知识（固定、搬运）；识别容易发生性侵害的危险因素，保护自己不受性侵害；预防网络成瘾。

（五）水平五（高中阶段）

1. 目标

了解中国居民膳食指南，了解常见食物的选购知识，进一步了解预防艾滋病基本知识，正确对待艾滋病病毒感染者和患者；学会正确处理人际关系，培养有效的交流能力，掌握缓解压力等基本的心理调适技能；进一步了解青春期保健知识，认识婚前性行为对身心健康的危害，树立健康文明的性观念和性道德。

2. 基本内容

（1）健康行为与生活方式：食品选购基本知识；中国居民膳食指南的内容。

（2）疾病预防：艾滋病的预防知识和方法；艾滋病的流行趋势及对社会经济带来的危害；HIV 感染者与艾滋病病人的区别；艾滋病的窗口期和潜伏期；无偿献血知识；不歧视艾滋病病毒感染者与患者。

（3）心理健康：合理宣泄与倾诉的适宜途径，客观看待事物；人际交往中的原则和方法，做到主动、诚恳、公平、谦虚、宽厚地与人交往；缓解压力的基本方法；认识竞争的积极意义；正确应对失败和挫折；考试等特殊时期常见的心理问题与应对。

（4）生长发育与青春期保健：热爱生活，珍爱生命；青春期常见的发育异常，发现不正常要及时就医；婚前性行为严重影响青少年身心健康；避免婚前性行为。

（5）安全应急与避险：网络交友的危险性。

三、实施途径及保障机制

（一）学校要通过学科教学和班会、团会、校会、升旗仪式、专题讲座、墙报、板报等多种宣传教育形式开展健康教育。学科教学每学期应安排 6—7 课时，主要载体课程为《体育与健康》，健康教育教学课时安排可有一定灵活性，如遇下雨（雪）或高温（严寒）等不适宜户外体育教学的天气时可安排健康教育课。另外，小学阶段还应与《品德与生活》《品德与社会》等学科的教学内容结合，中学阶段应与《生物》等学科教学有机结合。对无法在《体育与健康》等相关课程中渗透的健康教育内容，可以利用综合实践活动和地方课程的时间，采用多种形式，向学生传授健康知识和技能。

（二）各地教育行政部门和学校要重视健康教育师资建设，把健康教育师资培训列入在职教师继续教育的培训系列和教师校本培训计划，分层次开展培训工作，不断提高教师开展健康教育的水平。中小学健康教育师资以现有健康教育专兼职教师和体育教师为基础。要重视健康教育教学研究工作，各级教研部门要把健康教育教学研究纳入教研工作计划，针对不同学段学生特点，开展以知识传播与技能培养相结合的教学研究工作。

（三）各地应加强教学资源建设，积极开发健康教育的教学课件、教学图文资料、音像制品等教学资源，增强健康教育实施效果。凡进人中小学校的自助读本或相关教育材料必须按有关规定，经审定后方可使用；健康教育自助读本或者相关教育材料的购买由各地根据本地实际情况采取多种方式解决，不得向学生收费增加学生负担。大力提倡学校使用公用图书经费统一购买，供学生循环使用。

（四）要重视对健康教育的评价和督导。各地教育行政部门和学校应将健康教育实施过程与健康教育实施效果作为评价重点。评价的重点包括学生健康意识的建立、基本知识和技能的掌握和卫生习惯、健康行为的形成，以及学校对健康教育课程（活动）的安排、必要的资源配置、实施情况以及实际效果。各地教育行政部门应将学校实施健康教育情况列入学校督导考核的重要指标之一。

（五）充分利用现有资源。健康是一个广泛的概念，涉及生活的方方面面。学校健康教育体现在教育过程的各个环节。各地在组织实施过程中，要注意健康教育与其他相关教育，如安全教育、心理健康教育有机结合，把课堂内教学与课堂外教学活动结合起来，发挥整体教育效应。

（六）学校健康教育是学校教育的一部分，学校管理者应以大健康观为指导，全面、统筹思考学校的健康教育工作，应将健康教育教学、健康环境创设、健康服务提供有机结合，为学生践行健康行为提供支持，以实现促进学生健康发展的目标。

参考文献

1. 教育部．2008年全国教育事业发展统计公报．http：//www.moe.edu.cn/edoas/website18/level3.jsp?tablename＝1068&infoid＝1262244458513828
2. 教育部（教基［2001］17号）．教育部关于印发《基础教育课程改革纲要（试行）》的通知．
3. 教育部（教基［2003］6号）．普通高中体育与健康课程标准（实验）．
4. 北京市教育委员会（京教基〔2004〕13号）．关于印发《北京市实施教育部〈义务教育课程设置实验方案〉的课程计划（试行）》的通知．
5. 王雁．学校教育与学生健康．北京：教育科学出版社，2006．
6. 朱庆生，殷大奎，彭玉．中国健康教育五十年．北京：北京大学医学出版社，2003．
7. 田本淳．健康教育与健康促进实用方法．北京：北京大学医学出版社，2005．
8. 胡俊峰，侯培森．当代健康教育与健康促进．北京：人民卫生出版社，2005．
9. 李晋裕，腾子敬，李永亮．学校体育史．海口：海南出版社，2000．
10. 教育部体育卫生与艺术教育司组编．中国学校体育30年．北京：高等教育出版社，2010．
11. 吕姿之主编．健康教育与健康促进．2版．北京：北京医科大学出版社，2002．
12. 黄敬亨主编．健康教育学．4版．上海：复旦大学出版社，2003．
13. Jane Ogden著．严建雯，陈传锋，金一波译．健展心理学．北京：人民邮电出版社，2007．
14. 时蓉华主编．现代社会心理学．上海：华东师范大学出版社，1989．
15. 桑标主编．当代儿童发展心理学．上海：上海教育出版社，2003．
16. 林崇德．发展心理学．北京：人民教育出版社，2003．
17. 杨廷忠．健康教育理论与方法．杭州：浙江大学出版社，2004．
18. 从立新，章燕主编译，吕达总审校．澳大利亚课程标准．北京：人民教育出版社，2005．
19. 齐建国，薛懋青，贾志勇编著．国外中小学教育面面观——日本学校体育与健康教育．海口：海南出版社，2000．
20. 金盛华，张杰．当代社会心理学导论．北京：北京师范大学出版社，1995．
21. 王书梅．社区伤害预防和安全促进理论与实践．上海：复旦大学出版社，2010．
22. 傅华，李枫主编．现代健康促进理论与实践．上海：复旦大学出版社，2003．
23. 郑永立．学校健康教育初探．广东教育（教研版）．2008，(4)：33．
24. 程少贵．从学生性知识现状看学校健康教育存在的问题．南方医学教育，2007，(3)：42－43．
25. 靳平，姜德才，付云兰，等．中职学校健康教育初探．卫生职业教育，2008，26(1)：36－37．
26. 刘世宏，罗燕萍，祁为中．上海市中小学健康教育课现状分析．中国校医，2006，20(5)：499－500．
27. 宋淑贤．疾病预防控制工作应更加重视学校健康教育．预防医学论坛，2008，14(3)：283．
28. 马宏，马国栋，彭秀淼，等．北京市农民工子弟学校健康教育的调查分析．民族教育研究，2006，17(1)：51－56．
29. 谢佩娜．浙江省中小学体育教师对学校健康教育的认识．体育成人教育学刊，2006，22(1)：76－77．
30. 张春道．从创建国家卫生城市看学校健康教育的开展效果．健康教育与健康促进，2007，2(1)：1－2．
31. 张辉，马冠生，胡小琪，等．中小学校健康教育课教师对学校健康教育的认识、态度和需求．中国学校卫生，2002，18(2)：70－72．
32. 史平，石文惠，任福秀，等．石景山区民工子弟学校健康教育效果评价．中国学校卫生，2007，28(3)：201－202．

33. 余小鸣，张芯，杨土保，等. 中国中小学校健康教育研究报告（1）——学生健康知识、态度、行为现况. 中国学校卫生，2007，28（1）：7-9.
34. 余小鸣，张芯，朱广荣，等. 中小学校健康教育研究报告（2）——学生健康知信行相关影响因素. 中国学校卫生，2007，28（2）：107-108，110.
35. 余小鸣，张芯，石晓燕，等. 中小学校健康教育研究（3）——学校健康教育需求. 中国学校卫生，2007，28（3）：203-204.
36. 孙臆茜，吕梅林，刘利巧. 我国学校健康教育存在的问题及对策研究. 科学教育，2007，（11）：114-115.
37. 王建平，叶韵，周平，等. 血吸虫病流行区学校健康教育效果评价. 热带病与寄生虫学，2007，5（3）：168-170.
38. 刘世宏，罗燕萍，祁为中. 上海市中小学健康教育课现状分析. 中国校医，2006，20（5）：499-500.
39. 郭增武. 浅谈农村学校健康教育对农民健康的作用. 现代预防医学，2006，33（3）：450-452.
40. 何志勤. 用发展的眼光看学校健康教育的实施. 中国初级卫生保健，2006，20（1）：63-64.
41. 马永林. 卫生职业学校健康教育“五个一”策略. 卫生职业教育，2006，24（9）：60-62.
42. 杨枭. 我国学校健康教育存在的问题及对策思考. 教育与职业，2006，（21）：102-103.
43. 侯家祥，李莲花. 台湾学校健康教育与健康促进发展现况. 中国学校卫生，2003，24（6）：680-681.
44. 陆红芳. 校医在学校健康教育中的作用. 中国校医，2006，20（4）：446-447.
45. 石文惠，史平，马兰艳，等. 学校健康教育效果评价. 中国健康教育，2006，22（10）：744-746.
46. 余小鸣. 学校健康教育的发展及挑战. 中国健康教育，2005，21（5）：337-380.
47. 刘海涛. 对生物学课程在学校健康教育中地位的反思. 生物学通报，2006，41（6）：36-38.
48. 黄飚. 应用《学校健康教育课程碘缺乏病防治参考教材》开展小学生健康教育的典型调查. 中国地方病防治杂志，2005，20（5）：315-317.
49. 陈泽华，钟海波. 汕头市城区学校健康教育课现状及对策. 中国学校卫生，2005，26（9）：779-780.
50. 魏志真，鱼素琴. 甘肃省学校健康教育及健康促进工作的现状及展望. 卫生职业教育，2005，（17）：42-43.
51. 韩云涛. 同伴教育在学校健康教育中的运用. 中国学校卫生，2004，25（1）：77-78.
52. 秦荣廷. 师范院校培养学校健康教育师资的思考. 中国学校卫生，2004，25（2）：199-200.
53. 喻坚. 加入WTO对中国学校健康教育的影响及对策. 福建体育科技，2004，23（2）：29-31.
54. 王中燕. 高等师范学校健康教育课的教学方法. 中国健康教育，2004，20（6）：551-552.
55. 刘湘涛，梁利. 从农村初级卫生保健的开展看学校健康教育的现状. 中国健康教育，1998，14（7）：29-30.
56. 浦争，瞿丽娟. 父母学校健康教育问卷分析. 上海预防医学杂志，2004，16（9）：464-465.
57. 夏云. 中小学生健康与学校健康教育. 中国健康教育，2004，20（9）：822-823.
58. 潘建丽. 关于学校健康教育的几点想法. 江苏卫生保健，2006，6（6）：45.
59. 余小鸣，段爱旭，庚小平，等. 应用Child-to-Child方法进行学生营养教育的效果评价. 中国学校卫生，2004，25（1）：8-11.
60. 余小鸣，段爱旭，陈慧平，等．“儿童与儿童”模式在小学生营养教育中的应用研究. 营养学报，2005，27（3）：222-224.
61. 刘小青. 学校健康教育在素质教育中的地位与作用. 江西科技师范学院学报，2003，（6）：133-135.
62. 姚秀芬，刘伟，王丽华. 淄博市学校健康教育现状调查与分析. 中国热带医学，2003，3（2）：251-252.
63. 高建勇. 如何开展学校健康教育. 中国健康教育，2003，19（1）：40.

64. 李永顺. 应用模糊数学综合评价学校健康教育工作. 中国健康教育，2003，19（7）：528-530.
65. 付秀兰，王桂芹. 浅析学校健康教育的开展. 通化师范学院学报，2003，24（2）：101-102.
66. 刘湘涛，梁利. 从农村初级卫生保健的开展看学校健康教育的现状. 中国健康教育，1998，14（7）：29-30.
67. 廖文科，张芯，张辉，等. 中国学校健康教育和学生营养工作现状及需求. 中国学校卫生，2002，23（1）：9-10.
68. 胡小琪，张辉，高树军，等. 中小学校领导对学校健康教育的认识、态度和需求. 中国学校卫生，2002，23（1）：9-10.
69. 刘增伟，王世芬. 学校健康教育几种教学模式简介. 中国学校卫生，2002，23（2）：164.
70. 张辉，胡小琪，马冠生，等. 中小学教师对学校健康教育的认识、态度和需求. 中国学校卫生，2002，23（4）：295-296.
71. 杨再励. 现代健康新说与学校健康教育现状的思考. 中国学校卫生，2002，23（4）：334-335.
72. 曲径. 学校健康教育质量与学生常见病关系分析. 中国公共卫生，2002，18（7）：874.
73. 李茹. 学校体育与学校健康教育的比较研究. 安庆师范学院学报（自然科学版），2002，8（3）：95-96.
74. 俞爱玲. 关于学校健康教育专业人才培养的研究. 湖北体育科技，2002，21（2）：248-252.
75. 潘毅. 创建健康促进学校深化学校健康教育. 江苏卫生保健，2002，4（3）：117-118.
76. 郭苏芝. 论学校健康教育与体育课程改革. 江西教育学院学报，2002，23（3）：83-85.
77. 周玉清，杨奉筠，刘云秋. 学校健康教育工作初探. 中国健康教育，2002，18（3）：180.
78. 马冠生，胡小琪，张辉，等. 教育行政部门领导对学校健康教育的认识、态度和需求. 中国健康教育，2002，18（9）：545-547.
79. 邓艳红. 新形势下学校健康教育的策略. 中国健康教育，2002，18（11）：749.
80. 王朝军，葛春林. 学校健康教育的"环保工程". 中国学校体育，2002，（5）：55-56.
81. 贺娜雅，马迎华，王超，等. 6省市学校预防艾滋病生活技能教育骨干师资培训需求及效果分析. 现代预防医学，2008，35（7）：1305-1307.
82. 韩炎照，范秀兰. 21世纪学校健康教育与素质教育探讨. 中国学校卫生，2001，22（6）：538.
83. 马迎华，王凤清，朱锡莹. 生活技能教育与烟草控制教育. 心肺血管病杂志，2008，27（3）：180-183.
84. 冉建明. 农村学校健康教育的问题及对策. 贵州教育，2001，（11）：27.
85. 蒋伟铭. 论学校健康教育的发展与对策. 昆明大学学报，2001，（1）：85-87.
86. 李凌. 论学校健康教育. 体育学刊，2000，（4）：96-97.
87. 马迎华，王超，张新，等. 生活技能为基础的学校预防艾滋病专题教育效果评价. 中国学校卫生，2006，27（7）：562-566.
88. 徐丽平. 学校健康教育与社会发展. 泉州师范学院学报，2000，18（4）：97-99.
89. 郑文，刘宝霞，孙静. 海拉尔地区学校健康教育现况调查及对策探讨. 中国健康教育，2000，16（4）：238-239.
90. 张河川，宋精玲，郭思智. 从青少年健康认知看学校健康教育的完善. 中国健康教育，2000，16（12）：709-712.
91. 张芙翠. 学校健康教育的目标管理和评价工作. 中国健康教育，2000，16（9）：572-574.
92. 张晋京. 农村学校健康教育的有益探索. 中国学校卫生，1991，12（2）：68-70.
93. 姜颖，邱大兴. 学校健康教育教学方法的探讨. 中国健康教育，1999，15（3）：37.
94. 周永叙，余桂群. 学校健康教育现状与对策探讨. 中国健康教育，1999，15（4）：15-16.
95. 张继伟，董洪超. 卫生职工中专学校健康教育现况调查. 中国健康教育，1999，15（5）：57-58.

96. 吴方，沈一铁. 学生干部在学校健康教育中的作用. 中国健康教育，1999，15（7）：54－55.
97. 李大永. 健康教育 MMCAI 课件的研制及在学校健康教育的作用. 河北建筑科技学院学报（社科版），2003，20（1）：50－51.
98. 孙汉文，佟欣. 我们如何开展学校健康教育. 中国健康教育，1999，15（10）：59.
99. 何景琳，叶广俊. 学校健康教育现状及发展趋势. 中国健康教育，1995，11（5）：14－16.
100. 张志强. 学校健康教育的模式探讨. 中国校医，1999，13（2）：154－155.
101. 杨明芳. 学校健康教育评价工作初探. 中国学校卫生，1998，19（3）：213.
102. 李玲，陈秋霖，贾瑞雪，等. 我国的吸烟模式和烟草使用的疾病负担研究. 中国卫生经济，2008，27（1）：26－30.
103. 许明，胡晓莺. 美国基础教育课程标准述评. 教育研究，2002，（3）：78－83.
104. 林丹华，方晓义，李晓铭. 健康行为改变理论述评. 心理发展与教育，2005，21（4）：122－127.
105. 陈婉珍，方署，赵正言. 创新扩散理论在儿童青少年健康教育实践中的应用. 中华护理杂志，2006，41（11）：1033－1034.
106. 张雅娟，马骁. 青少年戒烟干预与行为转变理论. 国外医学社会医学分册，1999，16（2）：49－52.
107. 李玲，陈秋霖，贾瑞雪，崔玄. 我国的吸烟模式和烟草使用的疾病负担研究. 中国卫生经济，2008，27（1）：27－30.
108. 陈玉平. 社区中老年人骨质疏松症的健康教育研究. 广州：第一军医大学，2004.
109. 孟娣娟. 青少年骨质疏松初级预防健康教育的效果研究. 北京：北京协和医学院，2008.
110. 郑频频. 上海市社区控烟干预研究. 上海：复旦大学，2005.
111. 毛敏. 中美学校健康教育比较研究. 北京：北京师范大学，2004.
112. Phommasacka B，Saklokhamb K，Chanthavisouk C，et al. Coverage and costs of a school deworming programme in 2007 targeting all primary schools in Lao PDR. Transac R Soc Trop Med Hyg，2008，102（12）：1201－1206.
113. Mascie-Taylor CG，Karim R，Karim E，et al. The cost-effectiveness of health education in improving knowledge and awareness about intestinal parasites in rural Bangladesh. Econ Hum Biol，2003，1：321－330.
114. Lenox D. What is health literacy?［2005－03－01］http://www. chcs. org.
115. Miller DF，Susan K. Tell johann，Cynthia Wolford Symons：Health Education in the Elementary and Middle-level School. 2nd ed. The McGraw-Hill Companies Inc，1996：5－10.
116. South Dakota Health Education Standards：A Resource Guide for Achieving Health Literacy 2002，3.
117. Babbie E. The practice of social research 10th ed. Belmont，CA：Thomson，2003.
118. Taub A. Personal credentialing and the professionalization of health education. Health Educat，1998，29：121－125.
119. Alperin M，Miner KR. Professional relevance：meeting the contemporary public health agenda. Health Educat，1993，24：299－304.
120. National Task Force on the Preparation and Practice of Health Educators. A framework for the development of competency-based curricula for entry level health educators. New York：National Commission for Health Education Credentialing，Inc，1985.
121. Glanz K，Rimer BK，Lewis FM，ed. Health behavior and health education：theory，research and practice. 4th ed. San Francisco：Jokey-Bass，2008.
122. Locke EA，Chah DO，Harrison DS，et al. Seperating The Effects Of Goal Specificity From Goal Level. Organizational Behavior And Human Decision Processes，1989，43：270－287.

123. Leventhal H, Benyamini Y, Brownlee S. Illness representations: theoretical foundations. In: Petrie KJ, Weinman JA, editors. Perceptions of health and illness. Amsterdam: Harwood, 1997.

124. Leventhal H, Diefenbach M, Leventhal EA. Illness cognition: using common sense to understand treatment adherence and affect cognition interactions. Cogn Ther Res, 1992, 16: 143-163.

125. Leventhal H, Meyer D, Nerenz D. The common sense representation of illness danger. In: Rachman S, ed. Medical psychology. New York: Wiley and Sons, 1980.

126. Rogers RW. A protection motivation theory of fear appeals and attitude change. Psychol, 1975, 91: 93-114.

127. Rogers RW. Cognitive and physiological processes in fear appeals and attitude change: A revised theory of protection motivation. In B. L. Cacioppo & L. L Petty Eds. Social psychophysiology: A sourcebook. London, UK: Guilford, 1983: 153-176.

128. Prentice-Dunn S, Rogers RW. Protection motivation theory and preventive health: beyond the health belief model. Health Educat Res, 1986, 1 (3): 153-161.

129. Rippetoe PA, Rogers RW. Effects of components of protection- motivation theory on adaptive and maladaptive coping with a health threat. Personal Social Psychol, 1987, 52 (3): 596-604.

130. Melamed S, Rabinowitz S, Feiner M, et al. Usefulness of the protection motivation theory in explaining hearing protection device use among male industrial workers. Health Psychology, 1996, 15 (3): 209-215.

131. Milne S, Orbell S, Sheeran P. Combining motivational and volitional interventions to promote exercise participation: protection motivation theory and implementation intensions. British Health Psychol, 2002, 7: 163-184.

132. Weinstein ND. The precaution adoption process. Health Psychol, 1988, 7: 355-386.

133. Sniehotta FF, Luszczynska A, Scholz U, et al. Discontinuity patterns in stages of the precaution adoption process model: meat consumption during a livestock epidemic. Br J Health Psychol, 2005, 10: 221-235.

134. Weinstein ND, Lyon JE, Sandman PM, et al. Experimental evidence for stages of health behavior change: the precaution adoption process model applied to home radon testing. Health Psychol, 1998, 17: 445-453.

135. Blalock SJ, DeVellis RF, Giorgino KB, et al. Osteoporosis prevention in premenopausal women: using a stage model approach to examine the predictors of behavior. Health Psychol, 1996, 15: 84-93.

136. Triandis HC. Values, attitudes and interpersonal behavior. In Nebraska Symposium on Motivation, 1979: Beliefs, attitudes and values Edited by: Page MM. Lincoln, University of Nebraska Press, 1980.

137. Gagnon MP, Sánchez E, Pons JM. From recommendation to action: psychosocial factors influencing physician intention to use Health Technology Assessment (HTA) recommendations. Implement Sci, 2006, 1: 8.

138. Gagnona MP, Godinb G, Gagneb G, et al. An adaptation of the theory of interpersonal behavior to the study of telemedicine adoption by physicians. Int Med Informatics, 2003, 71: 103-115.

139. Rotter JB. Generalized expectancies for internal and external control of reinforcement. Psychological Monographs. General and Applied, 80 (Whole No. 609). 1966: 1-28.

140. Wallston KA, Wallston BS, DeVellis R. Development of the multi-dimensional health locus of control. Health Education Monographs, 1978, 6: 160-170.